赵瑞杰，1977 年出生，汉族，山西大学马克思主义哲学专业硕士研究生毕业，现任山西省运城市委党校教研室主任，副教授，目前主要从事党政理论、经典著作、传统文化和领导干部能力建设等专题教学科研工作。

# 管仲相齐争霸的政治智慧研究

赵瑞杰　著

中央党校出版集团
大有书局

**图书在版编目（CIP）数据**

管仲相齐争霸的政治智慧研究 / 赵瑞杰著 . -- 北京 : 大有书局 , 2024. 10. -- ISBN 978-7-80772-193-2

Ⅰ . D092.25

中国国家版本馆 CIP 数据核字第 2024FM3870 号

书　　名　管仲相齐争霸的政治智慧研究
作　　者　赵瑞杰　著

责任编辑　叶敏娟　周　舟
装帧设计　耿中虎
责任校对　李盛博
责任印制　袁浩宇
出版发行　大有书局
　　　　　（北京市海淀区长春桥路6号　100089）
综 合 办　（010）68929273
发 行 部　（010）68929805　68922233
经　　销　新华书店
印　　刷　中煤（北京）印务有限公司
版　　次　2024年10月第1版
印　　次　2024年10月第1次印刷
开　　本　710毫米 × 1000毫米　1/16
印　　张　19.75
字　　数　228千字
定　　价　78.00元

# 自　序

在中华民族伟大复兴的历史进程中，以习近平同志为核心的党中央高度重视中华优秀传统文化的传承、应用和发展工作，并提出一系列重要论断、指导思想和实践方法。

2014年10月15日，习近平总书记在文艺工作座谈会上指出："中华优秀传统文化是中华民族的精神命脉，是涵养社会主义核心价值观的重要源泉，也是我们在世界文化激荡中站稳脚跟的坚实根基。"中华优秀传统文化是中华民族的"根"和"魂"，是中国最深厚的文化软实力和最突出的民族特色，是中国特色社会主义植根的沃土，是中国屹立于世界民族之林的坚实根基。习近平总书记把中华优秀传统文化对中国人的重要性提到了前所未有的高度。

2014年9月24日，习近平主席在纪念孔子诞辰2565周年国际学术研讨会暨国际儒学联合会第五届会员大会开幕会上指出："要坚持古为今用、以古鉴今，坚持有鉴别的对待、有扬弃的继承，而不能搞厚古薄今、以古非今，努力实现传统文化的创造性转化、创新性发展，使之与现实文化相融相通，共同服务以文化人的时代任务。"要善于把弘扬优秀传统文化和发展现实文化有机统一起来，紧密结合起来，在继承中发展，在发展中继承，这一重要论述为当代人学习传统文化提出了根本要求和基本的方法。

“包括儒家思想在内中华优秀传统文化可以为治国理政提供有益帮助。”这一论断直接说明：党员领导干部可以从中华优秀传统文化中汲取有益思想和经验，为治国理政和工作实践提供理论支撑和思想帮助。

2021年7月1日，习近平总书记在庆祝中国共产党成立100周年大会上指出：“坚持把马克思主义基本原理同中国具体实际相结合，同中华优秀传统文化相结合。”在西方诞生的马克思主义作为我们党和国家坚持的指导思想，可以与中国本土形成的优秀传统文化相结合，这进一步明确了中华优秀传统文化的政治理论价值。

在党的二十大报告关于开辟马克思主义中国化时代化新境界部分，习近平总书记要求我们“必须坚持守正创新”，“以科学的态度对待科学、以真理的精神追求真理”，“敢于说前人没有说过的新话，敢于干前人没有干过的事情，以新的理论指导新的实践”。这一重要论述为学者大胆地进行学术探索、理论创新提供了坚强保障。

那么，面对浩如烟海的中华优秀传统文化，党员领导干部应该如何选择，学习什么样的传统文化呢？笔者又为什么要研究《管子》并斗胆建言学习管仲相齐争霸的政治智慧呢？

其一，从管仲和《管子》中追寻总结经验是历史惯例。

春秋后期时人就开始整理管仲的言论，到了战国时期已经出现大量的管子篇章。“人们高度重视管子，还不仅仅是因为他的声名显赫，更主要的原因是《管子》篇章的作者们有意要追寻、总结管子辅佐齐桓公称霸的历史经验，从理论上帮助当时的战国雄主成就新的霸业。”《管子》的显著特色，是它思想的融通性。可以说，它是一部汇聚百家学说的著作。说它是道家，它有儒家的内容；说它是法家，它又有黄老的思想。它的融通统一性，不是表现在思想内涵的一致上，而是表现在成就霸业目标的确定性上。为了这一点，什么学术思想都可以拿来为其所用。换言之,《管子》是一部阐述“霸政”的大书。可见，管仲的功绩和《管子》本身的理论价值对治国理政具有巨大的参考和指导意义。因此，对于注重实际应用的领导干部来说，学习《管子》和管仲的思想是首选。

其二，管仲的思想在当今仍具参考价值。

从时代方位看，管仲相齐争霸所处时代环境与今日之中国所处国际环境有高度的相似之处。从历史任务看，管仲的施政目标就是匡扶天下，与今日之中国所面临的任务相近。从资政价值看，管仲是相齐执政长达40年经验丰富的政治家，相较于战国诸子，管仲的思想对领导干部有更多的启迪作用。从文化属性看，如果说有“强势文化”和“弱势文化”之分，管仲争霸的思想则应当属于强势文化，其深刻的战略眼光与务实的治理智慧，能够跨越时空的限制，对后世产生深远的影响。

对于承担着日常工作和行政任务的党员领导干部来说，应该如何去研究学习中华优秀传统文化呢？本书认为应坚持以下三项原则。

一是正确理解“取其精华，去其糟粕”，坚持“弱水三千，只取一瓢”。

毛主席教导我们要采用扬弃的态度对待传统文化，那什么是应该“取”的真正精华，什么是应该“去”的糟粕呢？笔者认为，应该采用实用主义、历史眼光和辩证的方法对待传统文化中的“精华”与“糟粕”。即判断是不是糟粕的标准是，看传统文化的思想是否有用，如果有用就是精华，没有价值就是糟粕；传统文化包含的思想在当时是精华，却因为时代变迁、社会变化，其中的一部分在今天看来已经完全没有价值和意义，这类内容也属于糟粕。而用辩证的方法是指，传统文化的一些思想对政治家或许没有用，但是，对研究历史、文字和考古等却很有用。因此，作为历史发展过程中形成的，曾经起到重大作用的传统文化的思想内容，实质上并没有绝对的糟粕。笔者站在当前的政治社会环境中，从对领导干部有参考借鉴价值的角度取舍材料。

二是坚持用“类比和转化”的方法研究中华优秀传统文化，坚持“创造性转化”。

类比转化的方法，可以用在把古代的思想智慧、社会关系、语言表达等与当前的现实做类比，并适当转化，以古鉴今，达到古为今用的目的。例如，“君主”可以类比转化为“国家领导”“主要领导”“单位‘一把手’”“企业董事长”等负主要责任的管理人员；“君臣关系”可以类比转化为“上下级关系”；“君民关系”可以类比转化为“党群关系”“干群关系”“管理层与执行层关系”；“周王室衰微无力管控天下诸侯”可以类比转化为“现行的全球治理体系正经历新的变革与重构”；“争霸”可以类比转化为“国际竞争”；“九合诸侯”可以类比转化为国家外交元首会晤；“匡扶天下”可以类比转化为“为全球治理提供中国方案”；等等。

三是不做纯学术研究，重视从古人的思想方法、理论智慧中汲取经验。

不做训诂、辨伪等文字文本研究，不纠缠《管子》的学派分类。重点关注借鉴能为今天的治国理政和党员领导干部做好具体行政管理工作提供帮助的理论、思想、智慧、方法和表达。

本书的历史史料部分主要参考朱绍侯、齐涛、王育济主编的《中国古代史》，管仲的史料主要参考李山、轩新丽译注的《管子》，并从其中引用了大量史实论述，在此特别感谢。

虽已尽心尽力，但由于管仲的政治韬略、丰功伟绩和《管子》蕴含的丰富内容、深刻道理对任何研究者都是艰巨的挑战，笔者水平有限，难免有不当之处，恳请方家读者批评指正。

2024年1月于河东

# 目录

# 第一章
# 重新界定管仲的身份、功绩及历史贡献

管仲，姬姓管氏，名夷吾，字仲，谥号敬仲，齐桓公尊称其为仲父，后人尊为管子，今安徽颍上人。生于约公元前735年（周平王三十六年），卒于公元前645年（周襄王七年、齐桓公四十一年）。他出生于没落贵族家庭，年轻时生活在社会底层，三十岁左右才被齐僖公任命为公子纠（公子纠）的老师。后公子小白继位（公元前685年），史称齐桓公，鲍叔牙力荐管仲为齐国卿相。管仲辅佐齐桓公，直至逝世，相齐四十年，为争霸提出“尊王攘夷”的政治口号，帮助齐国在政治、经济、军事、外交等方面取得巨大成就。齐国雄踞“春秋五霸”之首，管仲也被认作“春秋经济改革第一人”。管仲相齐争霸的政治智慧不仅在当时全面振兴了齐国，同时也缓和了各诸侯国之间的矛盾冲突，维护了周朝的政治大一统，打击了四方蛮夷，捍卫了中华文明，管仲亦被称为“华夏文明保护者”；其智慧和功绩影响千秋万代，其人受后世推崇敬仰，被誉为“华夏第一相”。

## 第一节　管仲在世时收获的评价

管仲效忠的齐桓公、知己鲍叔牙、被囚禁时鲁国能臣施伯等对他的评价最为真实，有助于我们探究历史上真实的管仲。

## 一、齐桓公从仇恨到倚重最后尊其为“仲父”

在争夺大位时，“管仲射小白中钩”[①]，后桓公践位，认为“夷吾与召忽，吾贼也”(《管子》331)。在鲍叔牙的强力推荐下，管仲成为齐相，在辅佐桓公之初，管仲劝谏桓公，社稷未定，不能急于修兵，不能伐宋等，“公不听，果为兵”(《管子》337)。桓公最初虽然任命管仲为相，但在实际决策中根本不信任管仲，一意孤行，一直失败。鲍叔牙看到桓公不听从管仲的谏言，表示担心。管仲自信一切都在掌控之中，并认为“吾君惕，其智多诲(悔)。姑少胥，其自及也”(《管子》338)。国君有警惕之心，且有智慧善于反思悔改，姑且稍加等待，他会觉悟的。桓公与管仲经过一段时间的磨合，终于认可并倚重管仲。当管仲自谦地说道：“君有霸王之心，而夷吾非霸王之臣也。”(《管子》412)桓公说：“仲父胡为然？盍不当言，寡人其有乡(向)乎？寡人之有仲父也，犹飞鸿之有羽翼也，若济大水有舟楫也。仲父不一言教寡人，寡人之有耳，将安闻道而得度哉？”(《管子》412)桓公回答，仲父为什么这样说呢？为什么不对我直言，使我有个方向呢？仲父对我的重要性，就如同飞鸿有羽翼、过河有舟楫一样。仲父不发一言教导我，我虽有两只耳朵，又怎么能听到治国之道、学得治国之法呢？可以看出，齐桓公对管仲非常信任倚重，几近言听计从。可以说，没有齐桓公的大胆任命和绝

---

① 李山、轩新丽译注：《管子》，中华书局2019年版，第335页。本书后续相关史料引用均依据此书，为方便读者阅读，仅括注书名与页码。

对信任，管仲便没有机会和舞台展示大智大勇，做出丰功伟绩；没有管仲的倾心辅佐，桓公也不可能成就霸业，成为春秋第一霸主。在齐国争霸的过程中，桓公和管仲相互依存、相互为用，成为紧密相连的政治组合，正所谓“唯有明君在上，察相在下也”(《管子》401)。

## 二、鲍叔牙拒绝相位而力荐管仲

齐桓公想立鲍叔牙为相，鲍叔牙拒绝并力荐管仲。鲍叔牙认为，在治国上自己有五个方面不如管仲：“宽惠柔民，弗若也；治国家不失其柄，弗若也；忠信可结于百姓，弗若也；制礼仪可法于四方，弗若也；执枹鼓立于军门，使百姓皆加勇焉，弗若也。”[①]鲍叔牙认为，治国安民、团结百姓、行使政权、外交、军事五个方面正是管仲才能的反映。当桓公问鲍叔牙，管仲会不会接受鲁国的邀请在鲁国从政时，鲍叔牙说管仲没有因为公子纠自杀就是因为他想为齐国社稷安定作出贡献，如果在鲁国从政则是削弱齐国，管仲肯定不会“受鲁之政”。“夷吾之事君无二心，虽知死，必不受也。”(《管子》331)核心原因是管仲忠诚于齐国先君、忠诚于齐国，立足世间就是为了定齐国社稷，争霸天下。在鲁国面对同样遭遇却选择死的召忽也认为，“子(管仲)生而霸诸侯，公子纠可有生臣矣”(《管子》332)。

## 三、鲁国施伯和楚国国君都高度评价管仲

管仲辅佐公子纠在鲁国避难，后因公子小白夺嫡成功，要杀公子

① 陈桐生译注：《国语》，中华书局2013年版，第237页。为方便读者，后续与《国语》相关的引用内容，均仅括注书名与页码。

纠、管仲和召忽。其间，被桓公认定为“鲁君之谋臣也”的施伯，一眼看出桓公并不是想杀管仲而是“欲用其政”，并认为：“夫管子，天下之才也，所在之国，则必得志于天下。令彼在齐，则必长为鲁国忧矣。”（《国语》238—239）管仲如果在齐国，必将是鲁国的忧患。因此，施伯建议鲁君，如果管仲不能为鲁国所用就把他杀死。后来，在鲍叔牙和齐国的步步紧逼之下，施伯认为齐君心胸不够宽广，不可能重用管仲，经反复权衡后才把管仲交给齐国，并对管仲的未来进行了预估和评价：“及齐君之能用之也，管子之事济也。夫管仲，天下之大圣也。今彼反齐，天下皆乡之，岂独鲁乎！今若杀之，此鲍叔之友也，鲍叔因此以作难，君必不能待也，不如与之。”（《管子》332）施伯认为，如果齐君启用了管仲，管仲的事功就会达成。管仲是天下极为圣贤之人，如果他返回齐国，天下都受益而顺应他，岂止是鲁国！而现在如果杀了他，他是鲍叔牙的挚友，鲍叔牙就会借机闹事，鲁国国君一定招架不住，如此一来不如把管仲交给齐国。

管仲担任齐国相之后，楚国想吞并宋国和郑国，但是畏惧齐国并认识到未来能威胁楚国的只有齐国，于是楚王想与齐国交好并在国内发布命令：“寡人之所明于人君者，莫如桓公；所贤于人臣者，莫如管仲。明其君而贤其臣，寡人愿事之。谁能为我交齐者，寡人不爱封侯之君焉。”（《管子》418）楚王认为齐桓公是最明的君，管仲是最贤的臣，表示愿意臣服于齐国。

## 四、管仲对自身有更客观的认知和评价

管仲认为自己的使命就是忠于齐国，愿意为国而死，而不是忠诚于某位国君。“夷吾之为君臣也，将承君命，奉社稷以持宗庙，岂死一纠哉！夷吾之所死者，社稷破，宗庙灭，祭祀绝，则夷吾死之。非此三者，则夷吾生。夷吾生则齐国利，夷吾死则齐国不利。”（《管子》324）管仲认为，作为臣子，听受君命的目的是主持掌管国家政务，为国家作贡献，而不会为某一位君主去死，值得自己牺牲的是国家社稷，只有社稷败、宗庙灭、祭祀绝这三件事发生，自己才会死。他认为自己活着，才对齐国有利；死了则对齐国不利。

管仲认为，自己的政治追求、能力和优势在于确保齐国成就霸业，而不是干好某项具体工作。管仲为相三个月后，经桓公同意，开始点评百官，并建议任命。“升降揖让，进退闲（娴）习，辨辞之刚柔，臣不如隰朋，请立为大行。垦草入邑，辟土聚粟，多众，尽地之利，臣不如宁戚，请立为大司田。平原广牧，车不结辙，士不旋踵，鼓之而三军之士视死如归，臣不如王子城父，请立为大司马。决狱折中，不杀不辜，不诬无罪，臣不如宾胥无，请立为大司理。犯君颜色，进谏必忠，不辟死亡，不挠富贵，臣不如东郭牙，请立以为大谏之官。此五子者，夷吾一不如，然而以易夷吾，夷吾不为也。君若欲治国强兵，则五子者存矣。若欲霸王，夷吾在此。”（《管子》407—408）管仲对这五个人的才能都给予了正确的评价，并认为有这五个人的辅佐可以实现治国强兵，但是，管仲认为自己更适合辅佐齐国完成争霸大业。

## 第二节 儒法两家对管仲的评价

管仲作为春秋前期辅佐桓公、相齐争霸取得巨大成就的政治人物，后世学者、政治家必然对他有所评价，而研究分析这些评价有助于我们重新认识管仲。

### 一、孔子对于管仲的评价

孔子（公元前551—公元前479年）生活在春秋后期，这时诸侯各自为政、礼崩乐坏，社会更加无序。孔子三岁丧父、十七岁丧母，年轻时从事过社会最底层的职业，经历过生活的磨砺。公元前501年，孔子五十岁正式从政，为鲁国中都宰（相当于县长）；五十二岁升任小司空（相当于工程部门副长官），不久升司寇（相当于司法部门长官），位列大夫；五十三岁，以司寇之职摄相事，协助季氏处理国政。五十四岁时，孔子为了维护鲁国国君的权威、实现鲁国的统一和安宁，主张“隳三都”，即拆除郈、费、成三邑的城堡，但最后失败。针对当时的社会现状，孔子提倡“克己复礼”，周游列国十三年，希望各诸侯国能坚守西周初年的礼乐制度，但是没有得到忙于争霸的各诸侯国的重用，最终孔子退而修书，从事教育事业。

一是孔子对管仲的政治功绩给予充分肯定，以仁誉之。孔子艰难的从政经历使其更容易理解作为齐国相的管仲的不易，更容易理解管仲取得政治功绩的艰难和价值。《论语·宪问》记载，子路曰：“桓公杀公子纠，召忽死之，管仲不死。”“曰：未仁呼？”子曰：“桓公九合诸侯，不以兵车，管仲之力也。如其仁，如其仁。”

又载，子贡曰：“管仲非仁者与？桓公杀公子纠，不能死，又相之。”子曰：“管仲相桓公，霸诸侯，一匡天下，民到于今受其赐。微管仲，吾其被发左衽矣。岂若匹夫匹妇之为谅也，自经于沟渎而莫之知也？”

子路和子贡都认为管仲应该为所傅之人公子纠而死，不应该转投对手公子小白（后为齐桓公），认为管仲不忠、不仁。这样的观点说明了子路和子贡对管仲的政治功绩和历史贡献认识不清，对儒家提倡的“仁”理解的层次和深度还不够。孔子则认为，忠于“所傅之人”是“小仁”，为国建功立业、为民众谋和平稳定才是真正的“大仁”，对管仲这种政治人物的评价不能局限于匹夫匹妇的评价标准，而应该以政治功绩和历史贡献作为标准。因此，孔子认为，管仲“九合诸侯，不以兵车”“霸诸侯，一匡天下”，不用武力而用才智凝聚诸侯、强齐争霸、维护社会秩序，使民众免于战乱并促进了社会和平稳定，“民到于今受其赐”，产生了深远的历史影响；“微管仲，吾其被发左衽矣”，还赞扬管仲抵制了野蛮民族及其风俗文化的入侵，保护了先进的中原文化和华夏文明。

二是孔子认为管仲器小、不俭不知礼、有违周礼。《论语·八佾》记载：

子曰：“管仲之器小哉！”或曰：“管仲俭乎？”曰：“管氏有三归，官事不摄，焉得俭？”“然则管氏知礼乎？”曰：“邦君树塞门，管氏亦树塞门。邦君为两君之好，有反坫，管氏亦有反坫。管氏而知礼，孰不知礼？”

《礼记》记载：

国君事大，官各有人，大夫则不能具官，常置一官以兼摄众事。

根据当时的制度，管仲有家三处且“官事不摄”，确实不俭。邦君“树塞门”“有反坫”，这都是天子诸侯之制，而身为卿大夫的管仲亦“塞门”“反坫”，以卿大夫之位僭越天子诸侯之礼，孔子认为管仲表现得不知礼、不行礼，不符合周礼。

为什么出身贫寒、受尽磨难的管仲在任齐相期间不能俭朴呢？在比孔子生活的年代更早、周礼还没完全崩坏的时代，管仲怎么可能不知周礼而僭越周礼呢？管仲是务实的政治人物，他了解人性，知道自己人微言轻，必然在具体政治实践中因此而受到各方面的阻力，言不听、计不从、令不行，或者阳奉阴违，施政效果必定受损。所以，上任之初，管仲明确要求桓公提高自己的身份地位。

管仲相齐，曰：“臣贵矣，然而臣贫。”桓公曰：“使子有三归之家。”曰：“臣富矣，然而臣卑。”桓公使立于高、国之上。曰：“臣尊矣，然而臣疏。”乃立为仲父。[①]

齐桓公满足了管仲提出的贵、富、尊、亲的要求，使其有“三归之家”“立于高、国之上”“立为仲父”，管仲就此具备了在齐国改革创新、干事创业的实力和势力，因为“柄者，杀生之制也；势者，胜众之资

① 高华平、王齐洲、张三夕译注：《韩非子》，中华书局 2015 年版，第 455 页。后续相关引用仅括注书名与页码。

也”(《韩非子》681)，“桀为天子，能制天下，非贤也，势重也”(《韩非子》310)。韩非子认为管仲依托自己所得之势，篡桓公之位轻而易举。然而，历史事实是，管仲并没有因为所占的贵、富、尊、亲这样的势而篡权夺利，而是利用这样的权势辅佐齐桓公创下了五霸之首的千秋功业。同时，这也符合管仲的思想和观点：“贵而不过度，则臣道也。”(《管子》72)管仲认为，恪守臣道，应该“贵”，但不可超越等级名分、不能侵夺国君权势；提倡“克己复礼”的孔子却机械地认为，管仲的“三归之家”“反坫”“塞门”等施政条件是“泰侈逼上”“僭越周礼”。与管仲形成鲜明对比的是，孔子为维护鲁国国君的权威，在“隳三都”的过程中，遭到鲁国贵族三桓的排斥，而鲁定公妥协退让，不再重用孔子的一个重要原因就是，孔子在鲁国不富、不贵、不尊、不亲，没有形成权势。如果孔子学习管仲，从国君处得到相应的施政条件和支持，也许其相鲁的时间就会更长、政绩就会更大，也就不会去职离国、周游列国，在政治上郁郁不得志了。

孔子为什么认为管仲“器小”呢？宋代政治家司马光给出了合理的解释：“孔子称管仲之器小哉，先儒以为管仲得君如此，不勉之以王而仅止于霸，此其所以为小也。愚以为周天子存而管仲勉齐桓公以王是教之篡也，此管仲所耻而不为，孔子顾欲其为之邪？”孔子生活在春秋末期，周王室更加衰败，孔子的政治主张是“克己复礼”，行王道而不是霸道。因此，孔子认为相桓公霸诸侯的管仲“器小”，没有行王道，而没有认识到管仲所处的时代，周王室已式微，很难恢复西周初年的王道；另外，周的礼乐法度还有一定的影响力，下至一国建设、上至诸侯间交往依然以尚德尚礼的周制为原则进行，所以，在当时的政治环境下，“行王道”的只能是周天子，而作为诸侯的桓公只能“霸诸侯”，只能真正地“尊王”，才能切实地“攘夷”，管仲相桓公行霸道就是当时时代背景下最合适的政治选择。因此，《论语》记载：“晋文公谲而不正，齐桓公正而不谲。”孔子认为，齐桓公依循正道正途，而不是过分利用权谋之术。

## 二、孟子对管仲的评价

儒家重要代表人物孟子（约公元前372—公元前289年），生活在战国时代中期，当时还有二十个左右的诸侯国，其中较大的诸侯国已经不满足于争霸，都想兼并天下完成统一。诸侯国间合纵连横、战争不断，作为思想家，孟子意识到了当时的时代特征和发展趋势。“道既通”，他建构了自己的学说，即“唐虞三代之德”及“仲尼之意”的仁政学说，效法孔子肩负“木铎”使命，周游列国，“知其不可而为之”，游说于各国君主之间，推行他的政治主张，但最终没有一国愿意采纳。如果说管仲、孔子是有过实质性的从政、执政经历的，孟子几乎是纯粹的哲学家、理论家和思想家，他更注重理论构想和思辨劝谏能力。孟子的自我定位就是通过辩论，达到“正人心，息邪说，距诐行，放淫词，以承三圣者”[①]的目的，那么孟子除了理论家的辩才，是否具备政治家的素养呢？如果君主让他当一国卿相，他能否胜任呢？公孙丑问：“敢

① 方勇译注：《孟子》，中华书局2018年版，第49页。后文相关引用仅做括注。

问夫子恶乎长？”曰：“我知言，我善养吾浩然之气。”孟子对公孙丑说自己擅长的是言论，善于培养自己的浩然之气。

公孙丑曰：“夫子加齐之卿相，得行道焉，虽由此霸王，不异矣。如此，则动心否乎？”孟子曰：“否，我四十不动心。”(《孟子》48)

孟子知道自己的能力和长处，所以对担任齐国卿相这样可以建功立业称霸称王的机会和假设是不动心的。淳于髡用孟子的思辨逻辑试图说服其以礼治为出发点，建议孟子放弃礼治思想，变通方法而拯救天下。“今天下溺矣，夫子之不援，何也？”孟子说：“天下溺，援之以道；嫂溺，援之以手，子欲手援天下乎？”(《孟子》142)孟子回答得很清楚，作为理论家而非政治家，我拯救天下的方式是“援之以道”，即宣扬仁政，至于具体的施政那不是自己的事情。

一是孟子认为管仲“功烈如彼其卑”。在孟子看来什么才算是功劳呢？彭更认为：“士无事而食，不可也。”孟子则认为：“非其道，则一箪食不可受于人；如其道，则舜受尧之天下，不以为泰。”(《孟子》109)孟子认为只要符合三王之道，天下就都可以接受，何况“传食于诸侯”。孟子作为一个理论家、思想家是合格的、优秀的、成功的，他对理想化的政治追求和推广已经达到登峰造极的地步，但他根本就不是一个政治家，根本不会着眼具体的政治事务。因此，孟子对管仲评价不高，既是因为孟子缺乏从政经历，更为重要的是，孟子生活在周王室更加衰败、诸侯争霸更加凶猛的战国时代。孟子认识到了霸道的弊端，因此他把王道作为自己一生的理想追求，把理想化的王道高高凌驾于现实可行的霸道之上，他没有向现实屈服妥协，因为他只是个动动嘴的思想家、理论家，而不是一个肩负重任，每个决策都决定着民众幸福、国家生死存亡的政治家。战国时期，“争地以战，杀人盈野；争城以战，杀人盈城，此所谓率土地而食人肉，罪不容于死”(《孟子·离娄上》)，孟子反对战争征伐，认为善于打仗的人应该受到最重的刑罚，反对霸道。孟子认为，行这样的霸道“后必有灾”，他也因反对眼前现实的霸道，而彻底否定前人务实的霸道，否定孔子早已定论的“九合诸侯，不以兵车”的管仲的霸道。

二是孟子认为管仲止于霸行而没有行王道。孟子得出结论：“五霸者，三王之罪人也；今之诸侯，五霸之罪人也；今之大夫，今之诸侯之罪人也。”“五霸者，搂诸侯以伐诸侯者也，故曰，五霸者，三王之罪人也。”(《孟子·告子章句下》) 五霸不听从天子的号令，私下威胁一些诸侯去讨伐别的诸侯，背弃了三王“天子讨而不伐，诸侯伐而不讨”的理想，五霸是三王的罪人。战国时期的诸侯甚至背离五霸的原则，大夫逢迎诸侯，所以，战国时期的诸侯又是春秋五霸的罪人，大夫是今天诸侯的罪人。由此可见，孟子认为从西周之前，到春秋至战国时代，政治领袖治国理政的水平每况愈下。因此，孟子认为：“仲尼之徒，无道桓文之事者，是以后世无传焉，臣未之闻也。无以，则王乎！”(《孟子·梁惠王上》) 孟子对齐桓公、晋文公等五霸的伟业贬斥不提，更愿意谈王道。他认为，实行王道是平治天下最好的办法，并把推行王道作为自己一生的理想追求。“今王发政施仁，使天下仕者皆欲立于王之朝，耕者欲耕于王之野，商贾者欲藏于王之市，行旅者欲出于王之涂，天下之欲疾其君者皆欲赴愬于王，其若是，孰能御之？”(《孟子·梁惠王上》)这就是所谓的“仁者无敌”。能达到“无敌”的“仁”是真正的仁，是尧舜那样的“性之也”，即出于本性的仁；是汤武那样的“身之也”，即身体力行的仁。孟子认为管仲的仁是“以力假仁”，即不是发自内心、以身垂范的仁，而是以武力为基础，把仁作为谋取齐国利益的幌子。孟子认为“以力假仁者霸”，因为“以力服人者，非心服，力不赡也。以德服人者，中心悦而诚服也”(《孟子·公孙丑上》)。所以，“以德行仁者王”。孟子反对霸道、提倡王道，而王道最终归因于统治者要修身要有德行。《孟子·离娄上》曰：“人有恒言，皆曰‘天下国家’。天下之本在国，国之本在家，家之本在身。”按照孟子的逻辑，管仲止于霸道没有行王道的根本原因在于其有“三归”“塞门”“反坫”，奢侈僭礼，不注重自身修为，终不能以德行王天下。孟子虽然继承了孔子的仁政学说，但他的思想主张是学者（儒家），他的经历更像是一个儒家思想的“言谈者”。在当时随时可能会被他国兼并、面对生死存亡压力的诸侯国君心中，孟子大概是“实干兴邦，空谈误国”的。

## 三、荀子对于管仲的评价

荀子（约公元前313—公元前238年），战国末期赵国著名思想家、文学家、政治家。荀子五十岁时，游学到齐国，当过老师、祭酒官员，后遭受谗言，去齐适楚，担任兰陵令，至废居兰陵，晚年著书立说，是李斯和韩非的老师。荀子历数了齐桓公的品行污点和政治罪状，认为齐国不亡而霸的原因是齐桓公有“天下之大节”“天下之大知”而做出

“天下之大决”，即忘却对管仲的仇恨，把国家托付给管仲，尊称管仲为“仲父”，这样皇亲贵族、朝廷大臣、富裕之人都不敢嫉妒、怨恨、抗拒管仲，整个国家都井然有序地顺从桓公并尊敬管仲，因此，齐国称霸是必然的。

荀子认为，齐国虽为“五伯之盛者”，然，“彼非本政教也，非致隆高也，非綦文理也，非服人之心也”[①]。这四个“非”说明，齐桓公和管仲之治未达到他认为的治理的最高境界——“王者之道”。因此，对于信奉尊礼、仁政、王道的孔门学者来说，自然是等而下之，“无道桓文之事”“羞称乎五伯”。

荀子治国理政的思想究竟是什么？他又如何分析和认识管仲霸而不王的原因呢？“诚侯、嗣公，聚敛计数之君也，未及取民也；子产，取民者也，未及为政也；管仲，为政者也，未及修礼也。故修礼者王，为政者强，取民者安，聚敛者亡。故王者富民，霸者富士，仅存之国富大夫，亡国富筐箧，实府库。”（《荀子》118）荀子认为，治理国家从低到高的等级：聚敛民财，亡；争取民心，安；善理政务，强；遵纪循礼，王。管仲治理齐国“为政者强”，善理朝政，使齐国富强；“霸者富士”，即推行霸道使士阶层富裕。整体上，管仲治国处于较高段位，但是管仲仅是“为政”而没有“修礼”，只能霸而不能王，没有到达王天下的最高境界。荀子认为，在霸业的基础上实施儒者之道，即儒者的礼仪教化，就能由霸而王。

---

① 方勇、李波译注：《荀子》，中华书局2015年版，第84页。后续相关引用仅做括注。

荀子的治国理政思想较孔、孟更加系统完备，但是，核心依然是要求君王和统治者“重仁”“修礼”弃霸道成王道。而重视“仁”“礼”对君王和臣民都是一种较为严格的道德要求和言行规范，在一定程度上减少“重利”的自私本性，因此，从汉武帝开始，以这一思想为代表的儒家成为中国社会的正统思想，并在教化民众方面发挥了重要作用，直到今天依然影响着人们。

可见，儒家一方面认为管仲是一名成功的政治家；另一方面认为管仲存在严重不足，即不遵从儒家所提倡的“仁”“礼”，停留在霸道，而没有行王道。儒家给予的评价有积极一面，但是，由于没有坚持历史原则，在评价管仲这样的历史人物时，没有将其放在他所处的特定的历史条件下，缺乏历史思维和发展的眼光，没有看到在整个中华民族历史发展中管仲的突出贡献。

## 四、韩非子对管仲的评价

韩非子（约公元前280—公元前233年），战国末期著名思想家，法家代表人物。他对前人思想加以批判总结，形成集法、术、势于一体的较为完整的法治理论。《史记·老庄申韩列传》记载，韩非是韩国宗族公子，“为人口吃，不能道说而善著书”。他结合现实写下《孤愤》《说难》《五蠹》《内储说》《外储说》《说林》等十余万言的著作。他目睹韩国日趋衰弱，曾多次向韩王上书进谏，希望韩王励精图治，变法图强，但韩王置若罔闻，始终都未采纳。韩非子对此非常悲愤和失望。《史记》载秦王嬴政读韩非著作后十分欣赏说：“嗟乎，寡人得见此人与之游，死不恨矣!”秦王得知是韩非著作后，马上进攻韩国索要韩非，韩非到秦国后取得秦王信任，却招致李斯的嫉妒，最终被下狱毒死。身为韩国公子，却不被韩国重用；深得秦王赏识，却不被重用且不能自保。可以说韩非子思想是深刻的，但是，政治上是不成功的。

“爱多者则法不立，威寡者则下侵上，是以刑罚不必，则禁令不行。”“管仲知之，故断死人。”(《韩非子》327）韩非子认为，君主有太多的仁爱，法制就难以建立；君主威严不足，就要被臣下侵害。因此，如果刑罚不能被坚决执行，禁令就无法实施。管仲懂得这个道理，所以主张通过惩罚死尸来确保禁令的实施。

齐国好厚葬，布帛尽于衣衾，材木尽于棺椁。桓公患之，以告管仲曰：“布帛尽则无以为蔽，材木尽则无以为守备，而人厚葬之不休，禁之奈何？”管仲对曰：“凡人之有为也，非名之，则利之也。”于是乃下令曰：“棺椁过度者戮其尸，罪夫当丧者。”夫戮死，无名；罪当丧者，无利：人何故为之也?(《韩非子》336）

面对因厚葬而消耗大量布帛、木材的执政中现实问题，齐桓公无策，管仲直指追名逐利是人的本性。因此，下令寿衣和棺材超过规定的不但要戮尸，掌管丧事的人也要受到处罚，无名无利的事情无人为之。禁令一下，齐国好厚葬的事情不再发生。韩非子认为，管仲的做法就是刑罚思想的体现。

桓公谓管仲曰：“官少而索者众，寡人忧之。”管仲曰：“君无听左右之

请，因能而受禄，录功而与官，则莫敢索官。君何患焉？”(《韩非子》452)

韩非子也主张“计功而行赏，程能而授事”，“官贤者量其能，赋禄者称其功”。管仲和韩非子都要求君主根据人的能力高低、功劳大小给予奖赏、授予官职，这样奸邪小人便不会窃居高位，在位官员就会克己尽责。可以看出，管仲在具体政治实践中，在解决具体问题时，因为把握了人性特点，采取的措施含有法治思想，正是这种法治思想为后世法家思想的产生提供了很好的基础素材。韩非子作为法家代表人物，对管仲的评价整体上是比较客观公正的。

## 第三节　厘清管仲身份和《管子》成书

生活在春秋前期，作为辅佐齐桓公成就霸业的齐国相，管仲究竟是否归属“诸子百家”呢？以管仲思想为基础的《管子》与诸子之书，有什么样的区别呢？解决这些理论问题，需要我们进一步厘清管仲的身份和《管子》一书。

### 一、管仲逝世后其治国思想和政治贡献被广泛传播

重耳到齐国，齐桓公把女儿嫁给重耳并优待他，重耳乐不思归。桓公死后，齐姜氏劝重耳归晋。齐姜氏说，过去我听管仲说“畏威如疾，民之上也。从怀如流，民之下也。见怀思威，民之中也。畏威如疾，乃能威民。威在民上，弗畏有刑。从怀入流，去威远矣，故谓之下。其

在辟也，吾从中也”。“此大夫管仲之所以纪纲齐国，裨辅先君而成霸者也。子而弃之，不亦难乎？”(《国语》) 齐姜氏这段话的意思是，管仲曾说，像畏惧疾病一样敬畏天威，这是上等人；从心所欲如同流水，这是下等人；在私欲出现时想到天威，这是中等人。只有上等人才能树威治民。威民者在上位，民众如有不畏天威者将受到刑罚，下等人距离权威就很远了。齐姜氏说，这些就是管仲治理齐国、辅佐先君成就霸业的原因之一，重耳不能抛弃管仲言论。齐姜氏在桓公和管仲死后依然能娴熟背诵管仲“纪纲齐国”的治国理论，并以之规谏重耳，说明管仲的治国理政思想在齐国影响较为深刻。

春秋末期，齐景公经常以管仲辅佐桓公成就霸业勉励国相晏子：“先君昭功，管子之力也。今寡人亦欲存齐国之政于夫子，夫子以佐佑寡人，彰先君之功烈，而继管子之业。”[①]齐国上下对管仲及其思想、功绩的肯定、热爱和传播，为后世传播管仲学说思想奠定了基础。

战国前期，管仲的重要篇章和主要思想已经在社会上广泛流传。韩非子在《难三》篇中征引管仲的言论并指出“言于室满室，言于堂满堂，非法术之言也”(《韩非子》587)；又在《五蠹》篇中说“今境内之民皆言治，藏商、管之法者家有之，而国愈贫，言耕者众，执耒者寡也；境内皆言兵，藏孙、吴之书者家有之，而兵愈弱，言战者多，被甲者少也”(《韩非子》714)。虽然韩非子批判的是，民众空谈多、实干少，但是从“藏商、管之法者家有之”可知，战国时期，管仲的治国思想确实

① 汤化译注：《晏子春秋》，中华书局 2015 年版，第 177 页。后续相关引用仅做括注。

广为人知，且广被学习取法。

## 二、管仲是春秋前期的政治家，不应归属“诸子百家”

“子”是古代对人的尊称，多用于称呼老师或有道德、有学问的人。“先秦诸子”特指先秦至汉初的各派学者或其著作。《四库全书总目》记载“诸子百家”实有上千家，但流传较广、影响较大、最为著名的有几十家，最终也只有十家发展成学派——《汉书·艺文志》著录了儒、道、阴阳、法、名、墨、纵横、农、杂、小说。其中，最具代表性的是儒（以孔子、孟子为代表）、墨（以墨子为代表）、道（以老子、庄子为代表）、法（以韩非子为代表），代表这四家政治和学术观点的著作分别是《论语》《墨子》《老子》《韩非子》。管仲是春秋前期掌管齐国相事四十年成熟而又成功的政治人物，管仲可以称“子”，但是管仲不应该归属“先秦诸子”。管仲所处的时代早于“诸子”的春秋晚期和战国时期，作为相齐四十年的政治家，与“诸子”文人的思想相比，管仲明显更加务实，更加注重操作性和实用性，因此，《管子》一书属于“为政之书”，不应该也不能归于侧重理论、倾向理想化的“百家”之列。

一是管仲活动于春秋前期，与“诸子百家”不属于同一个年代。管仲活动于春秋前期，老子（公元前571—公元前471年）、孔子、墨子（约公元前476—约公元前390年）生活在春秋晚期，而孟子、荀子、庄子、韩非子等生活在战国时期，司马迁、刘向、刘歆则生活在更晚的西汉时期。编书者刘向，站在西汉的历史方位朝着历史深处回头看，很容易把管仲与老子、孔子、墨子等归为一类，即先秦“诸子百家”，后世更是简单地、不做细分地把春秋战国思想家统称为“先秦”思想家；但是，如果顺着历史发展的先后顺序看，管仲则明显早于老子、孔子、韩非、墨子等“诸子”。生活的时代不同，面临的时代难题和背负的时代使命必然也不同，因此，从时间上看，管仲不属于道家、儒家、法家等“百家”之列。钱穆先生在其《先秦诸子系年》中讲：“余之此书，上溯孔子生年，下逮李斯卒岁，前后二百年，排比联络，一以贯之。”可见，钱穆先生并没有把管仲归纳到先秦诸子行列，认为先秦诸子应该从孔子开始。

二是管仲作为政治家、改革家，不同于思想家、学术派的诸子。管仲历经磨难进入仕途，成为齐国举足轻重的政治人物——相，具体执掌齐国长达四十年，在经济、政治、军事、外交等方面取得巨大的成就。管仲在思想理论、政治智慧、实践经验、对人性的把握和社会发展的感悟等方面的认知水平，远远高于其他缺乏长期的成功的政治实践的诸子。诸子则是在春秋晚期和战国时期，为了保证诸侯国在争霸中不被他国兼并，周游列国，出谋划策，推销自己及自己的思想理论，希望能被诸侯国君采纳，从而得以在政治实践中应用推广；更希望本人能被国君认可重用，担任重要官职。

各诸侯国对施政人才和先进理论的迫切需求，导致先秦诸子跃跃欲试，积极进行理论创作，最终形成各家学说多元发展的“百家争鸣”局面。汉武帝建元至元封年间，司马谈任太史令期间，对先秦的思想发展做过广泛的涉猎和研究并整理撰成《论六家要旨》，他第一次分析并得出自春秋战国以来重要的学术流派，首次将“百家”划分为“阴阳、儒、墨、名、法、道”六家。后来，刘歆在《七略》中又增加了“纵横、杂、农、小说”而成十家。班固在《汉书·艺文志》中沿袭刘歆的“十家说”并认为“诸子十家，其可观者九家而已”。再后来，人们去掉“小说”，剩下的九家成为“九流”。

因此可见，“百家”是后人根据一定的标准划分的学说流派，而“诸子”是某一学说流派的代表人物。“诸子”与管仲的职业、身份不同，其思想作品的目的和品质也不同于管仲的思想作品。钱穆先生在《先秦诸子系年》中讲：“凡先秦学人，无不一一详考。”可知，钱穆先生也认为先秦“诸子”即先秦“学人”，政治家与学人之间存在较大区别。

三是与其他诸子相比，管仲的思想学说具有开先河、综合性、源头性的特点。管仲生活在春秋前期，周天子地位日渐式微，诸侯不朝，周朝及主持正义的大国对不朝之诸侯进行讨伐，逐步出现诸侯国之间的战争，大国、强国兼并小国、弱国。管仲生逢乱世，在社会大动荡大变革时代，作为齐国相，他一方面辅佐齐桓公积极改革创新，强齐图霸；另一方面积极“尊王攘夷”，维护周朝的核心地位，维护现有的社会秩序，打击四方蛮夷侵略。所以，管仲生活的时代“道术未为天下裂”，管仲的思想具有承上启下、继往开来的特点。管仲继承周朝传统的政治哲学思想和自太公望吕尚封国以来确立的政治经济文化基因，通过在齐国推行一系列的政治经济改革和富国强兵实践，最终形成独具齐国特色的治国兴邦的政治、经济、哲学思想，并对后来诸子之学的产生起到先导性示范作用。石一参在《〈管子〉今诠》一书中提出，管仲的治道思想是“集殷周开国二勋伊尹、吕尚之大成”，是夏商周以来治国思想的继承和发展，属于“不裂之道术”。所以说，管仲作为一名长期执政的出色的政治家，只有具备丰富、复杂和深刻的智慧，才能妥善处理纷繁多变的现实问题和矛盾冲突。同时，在齐国相的位置掌握权力达四十年之久，对内富国强兵，对外“尊王攘夷”“九合诸侯”“一匡天下”，这一系列活生生的政治实践，又进一步丰富并完善了管仲的思想，使其他坐而论道、缺乏政治实践的理论家、学问家不能企及。

到战国时期，周朝的大一统王权体制彻底解构，整个天下从一个中心向多个中心转型，原有的经历代积累而形成的、被社会广泛认可通用的治世道术也失去了核心地位，出现了分裂，原有的官学“官失其守”，私学盛行，各种治国思想多元并存，周朝从政治上、思想上、理论上彻底失去了对各诸侯国的管控。各诸侯国为确保自己在社会整体裂变中不被他国侵略兼并淘汰，也在积极寻找救国图存的思想理论。在这样的社会发展和政治需求大背景下，知识分子和各类思想学说活跃起来，出现“诸子蜂出”，思想上“各执一端”，正如庄子所说：“天下大乱，贤圣不明，道德不一，天下多得一察焉以自好。譬如耳目鼻口，皆有所明，不能相通。犹百家众技也，皆有所长，时有所用。虽然，不该不遍，一曲之士也。”“悲夫，百家往而不反，必不合矣！后世之学者，不幸不见天地之纯，古人之大体，道术将为天下裂。”[①]诸子从未分的道术中抓取自己认为正确的一点或几点，认为自己得到了治理天下的真经真理，各执一端，著书立说形成一家之言。百家各自坚持走下去不回头，思想学术

① 马恒君：《庄子正宗》，华夏出版社 2014 年版，第 389 页。

肯定融合不到一起。后世的学者很不幸，见不到天地的真纯，又见不到古人的整体学说，道术就这样被割裂了。后来的学者不懂得古人的整体学说，而以某一特点为标准，对诸子进行分类，于是产生所谓的“九流十家”“诸子百家”。因为诸子缺少真正的从政机会，自己坚持的理论也得不到政治实践的检验，因此，诸子的理论具有片面性、极端性，且很大程度存在理想主义和浪漫主义色彩。

所以，《汉书・艺文志》认为，管仲上承伊尹、太公、辛甲、鬻子思想，下开老子、文子、庄子、列子的思想先河。管仲虽被列入道家，但是，应承认他在道家中具有承上启下的历史地位。

综上分析，可以得出结论，相对于春秋晚期和战国时期的诸子学说，管仲的从政实践、学说思想具有古之学说的整体性、完整性，对道家、儒家、法家等后世各家学说均有不同程度的先导性影响，老子、庄子、孔子、孟子、韩非子等均对管仲的学说思想有所学习继承、发挥创新。

## 三、《管子》是以管仲思想为基础的治国理政经典

管仲在齐国执政期间，在政治制度和理论创新等方面逐渐形成自己独特的思想体系。他的思想学说自春秋“相传以口耳”至战国“述旧闻而著于竹帛”[①]，前后延续数百年，其间出现内容增减、张冠李戴、良莠不齐的篇章在所难免。正如章学诚所说：“春秋之时，管子尝有书矣，然载一时之典章政教，则犹周公之有《官礼》也。记管子之言行，则习

① 高维昌：《周秦诸子概论》，商务印书馆 1930 年版，第 6—7 页。

管氏法者缀辑，而非管仲所著述。”[①]由此可知，管仲思想是以其治国理政所推出的典章制度为基础发展而成的理论体系，《管子》是后人为学习研究管仲而集结成的书籍。

《管子》一书是管仲思想体系的集中体现。“诸子书之名称，多定自刘向。”[②]刘向既然把春秋前期齐国著名的政治家、改革家管仲归为“诸子百家”，必然会遵从“古之诸子，皆以人名书”的惯例，以“管子”为书名整理编辑管仲的思想。刘向编定《管子》时，为了最大限度保存管仲思想学说的面貌，“校除重复”，对那些互相矛盾的篇章存而不废。删重不去异的古文处理方式是对历史负责、严谨的治学态度，最大限度地保持了管仲学说的全貌。“子为一家之学术，著述亦不由于一人”，以一人命名的整部著作，在漫长的历史过程中，被众人不断补充完善。这意味着《管子》一书传承了管仲的思想学说，但不一定意味着《管子》书中所有内容皆出自管仲。正如余嘉锡所说：“其学有师承，则述与作同功，笔与口并用。传之既久，家法浸亡，依托之说，窜乱之文，相次掺入。刘向当诸子百家学术衰微之日，望文归类，岂能尽辨。”[③]

但是，“据《管子》以传管子”[④]，通过研究《管子》研究管仲的学说思想，是迫近管仲真面目唯一可行的途径。

因此，《管子》是一部以管仲这位成功的政治家、改革家的政治实践为基础，经后人阐述解读、补充完善而形成的治国理政思想的结晶。“既

① 章学诚：《文史通义》，辽宁出版社 1998 年版，第 17 页。

② 罗焌：《诸子学述》，商务印书馆 1935 年版，第 2 页。

③ 余嘉锡：《目录学发微 古书通例》，商务印书馆 2011 年版，第 277 页。

④ 梁启超：《饮冰室合集》专集第 28 册《管子传》，中华书局 1988 年版，第 3 页。

然是治国之书，必然有治理国家的总体哲学思考，又要有国家建设的施政方略，还要有社会治理的政策措施，更要有民族精神文明的凝聚与教化。因此，《管子》书具有含蕴各家、杂而不乱的源头性特征。”[①]

正是因为《管子》一书蕴含的思想属于居庙堂之上的封建统治阶级治理国家、统治臣民的利器，《管子》关于政治及经济的真知灼见是其他“诸子”著述几乎没有涉及的内容。这终究不属于封建统治阶级希望普通民众掌握的范畴，所以，在我国历史发展的各个阶段，《管子》都没能像孔、孟、老、庄的作品一样，被封建统治阶级选中并积极向民众推广。这导致《管子》在民间知名度较低，没有获得应有的评价和学术地位，最终，其他诸子学说“游者众”，管仲却是“至者少”。

综上，《管子》是“一部阐述‘霸政’的大书”，仅认为其是“战国诸子中的重要著作”是不准确的。

## 第四节　重新理解管仲

如何理解“九合诸侯，一匡天下”这一功绩呢？管仲真正的政治功绩和历史贡献是什么呢？

### 一、“九合诸侯”并不能代表管仲的政治功绩

从会盟的次数来理解“九合诸侯”。盟最早可以追溯到原始氏族公

① 蔡保兴：《管子治国思想研究》，中国社会科学出版社 2020 年版，第 88 页。

社时期，夏朝以来，有记载的著名的诸侯会盟就有很多次。春秋时期，诸侯会盟也有很多次，仅《春秋》记载，在公元前242年，列国朝聘盟会四百五十余次。“《春秋三传》等史书记载，桓、管在位时共有以下四十四次盟会。”[①]由此可知，“九合诸侯”中的“九”是不定数词，是数量多的意思，指齐桓公亲自参加、指挥或同意召开的诸侯盟会之多。

从会盟的实质来理解“九合诸侯”。“合”即会，会盟。盟最初的含义是盟誓，主要用于氏族内部祭祀、诉讼，后来也用于部落之间为平等互助建立军事联盟，以解决部落间冲突并共同防御外来侵略。这种联合具有临时性和不固定性，随着双方势力的变化很容易解体、背叛。西周时期，会盟已经逐步完善并系统化和制度化，且会盟通常与战争有关，成为政治军事生活中令人瞩目的现象。后来的会盟大多是大国对小国的剥削。小国在大国面前总是“唯强是从”，小国对大国“无岁不聘，无役不从”，战战兢兢，不敢“忘职”，小国通过“聘而献物”的办法乞免大国的欺凌，有时小国还要同时忍受几个大国的宰割。

齐桓公在管仲辅佐下主持的会盟与其他会盟不同，更多是为推行其政治主张，为“尊王攘夷”服务。鲁僖公九年（公元前651年），《左传》记载诸侯国的“葵丘会盟”：“夏，会于葵丘，寻盟，且修好，礼也。”[②]“秋，齐侯盟诸侯于葵丘，曰：‘凡我同盟之人，既盟之后，言归于好。’”（《左传》368）凡是参加会盟的诸侯国，结盟之后，都要恢复

① 陈书仪：《管子大传》，齐鲁书社2008年版，第76页。

② 郭丹、程小青、李彬源译注：《左传》，中华书局2022年版，第367页。后续相关引用仅做括注。

并保持友好关系。

《孟子·告子》对此次会盟也有详细记载："五霸，桓公为盛。葵丘之会，诸侯束牲载书而不歃血。初命曰，诛不孝，无易树子，无为妾为妻。再命曰，尊贤育才，以彰有德。三命曰，敬老慈幼，无忘宾旅。四命曰，士无世官，官事无摄，取士必得，无专杀大夫。五命曰，无曲防，无遏籴，无有封而不告。曰，凡我同盟之人，既盟之后，言归于好。"从定的盟约可以看出，前三条主要是对诸侯国国君的素质、家庭内部事务的规范，第四条是诸侯国内部管理，第五条涉及如何处理其他诸侯国及与周天子的关系。这五个方面的内容中，没有大国对小国的欺凌，没有"搂诸侯以伐诸侯者也"，更没有对周天子的不尊重，而是对管仲在齐国为相多年的政治实践和思想的高度概括，并将其向各诸侯国倡导推行，这也是齐国的政治主张和愿景——倡导中原诸侯国达成共识，共同构建命运共同体。葵丘会盟，齐桓公达到了联合诸侯、称霸中原的目的。儒家也认为这次会盟，重在修好，符合周礼。

因此，管仲辅佐齐桓公不但"九合诸侯"，更重要的是没有像其他会盟一样掠夺、剥削小国，而是为各国制定规矩，要求各国严格遵守周礼，维护当时周天子的统治地位和天下秩序。

## 二、"一匡天下"与历史不符也不是齐国的追求

齐桓公与管仲、隰朋在思想认识上达到高度一致，用五年时间取得巨大成功，"果三匡天子而九合诸侯"(《管子》470)。郭沫若认为，"三匡天子"是有三次会盟与周王室有关。鲁僖公五年（公元前655年）会

于首止，《左传》记载“会于首止，会王大子郑，谋宁周也”(《左传》344)。诸侯在首止会盟，会见周太子郑，商量如何安定周王室。鲁僖公九年会于葵丘，周王室派遣专人参加。鲁僖公十三年会于咸，“夏，会于咸，淮夷病杞故，且谋王室也”(《左传》388)。夏天，诸侯在咸会见，因为淮夷使杞国感受到危险，并且要商议如何安定周王室。“秋，为戎难故，诸侯戍周，齐仲孙湫致之。”(《左传》388)秋天，为了防备戎人入侵，诸侯军队戍守周城，齐国的仲孙湫率军前往。实际上，“三匡天子”的“三”也是不定数词，指数量多。也就是说，在桓公主持下的会盟，不是只有这三次与周王室有关系，而是多次会盟保卫周王室。例如，齐桓公四十二年(公元前644年)秋，“会戍周”，周襄王因戎伐京师而告急于齐，齐征调诸侯各国戍周，保卫周王室。

“一匡天下”的意思是纠正错误，匡正天下，使天下安定。真正匡正天下的是推翻腐朽政权，建立新的全国政权，维护社会稳定，推动社会向前发展；而当时周朝虽然没落，但是还没有任何一个组织能替代它的作用，周朝依然有存在的价值。所以，根据当时的政治环境，齐国也仅仅是停留在称霸的层面，齐桓公虽为“春秋五霸”之首，并没有称霸到最后，没有取得最终胜利。在齐桓公之后，晋、楚、吴、越、秦先后多次争霸，天下多次陷入战乱局面。直到战国末期，秦灭六国，结束诸侯混战的局面，建立中央集权，统一全国，才真正意义上实现了短暂的“一匡天下”。因此，从称霸的时间、影响力和结果来看，齐国都没能达到“一匡天下”的高度。也就是说，在齐国与各诸侯国会盟中，齐国虽然“三匡天子”，即多次对周天子、周王室进行匡扶，作出巨大贡献，但是，齐桓公和管仲治理下的齐国并没有达到“一匡天下”的高度。

## 三、“尊王攘夷”维护中原政权、捍卫华夏文明

东周春秋时期，周王室日渐式微，诸侯国开始公然挑战周天子的权威，在与诸侯战争中周天子被“射王中肩”，权威荡然无存，周王室无力维护中原政权、打击蛮夷入侵。正如《淮南子·要略》所言：“齐桓公之时，天子卑弱，诸侯力征，南夷北狄，交伐中国，中国之不绝如线。……桓公忧中国之患，苦夷狄之乱，欲以存亡继绝，崇天子之位，广文、武之业，故管子之书生焉。”[①]当时周天子卑弱，而诸侯混战，蛮夷入侵中原，“中国之不绝如线”，即周朝的中原政权和华夏文明内外交困、岌岌可危，时代发展急需一个强国来协助周天子巩固社会秩序，打击蛮夷对中原的侵略。

为了存亡继绝，齐国开创性地提出“尊王攘夷”的政治口号。“尊王”即尊周天子，管仲主张“以诛无道，以屏周室”，维护周朝统治天下的秩序，保证齐国作为诸侯国的政治正确；“攘夷”即华夏内部互相团结，抵制蛮夷对中原人民的侵略骚扰，打击蛮夷，维护华夏民族和文明持续发展。蛮夷入侵严重威胁中原各国安全，这是最大的政治，“攘夷”符合中原各国的核心利益和共同心愿。“尊王”“攘夷”“争霸”三者相辅相成，想要“攘夷”，必须先“尊王”；想要“尊王攘夷”，首先要

---

① 陈广忠译注：《淮南子》，中华书局 2012 年版，第 1268 页。后续相关引用仅做括注。

成为诸侯霸主，才能团结带领各诸侯国共同对抗蛮夷。“和春秋‘五霸’后来的四霸比较，齐国的‘尊王’始终突出周王在政治上和道义上的地位和权威性。这可以说是齐国首霸最突出的特点，也是突出贡献。”[①]

为了实现“尊王攘夷”的政治目标，在内政方面，管仲通过全面改革，解放发展生产力，大力发展经济，富国强兵，富民悦民，最终奠定了齐国东方大国的地位。《史记》记载：“桓公既得管仲，与鲍叔、隰朋、高傒修齐国政，连五家兵，设轻重鱼盐之利，以赡贫穷，禄贤能，齐人皆说。”管仲为相，提拔重用贤能之人，盘活齐国鱼盐产业，施行“轻重之术”，推行食盐专卖政策，赡养弱势群体人员，深受民众欢迎。在军事方面，《国语・齐语》记载，管仲“作内政而寄军令”，以具备“以诛无道，以屏周室”的军事实力，实现“守则同固，战则同强”(《国语》249）的军事效果。在外交方面，推行积极的外交政策，管仲主张中原各诸侯国要“亲邻国”“安四邻”“利诸侯”，同时也要“择天下之甚淫乱者而先征之”，最终实现“大国惭愧，小国附协”。在打击四方蛮夷时，管仲提出“诸夏亲昵”，彰显华夏民族一家亲，号召各诸侯国共同抗击蛮夷。

经过桓公和管仲的不懈努力，齐国成为春秋五霸之首，维护了周朝的统治，基本实现了“尊王攘夷”的政治目的，不仅改变了齐国的历史，影响了天下政治格局，还影响了奴隶制灭亡的历史进程，推动了华夏民族文明进步，对我国的历史发展产生了积极深远的影响。

---

① 陈书仪：《管子大传》，齐鲁书社 2008 年版，第 129 页。

# 第二章
# 华夏文明遭重创，管仲提出“尊王攘夷”

文明是指人类在物质、精神和社会组织结构等方面所达到的进步状态。判断人类文明程度的重要指标有冶金术、城市建筑、文字和礼仪等。中国早期文明形成的主要标志：一是青铜器铸造和玉器等手工业兴盛；二是出现宫殿、国都、城邑等标志国家公共权力的建筑；三是出现用于国家治理和历史记载的系统化的文字；四是出现阶级对立的礼仪制度和为王权服务的宗教信仰。本章将重点分析华夏文明萌芽、崛起、发展、兴盛再到遭受重创的过程，阐释春秋前期华夏民族面临的时代危机，以及管仲提出“尊王攘夷”的必要性、正确性和重大历史贡献。

## 第一节　华夏文明从萌芽、崛起、确立、巩固到兴盛

文明的起源和发展，是以人类进化、大脑开化、生产力提高、社会财富增长为前提的，其实质是人类进化到一定阶段，在物质生产和精神生产达到一定水平后，由原始的公有制生产分配转向奴隶制下的私有制生产分配，并进入对抗性的阶级社会建立国家组织的历史过程。

## 一、华夏文明萌芽与中国历史开端

“上古之世，人民少而禽兽众，人民不胜禽兽虫蛇。”(《韩非子》698）由于古代人类适应和改造自然的能力极低，生活必需的物质资料极度匮乏，而赖以生存的外部环境却异常凶险，人类随时面临个体死亡的威胁和种族灭绝的可能。“有圣人作，构木为巢以避群害，而民悦之，使王天下，号曰有巢氏。”(《韩非子》698）随着生存能力提升，人类掌握了房屋建筑等技术。

为了生存，古人类早期只能依靠采集、渔猎等简单的生产方式获取生活资料。“民食瓜蓏蚌蛤，腥臊恶臭而伤害腹胃，民多疾病。有圣人作，钻燧取火以化腥臊，而民说（悦）之，使王天下，号之曰燧人氏。”(《韩非子》698）在生产生活实践中，人类逐步掌握人工取火技术，吃熟食、排斥血亲婚配，体质明显进步，人类向更健康的方向发展。为了生存和种族延续，人类社会发展史上第一个家庭形式——血缘家族逐渐形成，成为最原始的社会组织。人类逐步从动物中分化出来后，摆脱了野蛮被动的生产生活方式，人类文明历史从此开始。

距今五万年左右，古人类进化为新人，又称晚期智人，人类体质的原始特征完全消失，牙齿、骨骼、脑容量等与现代人基本相同。新人能制造出多种不同类型和用途的石器，掌握骨器制作技术，用骨针缝制兽皮服饰防御寒冷；会制造装饰品，原始艺术出现萌芽，对死亡和原始的灵魂产生认知，原始宗教出现。妇女在确定血缘关系、维系氏族繁衍等方面起主导作用，处于尊崇地位，人类进入母系氏族社会。

“神农作，树五谷淇山之阳，九州之民乃知谷食，而天下化之。”（《管子》1098）人类掌握了种植技术和动物驯养、繁殖技术，这为人类生活提供了稳定食物来源，为原始社会发展奠定了比较可靠的物质基础。“原始农业和原始畜牧业的分工是第一次社会大分工，推动了社会的进步。”[①]从此，出现剩余产品，开始交换，为社会进一步分工发展打下了基础。生产工具有了较大进步，出现原始手工业；骨器、磨制石器大量应用；出现烧制陶器、雕琢精美的玉器和密接拼板与卯榫结构的木构建筑技术。母系氏族经过发展，社会组织和制度逐步完善，出现母系氏族村落和氏族图腾，开始图腾崇拜。这一时期，在黄河流域，河南出现仰韶文化，河北出现磁山文化，甘肃出现马家窑文化，山东出现大汶口文化等；在长江流域，出现大溪文化、河姆渡文化、良渚文化等；在东北地区，出现红山文化和富河文化等。各种文化在发展中相互影响、相互渗透、相互促进，共同创造了繁荣的原始文化。

距今五千年左右，黄河流域和长江中下游出现父系氏族公社。随着生产工具的改进，生产力进一步发展，生产效率不断提高，社会财富日渐增多，男性在抗击灾难、社会生产和经济生活中占据主导地位。“男、女在社会生产中地位的变化，是父系氏族公社取代母系氏族公社的主要原因。旧的传统和新的制度经过长时期的斗争，终于以父权制的胜利而告终。”（《中国古代史》23）男性凭借经济上的优势地位和家庭财产积累中的支配地位，必然要求改变“从妻居”的传统，转变为“从夫居”，

---

① 朱绍侯、齐涛、王育济主编：《中国古代史》，福建人民出版社 2010 年版，第 9 页。

并要求按男系区分、计算世系以继承财产。对偶婚被一夫一妻制的家庭取代。父系氏族时期，一个父系氏族公社包含若干个父系氏族大家族，个体家庭经济尚未独立，还包含在大家庭中。“父系大家族是氏族的一个基本单位，而个体家庭是它的一个细胞”，“我国最早的宗法家长制家庭即告萌芽”(《中国古代史》18)。

这一时期，原始农业、种植业取得巨大进步，推动农业和手工业分离，原始社会出现第二次劳动大分工。纺织、编织、建筑水平持续提高，掘井技术被发明，改善了民众的生活和居住条件，扩大了人们的生活范围；制陶技术和制陶工业进步明显，冶炼铜技术和制铜业出现在人类历史上，从此开辟了一个新的时代。

绘画、雕塑、舞蹈、记事符号、图画符号等文化艺术和原始宗教日益发展，为我国后来文化艺术的发展奠定了基础。原先的自然崇拜、灵物崇拜、图腾崇拜及对祖宗、灵魂的崇拜等，使原始的宗教、巫术、占卜等更加复杂丰富。黄河流域诞生了龙山文化、齐家文化等；长江下游有良渚文化、屈家岭文化等；华南地区有石峡文化、西樵山文化等。

随着生产工具不断改进，社会分工更加细化，生产效率大幅提升，农业、饲养业进一步发展，劳动产品丰收，剩余产品增多，人类结束了漫长的原始公有制时代，出现了私有财产和私有观念。对财富的占有欲刺激着人们，催生了争斗，最终引发了有组织的部落战争。为赢得战争，部落中最有能力的人逐步成为部落首领，而部落首领的权力在战争中不断加强集中，其地位和影响也随之增长。战争掠夺来的财富使部落首领更加富裕，俘虏被当作奴隶，被迫劳动，为部落首领创造更多的财富。部落中的显贵脱离了劳动，靠掠夺和剥削生活，侵吞公共财产成为特权阶级，平等的氏族制度被打破，社会分裂为不同等级的利益集团，阶级从此产生。

## 二、华夏文明崛起与黄帝族胜出

在距今4000多年至5000多年的1000年间，地球上出现了多个人类文明中心，我国从黄河流域到长江流域的先民大都进入了部落、部落联盟的“英雄时代”。

在黄河中游、关中平原、河东盆地和河南沿河的广大地区，有以姬、姜姓为主的部落群；东方的海岱地区和淮、泗，以及长江下游的三角地带，有以风、嬴、偃诸姓为主的夷族部落群；在豫西南山地和丹水、汉水、长江中游一带有“三苗”，或称苗蛮部落群。炎黄、东夷和苗蛮部落群，各由若干部落和更多的氏族组成，他们大都过着以农业为主，兼营狩猎、饲养、采集的生活，在文化发展上各具特色。（《中国古代史》26）

炎帝和黄帝是同出于少典氏的两个部落，分别为姜姓和姬姓。炎帝号神农氏，主要是从事农业的氏族部落，后裔烈山氏以烧山种田闻名，后稷被尊奉为“谷王”。炎帝的后裔还有共工氏，以善于平治水土而著称，其后代后土，被尊奉为土地之神——社。土地和粮食是农业国的基础，是社会兴衰存亡的重要因素，所以，在中国，“社稷”即国家的代名词。黄帝号有熊氏，又号轩辕氏，其部落在黄河流域发展迅速并与炎帝部落结盟，成为中原地区最具实力的集团。炎帝和黄帝两个部落，“由姬、姜二姓所繁衍的众多姓、氏，就构成了华夏族的重要组成部分”(《中国古代史》9)。

东夷部落群中有一个古老的部落叫太昊，以龙为图腾，也叫伏羲氏。与太昊氏相关联的是少昊氏凤姓部落，凤即鸟中之王凤凰。少昊氏之后有九黎即九夷，其首领蚩尤联合各部落向中原地区发展。后来，黄帝与炎帝结盟，最终大败蚩尤于逐鹿之野，蚩尤被杀，东夷部落臣服。

再后来，黄帝征服了炎帝后裔，成为包括诸夷部落在内的更大规模的部落联盟的最高首领。以黄帝为代表的部落联盟进而向江汉流域扩展，并强力阻止苗蛮向北扩张。黄帝族经过几代努力，尧舜禹时期发动大规模军事战争，最终取得驱逐苗蛮的军事胜利。频繁的战争，使部落首领的权力更加集中、更加强大，部落首领的社会地位亦更加巩固。为了能更好地加强统治，必须通过进一步的社会分工确保部落首领集中精力带领大家打胜仗。到黄帝的后代颛顼时，出现民政和宗教分开、神事和民事分离，这标志着国家权力和政府机构雏形的出现。

到舜时，舜打击“四凶族”等反对势力，巩固了更加专制的统治权，部落联盟议事会也发展为分工更加明确的贵族议事机关。例如，“八元”管土地，“八恺”管教化，契管人民，伯益管山林，皋陶作刑等，公设九官，国家统治机构粗具规模。

到禹时，治理水患成功提高了禹的声望，大禹率众对“三苗”发动大规模军事讨伐并取得决定性胜利，夏部落实力增强，禹得到诸夏首领的拥戴，赢得“夏后氏”称号，成为诸夏之族的最高君长。禹显赫的权势和王权基本确立，世袭王权的条件逐步成熟。这表面上是选贤任能的民主选举禅让制在起作用，实质上是强实力起了决定性作用。

战争打破了各部落之间的隔阂，融合了各部落创造的文化，黄河中下游地区成为各氏族、部落角逐争斗的中心并不断扩大，最终成为以黄帝族为核心，包括炎黄部落联盟、东夷、苗蛮各族人民的华夏共同体。黄帝族成为核心力量，黄帝被尊崇为华夏族的共同祖先。后人把各族人民基本都列为黄帝的后裔，还把各族人民的创造发明，如衣服、文字、舟车、历法等归功于黄帝，黄帝具备了帝王形象，作为胜利者被神化、偶像化，成为华夏各族共同的祖先。黄帝时代，后世国家的雏形已经萌芽，黄帝是由军事民主制到国家诞生的这个急剧变化时代的英雄象征。

同一时期，在边远地区，还有一些过着原始的游牧、采集、狩猎生活且发展水平相对落后的部落群，如在秦陇以西，有“诸戎”部落群；在秦晋以北的黄土高原和燕山一带，有“群翟”部落群；在四川盆地，有巴蜀的先民；在长江以南至秦岭，有古越族的部落等。这些边远民族在以后的各个时期都与华夏民族不断交往，时而相争，时而相亲，对中原政权和华夏文明产生了影响。

## 三、华夏文明确立与夏朝建立

一是夏朝政权的确立巩固、失国、中兴及灭亡给后人带来启示。“中古之世，天下大水，而鲧、禹决渎。”（《韩非子》698）禹改变了鲧以堵塞为主的治水方法，改为以疏导为主。治水和生产的成功，使其成为诸夏之族的最高君长，初步确立了王权。禹在确立王权的过程中，继续征伐“三苗”并取得重大胜利，对外战争的胜利进一步加强了夏禹的王权。为了巩固王权，禹在淮水中游的涂山（今安徽蚌埠市西郊，现属怀远县）大会夏、夷诸多邦国和部落首领。“禹合诸侯于涂山，执玉帛者万国。”(《左传》227）各邦国君长和部落首领对禹朝贡，行臣服礼，成为王朝统治下的诸侯。“涂山之会”，标志着夏朝正式建立。

禹死后，子启继位，王权世袭，由于禅让制的观念没有完全消除，东方的偃姓之族伯益与启争王位。《竹书纪年》记载：“益干启位，启杀之。”不久，西部的有扈氏起兵反对，启亲率大军剿绝有扈氏。启扫除障碍，巩固王权，王位世袭制度得以确立，从此开始了我国历史上的“家天下”局面。为了使世袭王权为天下众多诸侯所承认，启在都城阳翟召集天下诸侯，举行了盛大的“钧台之享”。至此，夏朝的世袭统治基本确立。

启死后，太康继位，不久后五子争位，武装叛乱，夏朝内部发生动荡。太康挫败政敌后，沉湎享乐，疏于朝政，诸侯方伯离心离德。有穷氏部落首领后羿乘机拥兵占据夏都，“因夏民以代夏政”，夺取了夏朝统治权，史称“太康失国”。后羿又称“夷羿”，是尧时以善射著称的羿的后代，是东方夷人部族的首领之一。后羿夺取夏朝的统治权是蛮夷对中原政权和华夏文明的第一次成功侵略。后羿夺取政权后，残暴统治，自己田猎游乐，亲信寒浞杀死后羿，夺取夏朝最高统治权，继续大力消除亲夏势力，攻杀太康之弟中康的儿子相。相子少康长大后，先后担任有仍邦国的牧正和有虞邦国的庖正，并获得一块有虞的封地。少康施恩布德招纳夏朝余众，积极复国。少康联合夏臣伯靡，灭掉寒浞和有穷国，少康被拥立为夏王，恢复夏朝统治，史称“少康中兴”。少康之后，其子予（又作杼，季杼）为夏王。他带领一支强大的武装力量彻底肃清寒浞的残余势力，又大力征伐东夷各部，一直打到东海，创造了夏朝中期的极盛时期。“杼，能帅禹者也，夏后氏报焉。”（《国语》174）夏族后人认为，季杼是能继承禹事业的名王，不但巩固了夏朝的统治，还重新征服了东夷诸部落，对夏朝作出了巨大贡献。后人隆重地对季杼进行“报”祭。季杼之后，夏朝以伊洛为中心，东至大海，西连西河，北及燕山，南逾长淮，所有夏、夷诸部的众多邦国、九州中原都臣服在夏朝的统治之下，受其影响的地域更为辽阔。

《史记》记载：“夏后氏德衰，诸侯畔之。”夏朝发展到孔甲时期逐步衰败。孔甲三传到桀，虽然桀是一个才智勇力兼备的君主，但生性残暴，对百姓暴虐搜刮。为了控制夏朝局面，桀率领参加“有仍之会”的诸侯、方国出兵讨伐有缗，虽灭有缗，但是自此诸侯、方国与桀离心离德，这加速了夏朝的灭亡。商汤乘机伐夏，桀战败身死，夏亡。

夏朝建立、失国、中兴、衰亡的事实说明：其一，国家政权建立需要数代人的不断努力，吸引人才、发展生产、建立军队，要能干成其他族群和个人无法干成的、造福当下且影响后世的大事，这才有可能夺取政权；其二，国家政权在建立之初，统治集团内部、各阶级之间、王朝与诸侯邦国之间，矛盾斗争非常激烈，只有战胜对手，妥善化解矛盾，才能巩固新生政权；其三，民心向背是一个政权得以维系的主要因素，任何荒淫暴虐、盘剥百姓、无德贪敛的君主都难以实现长期统治；其四，华夏文明和中原政权随时可能受到四方蛮夷的入侵，只有自身强大，维护好与各诸侯国的关系，彻底征伐蛮夷，才能确保蛮夷“不谋华，不乱夏”，真正维护华夏文明和中原的政治、经济、生活稳定。

夏朝（公元前2070—公元前1600年）作为中国社会最早的奴隶制国家，从禹到桀共传了十四代、经历了十七任王，虽然只统治了大约四百七十年，但是夏朝建立后，其在政治、经济、文化等方面已经达到了革命性的高度，抓住了国家政权的本质、规律和关键，为后来文明史的发展树立了框架模型、奠定了坚实基础。

二是夏朝在父权制的基础上巩固扩大了君主的权力。夏朝是在原始父系氏族公社制度的基础上建立起来的，国家制度尚属初建。早期国家的世袭王权和世袭贵族，就是以父权家长制家庭为基础逐步发展起来的。甲骨文中的“父”是以手举杖的形象，表明其在家庭中具有绝对的指挥权和相应的权威。官尹，即官吏，比“父”的权力更大，由世袭贵族担任，而国家的最高统治者，即国君的“君”字，由“尹”“口”组成，表示国君是众官吏中带“口”的“发号令”者。“原始的父权家长制成为后世宗法制度的萌芽”，“国家即是父权大家庭的扩大”（《中国古代史》32）。夏朝处于国家形成的早期阶段。

三是夏朝确定“天下”“国”“家”观念和统治秩序。从夏朝开始，君主拥有“天下”，统治着众多邦国，各邦国统治着众多大家族，各大家族在一定区域内控制着为数不等的族民。邦国的全部土地都为邦君所有，其下各级贵族各有邑，建有“家”，初步形成君主王室拥有“天下”，诸侯（邦君）有“国”，大夫有“家”的国家组织形式和贵族等级制度。早期，国家各级贵族统治阶级血缘关系紧密，统治阶级内部分化不明显、对抗不激烈。从事劳作的劳动者统称为“民”“黎民”“庶民”“庶人”，泛称“众”，另外还有“平民”，即一般的“自由民”，享有一定的权利义务，却受到各级贵族的剥削压迫。

四是夏朝的国家机器已基本具备了后世国家的框架。夏王拥有最高权力，是一国之君，下设“六卿”分管民事、军队等事务，六卿之下由僚属组成一定的统治部门。夏朝拥有组织严密、训练有素、具有规模的强大军队来维护其暴力统治。为了巩固夏朝政权、镇压反抗势力，夏朝制定了我国历史上第一部奴隶制法典——《禹刑》，并设有早期的监狱。“刑法的出现是国家形成的重要标志。”(《中国古代史》33)《夏书》中有“官石、和钧，王府则有”的记载，这说明为了保证王室的收支，夏朝已经有了用石和钧作为征收赋税的衡量，且已经确定了贡赋制度。《礼记·礼运》记载，在“天下为公”的“大同”之后，社会进入“天下为家”的“小康”之世，而“小康”社会的基本特点是“各亲其亲，各子其子，货力为己，大人世及以为礼。城郭沟池以为固，礼义以为纪”[①]。就是说，夏朝除了坚固的城池，还形成王权世袭和维护统治秩序的各种礼仪制度，这些礼仪制度用来规范君臣、父子、兄弟、夫妻等人伦关系。由此可见，我国从夏朝开始就已经具备了国家的基本特征。

五是夏朝的农业手工业等取得长足进步和质的飞跃。夏朝农业立国，农业生产工具制作更为精良，粮食耕作、收割、加工各环节都有相应的生产工具，生产力水平提高，谷物数量丰裕，出现了“作秫酒”(用

① 胡平生、张萌译注:《礼记》, 中华书局 2018 年版, 第 420 页。后续相关引用仅做括注。

高粱之类的谷物酿酒），并有饮酒专用的酒器。金属冶炼技术和工艺相比禹时有更大的进步，夏朝会用复合范铸法制造图像纹饰复杂的大型青铜器（大鼎等），以及青铜铸造的刀戈爵锥等，还出现了工艺复杂、需要多种工匠合作的车辆制造业，并由此产生了世代相传的专业手工生产者。夏朝的房屋建筑技术有了大的提升，采用夯筑技术打牢房基，建造出四坡出檐式的大屋顶和带有广庭、廊庑等符合我国古代宫殿建造制度的大型宫殿。夏朝还出现了作为货币交换的贝，这说明其商业出现萌芽。夏朝的经济发展有了质的飞跃。

六是夏朝的天文历法、文字文献等文明成就影响深远。“文字的发明及其应用于文献记录，是由原始社会过渡到文明时代的重要标志之一。”(《中国古代史》36）根据考古和先秦学者经常引证的《夏书》《夏训》可知，夏朝已经有文字和文献记录的典册，已经进入有文字可考的历史时期。

“夏代的历法是我国最早的历法。”(《中国古代史》36）相传我国在尧舜时代就已经有专人观察日月星辰以定四时。夏朝时，农业生产对历法提出更高要求，同时历法的不断完善也促进了农业的进一步发展。夏朝开始记录日食、流星雨，出现干支纪日法和一年十二个月的顺序及每个月的星象、气象、物象与所应该从事的农事和政事。夏朝的历法较准确地反映了天体运行的客观规律，所以，当春秋晚期孔子的学生颜渊问起如何治理国家时，孔子首先讲要“行夏之时”，就是要遵循夏朝的历法。由于历史久远、史料贫乏、考古论证支持不足，夏朝的文明成果无法全貌呈现，但正如孔子所说：“殷因于夏礼，所损益可知也；周因于殷礼，所损益可知也。其或继周者，虽百世可知也。”(《论语·为政》)夏、商、周三代之间存在明显的传承关系，夏朝为商、周奠定基础，研究商、周可以大致推断出夏朝的文化面貌。

夏朝是我国历史上第一个奴隶制国家，它的建立标志着我国脱离了原始蒙昧阶段，正式进入文明时代，这是中国的一个巨大的进步。由于特殊的历史方位，夏朝向上继承了有巢氏、燧人氏、伏羲氏、神农氏（炎帝）、轩辕氏（黄帝）、尧、舜、禹等华夏始祖的智慧和原始文明的发展成果，形成独特的华夏文明源头性的框架和规范，向下开启了中国至今四千多年的文明发展史，并将对未来发展产生持续而深远的影响。

夏朝，历史上惯称“夏”或“诸夏”等，一般认为“华”“夏”主要是指中原，所以，“华”“夏”又称“中华”“中夏”，而四方边远地区称“夷”“蛮”“戎”“狄”。大约从编著《尚书》起，我国古籍开始将“华”与“夏”连用，合称“华夏”。华夏文明的直接源头是黄河文明和长江文明，是这两种区域文明交流、融合、升华的果实，是世界上最古老、持续时间最长的文明之一。在人类从蒙昧无知走向文明开化过程中，各种文明不断斗争，优胜劣汰，而华夏文明从诞生到最终胜出的过程就是一个不断地与野蛮文化斗争融合的过程。

## 四、华夏文明巩固与商朝强大

商族的第一位先公是契。契是黄帝的后裔——帝喾（也称高辛氏）的儿子。商族是诸夏部族之一，经过契和冥、王亥等数十代、数百年的努力，发展到汤时终于成为东部一个强大的方国。约公元前1600年，商汤兴兵伐夏，在鸣条摧毁夏主力，正式建立商朝。

一是商朝的阶级分层。商朝是以商王为首的奴隶主贵族专政的国家，商王名义上是全国土地的最高所有者，是奴隶主阶级专政的总代表，也是最大的奴隶主，是天下臣民的最高统治者。商王及其臣僚、诸子、侯伯、巫史等众多贵族是商朝的统治阶级。王位继承基本上是父死子继，并辅之以兄终弟及。商朝中期，连续出现“弟子或争相代立”争夺王位导致内乱的现象，为此，商逐渐确立了嫡长子继承制度，以此对后世的政权继承立下规矩。商朝贵族是脱离生产、过着奢侈生活并享有特权的剥削阶级，而商朝的平民阶级主要是“众”“众人”，是农业生产者，有人身自由，担负兵役和徭役。商朝的奴隶主要是战俘，没有独立人格，被赏赐交换，从事繁重劳动，世代充当奴隶畜民和供贵族驱使的非生产性奴隶。商朝普遍存在人殉和人祭。

二是商朝的国家机器。商朝的国家机构不断扩大和完善，形成一整套复杂的统治机构。商王之下地位最高、权势最大的是尹，辅佐商王。次于尹的高级政务官总称“多尹”或“百僚”，再次是掌管具体事务的“多宰”“小臣”。武官有亚、服。官吏中有王室的贵族、“旧邦”的首领，更多是王室近亲不断建立的新宗。这些新旧贵族或担任王室官职，或受封建成侯伯之国，是商朝的支柱。商朝的刑法得到加强，《汤刑》比《禹刑》有所发展，以肉刑为主，五刑俱全，以鞭刑、活埋、炮烙等酷刑著称。因此，战国时荀子曾说：“后王之成名：刑名从商，爵名从周，文名从《礼》。”（《荀子》357）商朝的军队组织更为庞大，商王直接统辖“右、中、左”三师，若领兵出征则可以随时征大量的平民和奴隶充军。商朝战车成为作战主力，每辆战车由御车、持戈、操弓、护卫等数十人分工协作共同作战，是重要的军事创新和对外扩张的战争工具。东周晚期，孔子的学生颜渊问起如何治理国家时，孔子首先讲要“行夏之时，乘殷之辂”，足见商朝的战车已经很成熟。商朝对神和祖宗崇拜到无以复加的地步，巫术、占卜发达，有庞大的神职机构。

三是商朝的疆域管理。商朝把统治地区分为畿内和畿外：畿内是商王室直接统治的部分，称为“王畿”；畿外是众多方国和部族分布地区。商朝实行班爵制度，设有侯、伯、子、男等爵位，规定了贵族的等级，明确了方国的地位，是国家组织形式完善的表现。“大小方国要向王室定期朝贡，提供力役，奉命征伐，遵守一切礼仪制度，成为王室统治下的臣属之邦。”（《中国古代史》45）这一制度明确规定周王与各方国之间的关系是臣属关系，但是又规定，方国通过仿照王室建立地方政权机构、组织军队、设置监狱、征收贡赋，直接统治所属人民。方国直接统治人民，并且可以组建军队、征收赋税，其权力过大。当王室强大时，方国顺从王室，辅助王室镇抚一方，但王室内乱、势力衰弱后，这些方国就会成为对抗王室甚至消灭王室的地方造反力量。从夏朝到商朝，稳居中央坐拥“天下”的国君与地方各邦国之间的斗争始终存在，这种体制虽然整体符合当时的实际情况，但也潜藏着巨大的政治风险。

四是商朝的科技文化。商朝的农业、林木、蔬果等得到进一步发展，桑蚕、缫丝、织造绢帛等已经很成熟，畜牧业非常发达。青铜冶炼技术相当成熟，并且掌握了锻打和铸接铜与铁的较高技术，青铜器种类繁多，广泛应用于生产和军事。骨器、玉器、陶器等制造技术进一步提升，出现原始的瓷器制造。在农业、手工业发展的基础上，出现专门从事商业活动的“商人”，以及骨贝、玉贝和金属货币铜贝。商朝文字丰富，通用的甲骨文有四千多个单字，有比较丰富的文献典籍，为后世汉字发展奠定了基础。在夏历基础上，商朝把我国最早实行的阴阳合历加以调整，设置了闰月，基本掌握了日月运行规律，具有重要的科学意义。商朝雕塑造型艺术达到很高水平，出现成组的乐器，音乐已具有相当高的水平。商朝是当时世界上最先进的文明大国之一。

五是商朝与周边蛮夷。商朝强盛时其最大的威胁是西北和北方游牧民族，如土方、鬼方、羌方等。他们不断侵略商朝边邑，甚至威胁到殷都的安全。武丁多次征讨游牧民族建立的方国。东南方的夷方、虎方时服时叛，商朝多次用兵，有效扼制了周边游牧民族和其他方国的侵扰，开拓了疆域，先进的商文化随之远播，对各地的开发、开化产生了积极影响。商朝的政治势力和文化影响已经深入今天的鄂赣和湘皖、四川、辽西等地区。

六是商朝灭亡的原因。纣王时，各种社会矛盾进一步激化。其一，统治阶级内部矛盾激化。纣王在削弱贵族权势时，遭到强烈反对。在严厉打击和酷刑之下，许多贵族叛逃，人心不稳，统治机构涣散，大大削弱了王室的统治力量。商王室与贵族之间的矛盾激化，是商朝灭亡的重要原因之一。其二，阶级矛盾不可调和。在商朝统治下，阶级矛盾成为商末社会的主要矛盾。纣王大修离宫别馆，建朝歌城，加强对人民的搜刮，激起了反抗。他又滥施酷刑，肆意屠杀，致使平民与商殷统治阶级为敌。其三，频繁用兵加速灭亡。商朝内部衰乱，各地诸侯纷纷叛离，周边各部入侵。纣王对周边各部大量用兵，导致东南方兵力空虚，引起东夷各部反叛，虽然东夷后被平定，但商已损耗过大，这又加剧了民众的反抗斗争。在其众叛亲离、内外上下各种矛盾极端尖锐冲突时，周武王兴兵伐纣，纣王兵败自焚，商朝灭亡。商朝由汤建立到纣灭亡，一共传了十七代、三十一位王，从约公元前1600年到公元前1046年，大约存在了五百五十四年。商朝整体上促进了华夏文明的向前发展。

## 五、华夏文明兴盛与西周鼎盛

周族是帝喾的后裔，姬姓，生活在我国西北部的泾水、渭水一带。始祖母姜嫄生子弃，弃对农业发展作出了卓越贡献，被称为“后稷”。后稷是周族第一个男性始祖。夏商时期，周一直是西部重要的方国。周族历经公刘、高圉、亚圉、公亶父、季历各时代，努力发展，逐步强大，同时对西北诸戎部落发起进攻，先后征伐了西落鬼戎、燕京之戎、余无之戎、始呼之戎、翳徒之戎，逐渐成为西方强大的方伯之国。

季历死后，子昌继位，是为文王。文王勤于政事，礼贤下士，广罗人才，其中包括被拜为军师辅佐文王、武王屡立奇功的吕尚。文王先进攻打击西北各部，扩大疆土，巩固后方，再全力向东发展，周人占据了关中平原、河东地区。文王时期，周的经济、社会、军事实力大增，成为商朝的一大对抗力量。

文王死后，子发继位，是为武王。武王建都镐京（今陕西长安县），积极做灭商准备。武王九年，大会诸侯于孟津（古代重要的渡口，今河南孟津），举行了誓师大会，即“孟津之誓”。之后不到两年，武王兴兵伐商，纣师“倒兵以战”，是牧野之战周大获全胜的主要原因，纣王自焚身死，商亡。

武王攻克殷都后，兵分四路，基本控制了商朝的主要统治地区，随后胜利班师，回到镐京，正式建立周朝。武王班师时，封纣子武庚于殷，统率殷地遗民。以弟管叔、蔡叔和霍叔领兵驻守殷都周围，就近监视，号称“三监”。武王崩，子诵（成王）继位。成王年幼，武王弟周公旦辅政，管叔、蔡叔等贵族怀疑周公企图夺王位，对周公不满。武庚见有机可乘，拉拢管叔、蔡叔，联合东方各部，起兵反周，局势大变。周公“内弭父兄，外抚诸侯”，处理好内外关系，亲率大军东征。诛灭武庚，杀死管叔，流放蔡叔，消除主要叛乱势力。经过三年苦战，平定东方诸国，战争规模和艰巨程度比武王伐纣时大得多。至此，周灭商的事业彻底完成。周灭商，商灭夏，都是华夏民族内部方国推翻王朝的统治，是华夏民族内部战争和政权的更替。

一是兴建新都，布局王畿，形成强大的王室势力。周公东征后，在瀍水东岸建洛邑，瀍水西岸建东都王城，西起岐阳、东到圃田，所有渭、泾、河、洛地带都成为周王室直接统治的王畿——从西向东形成镐京“宗周”、东都王城“成周”和洛邑三个政治军事中心。从西到东连成一片，长达千里，王室的政治、经济、军事力量显著增强，统治力量和王畿范围比过去扩大，对各地和诸侯国的统治加强了。

二是大封诸侯，“以藩屏周”，加强对畿外的统治。周公东征胜利后，为巩固政权，加强了对畿外地区，特别是新占领的广大东方地区的控制，进行了一次有目的的分封。周朝大封同姓、异姓和古帝王之后诸侯，“以藩屏周”。周公“兼制天下，立七十一国，姬姓独居五十三人焉，周之子孙苟不狂惑者，莫不为天下之显诸侯”（《荀子》103）。周初分封了七十一国，姬姓之国共占五十三个。

对于殷都旧地，以朝歌为中心，封给康叔，建立卫国，尊重商政，但加强周法统治，将殷都改造成周的方国。把以商丘为中心的商代宗邑，分封给殷商贵族中激烈反对纣王的微子启，称之为宋公，使他保持商人的宗祀。平定了抗周势力强大的东方的奄之后，周公自己受封，命长子伯禽前往，建立鲁国。《左传》记载，鲁国受封时，分有“祝、宗、卜、史，备物典策，官司彝器”，鲁国成为代表王室在政治、文化等方面镇抚徐、奄、淮夷及偏远“海邦”的东方大国。在海、岱之间的薄姑故地，吕尚受封，在营丘（今山东淄博市北）建立齐国。齐国的封疆，东至海，西至河，南至穆陵（今山东沂水县北穆陵关），北至无棣（今山东无棣县北）。“对于违抗王室的侯伯之国，齐国有征伐的特权。它是夹辅周王室控制渤海沿岸和莱夷地区的重要力量。”（《中国古代史》62）异姓封国，除宋、齐外，帝舜之后封于陈（今河南淮阳）、大禹之后封于杞（今河南杞县）、帝尧之后封于蓟（今北京西南隅，后为燕都）。周公安抚旧国，只要服从周的统治，原来的地位不变，甚至可以在周朝官府担任官职。由此可见，周朝建立之初，为巩固统治，一方面，分封并安抚旧国，团结一切可以团结的力量，这使广泛分布在中原地区的各个封国与众多旧国错杂在一起，加强了周王室的统治力量；另一方面，周公所封的方国在分封之初就肩负着各自的使命，这种使命不仅能巩固周朝统治，而且对各方国的发展也产生了深远影响。周初分封是用众多诸侯国加强地方管理，监视被征服的民众，特别是防控边远地区蛮夷部落的入侵，以藩屏周，达到巩固周朝中央政权的目的，这对全国各地的开发和文明传播、交融具有积极的促进作用。

周王室加强了对诸侯和诸侯国的管控。诸侯国虽然仿照王室建立了地方性机构，并具有一定自主性，但是，必须受周王室的限制，规模和势力远远小于周王室。诸侯国君要定期朝见周王，定时、定制向王室缴纳军赋和贡税，朝觐时还要贡献特定的礼物。周王室做重大祭祀时，诸侯国君要亲自前往助祭，周王如有死丧、嫁娶和出巡，各国都有特定的义务。周王可以随时征调各国的军队，被征调的国君要随同周王出征。周王室要兴建宫室或其他重大工程时，各国要提供劳役。周王有权干涉诸侯内政，还可向诸侯国派遣监国使臣；如果不遵从王命或者违反规定，周王可以削减他们的爵位，另立国君，乃至废除封地。距离中原地区较远的邦国或少数民族部落，也要定期入朝，并定时、定量贡献方物。但是，周王室式微后，这些特权失效。

三是宗法等级，礼乐制度，巩固奴隶主的统治秩序。宗法制度是以血缘关系为纽带，在父权家长制的基础上发展起来的宗族家族制度，其确定了贵族的亲疏、等级、分封和世袭的阶梯关系，保证了嫡长子继承王位，解决了统治阶级内部诸子、诸弟的继承权争端，成为巩固分封制的重要手段，是我国奴隶社会基本的政治制度。

周王既是普天之下最高的统治者，又是全体姬姓宗族的“大宗”，即最大的族长。他既代表社稷又主持宗庙祭祀，掌握全国最高的政权和族权。天子的宗庙，祭祀自始祖以来的历代祖先，是全国规模最大、地位最高的祭祀祖先的场所，称为“太庙”。历代周天子由嫡长子继承，世代保持天下“大宗”地位，其他诸子有的受封为诸侯，有的在畿内分得采邑，在王室担任官尹，他们分别在自己的封地内建立宗庙和相应的政权机构。受封者是别宗的始祖，他们的封地和爵位由嫡长子继承，成为别宗的宗子。对于周天子而言，他们是“小宗”。

在诸侯国内，国君又分封自己兄弟以采邑，建立卿大夫之家。卿大夫之下，分出的亲属，建立各自的父权家长制家庭。家长就是士，有一定的田地。士以下就是宗子关系更加疏远的家庭成员，是一般的平民。这种层层相属的宗法关系，使族权和政权合一，“宗统”和“君统”合一。

“吾闻国家之立也，本大而末小，是以能固。故天子建国，诸侯立家，卿置侧室，大夫有贰宗，士有隶子弟，庶人、工、商，各有分亲，皆有等衰。是以民服事其上而下无觊觎。”(《左传》110—111)。各级贵族有不同的政治地位和经济特权，形成了奴隶制国家的宗法等级隶属的统治体制。各级奴隶主贵族靠宗法关系维护统治阶级秩序和各自的根本利益，“尊祖”“敬宗”的观念成为维护宗法制度最基本的信条。

以周王为首的姬姓贵族在整个奴隶主贵族中占据首要地位，姬姓贵族与异姓贵族相互通婚，结成亲戚之国，以维护利益。周天子称同姓诸侯为伯父、叔父，称异姓诸侯为伯舅、叔舅。这种异姓联姻的甥舅关系既是对宗法关系的必要补充，也是宗法关系的组成部分。这种甥舅关系就是最早的外戚势力。

根据宗法制度的嫡庶、长幼、亲疏等关系，确定奴隶主贵族的贵贱、大小、上下等各种等级区别，形成各种名分；依据名分确定伦理规范和准则，制定有关社会政治的礼法制度。西周初年，周公主持制定“周礼”。礼的主要作用在于维系等级制度、规范各级贵族的行为。礼的内容广泛，表现为各种典礼仪式，并有与之适应的舞乐。这些礼乐制度的广泛应用，使人恪守符合等级观念的规范典则，巩固统治秩序，对后世产生了重大影响。春秋晚期的孔子继承了周公的学说，创建儒家学派，主张“正名”，提倡“礼制”，目的就是巩固宗法社会的等级制度，求得社会政治等级分明、政治秩序稳定。西汉时，汉武帝接纳了董仲舒“罢黜百家，独尊儒术”的主张，改造后的儒家思想成为官方指导思想，不仅影响了中国，还影响了日本、韩国及其他东南亚国家。

四是分封土地，井田疆理，“什一税”奠定物质基础。分封制决定土地所有权。周天子是全国土地和人民的最高主宰者，以天下宗主的身份将土地和依附在土地上的人民分封给诸侯。诸侯国的国君在封地范围内具有最高的权力，他们在统辖范围内的可耕土地上建立采邑，分封给卿大夫，形成卿大夫之家；各卿大夫再将所属范围内的土地分封给士。各级奴隶主贵族各自成为所受封地的实际占有者。他们世代相承，役使奴隶耕作，形成层层相属、大小不等、比较稳定的奴隶制经济单位。

井田制是土地疆理方式。由于生产力落后，可开垦的土地是有限的，比较好的熟地大多集中在都邑周围，特别是王都和诸侯国都的近郊。这些良田被整治成大小相连的方块田，有纵横交错的道路和灌溉沟渠。一般每个方块田为一百亩（约今天的三十一亩，今天的1亩约等于666.67平方米），作为一个耕种单位，称为一田，纵横相连，方方正正的九田合为一井，十井为一成，百井为一同。

井田制下的收入分配制度。“公食贡，大夫食邑，士食田，庶人食力，工商食官，皂隶食职，官宰食加。”(《国语》412—413）王公依靠进贡物生活，大夫依靠封地生活，士依靠田地生活，庶人依靠出卖劳力生活，工商依靠服务官吏生活。官和吏按照职位分得一定量的田地作为俸禄。从事耕作井田的农夫——“庶人”或“庶民”，出卖劳动力，按照比例给贵族进供。按照多少比例供奉呢？“夏后氏五十而贡，殷人七十而助，周人百亩而彻，其实皆什一也。”(《孟子》90）夏五十、殷七十、周百亩，是指三代生产力发展水平不同，一夫能耕种的田亩数量有差异，而征收的比率都是按收获量的十分取一。

西周的农业生产得到进一步发展。出现合力而作的耦耕、休耕轮作、人工灌溉、使用绿肥、人工堆肥、防治虫害等较先进的农业科技。层层分封的土地和收入分配制度调动了各个阶层的生产积极性，进一步促进农业发展，奠定了西周的经济基础。

五是统治机构，军队刑法，国家机器进一步强化。为了统治更加广阔的国土，镇压反叛，巩固政权，西周王朝的统治权力更加强化，统治机构更为庞大复杂。

其一，统治阶级职能划分更加细化。周王作为奴隶主阶级的总代表，具有至高无上的权威。辅佐周王的有太师、太傅、太保，合称“三公”或“师保”。师保统辖百官以奉侍周王，执掌朝廷军政大权，并且承担青少年国君的监护人，在政治上享有崇高的地位。太宰与“三公”地位相当，直接辅佐周王管理政事，拥有总揽一切政务的大权，是政府机构中的首脑。太宰以下有众多卿士，重要的政务官有司土（徒）、司马、司工（空），被称为“三有司”。司土管理土地垦辟、井田划分和有关农耕的事宜，还要管理诸侯封疆的划定和军旅事宜；司马主要负责征收军赋、管理战车及马匹等军政事宜；司工负责管理百工，包括兴建土木、水利等工程。三司之外还有掌管刑法的司寇，他们都是高级政务官下面的由中下级贵族组成的僚属，分管各项具体事宜，组成庞大的统治机构。

周朝的宗教职能削弱，史官的地位有了很大提高。太史不仅掌管天文历法的观测制定、文献典籍的收藏整理和教育贵族子弟等有关科技、文教方面的工作，而且熟悉国家政令典则，常在周王左右以备咨询。内史为周王起草诏令，出纳王命，成为王室近臣。周朝官职多数是世代相承，世卿世禄。

其二，按区域划分的军队更加强大。军队是国家机器的重要组成部分，周王室庞大的军旅主要有虎贲和周六师、殷八师。虎贲是周王的禁卫军；周六师主要戍卫宗周所在的西部地区，又称“西六师”；殷八师在成周震慑东方诸侯，又称“成周八师”。周六师、殷八师共十四师的常规部队，是周朝维持“礼乐征伐自天子出”的武力基础。分封的诸侯国都有一定的军队，一般大国不超过三军、小国为一军。周王能调动诸侯国的军队，其实际上也属于周朝的武装力量。西周军队名义上由周王直接指挥和调遣，重大征伐，周王亲自出征，近亲王族以亲兵相随。如果周王不亲自出征，则指派重要卿士作为全军指挥者，统领中军。各级军官由地位相应的贵族担任，最基层的甲士由最低级的贵族和平民充任，奴隶则在军队中服杂役。军事编制与社会等级制度相适应。

其三，刑法更加严苛，法网更为严密。刑法与军队同为暴力镇压工具，周朝在《禹刑》和《汤刑》的基础上，制定了《九刑》。《九刑》是维护奴隶制度和奴隶主贵族的根本利益的基本法则。周朝法网严密，远超前代。严密的刑法主要用于惩治奴隶和平民，贵族犯法纵然按律判刑，但可以“赎刑”（缴纳一定数量的罚金，即可免刑）。

六是数学、地理，医学、天文，科技和手工业，长足进步。西周时期科学技术的发展和成就为我国后来的科学发展开拓了道路。数学是礼、乐、射、御、书、数（“六艺”）中一门独立的学科，数学知识广泛应用于生活，并成为贵族子弟应掌握的基本知识和技能。地理和地图知识在西周时期广泛应用于军事、政治、经济领域。有官员专职掌管专用的“天下之图”“九州之图”“土地之图”，并通过地图掌管各项具体事务，这说明当时的地图绘制和应用已经相当成熟。

《周礼》记载，当时有专职官员“掌医之政令”，并有食医、疾医（内科）、疡医（外科）、兽医等我国最早的医学分科，已经出现关于时疫和传染病的记载。医学方面，提出与“阴阳”“五行”哲学理论相适应的理论，形成“以五味、五谷、五药养其病，以五气、五声、五色视其死生，两之以九窍之变，参之以九藏之动”的诊断医疗思想，中医的理论基础初步形成，西周时期的医学成就为我国传统医学的发展奠定了坚实基础。

周初，在阳城（河南登封告成镇）建立的周公测景（影）台，装置了我国最早的天文观测仪器土圭，利用土圭观测日影，能比较准确地规定二至（冬至、夏至）、二分（春分、秋分），测定天阳年的长度。西周时期，观测恒星，确定二十八星宿，记录了我国最早的确定日期的日食，并有最早的以日月合朔为一月开端的记录。西周时期的天文学成就为我国古代的天文学发展作出了巨大贡献。

周朝手工业继续发展，门类增多，周王室和诸侯公室都拥有各种手工业作坊，有众多具有专门技艺的工匠，号称“百工”。“工商食官”，手工业作坊和工匠都由官府管理。青铜器铸造是手工业生产的重要部门，数量远超商朝。西周末，出现人工冶铁制品。商业成为重要的社会经济部门，商业由国家垄断，在较大的都邑出现了市场，商贾在市场上交易，由“质人”管理执法买卖契券，管理市场。

七是哲学宗教，政治规范，西周奠定了中华文明的基础。其一，西周出现朴素唯物主义和辩证法思想，对中国哲学发展有着深远影响。随着生产力的发展和科学文化的进步，西周产生了一些具有朴素唯物主义和辩证法的思想因素。例如，“五行”思想。《尚书·洪范》把水、火、木、金、土这五种不同属性和作用的物质称为“五行”，五行相生相克，按照一定的秩序相互作用、共同发展。五行观念是我国朴素唯物主义思想的萌芽。又如，“八卦”思想。《周易》提出“八卦”思想，即从自然界选取了天、地、雷、火、风、泽、水、山八种自然物，作为生成万事万物的根源，而天地是总根源，这就是关于万物生成的一种朴素的唯物主义观念。再如，“阴”“阳”思想。《周易》把世界千变万化、复杂纷纭的事物抽象为“阴”“阳”两种基本范畴，认为世界就是由于这一对具有对抗性的势力交感而产生变化和发展的，而这一切事物的发展变化又有自身的历史过程，当它发展到一定极限，就会产生物极必反的现象，这属于朴素的辩证法思想。

夏商时期，宗教信仰可分为自然崇拜和鬼神崇拜，宗教迷信占据着支配地位，西周继承了殷商传统，但又有所发展，周人更注重占筮。占筮是根据蓍草排列和数字变化推演得出结论的，具有“人谋”的灵活性和思想性，暗含人类抽象思维和主观能动精神不断发展，并推衍出博大精深的《周易》哲学体系。筮法是周人敬天保民思想的体现，反映了中国文化从夏商时期的神本位走向民本位的巨大变化，对中国历史发展产生了深远影响。直至今日，《周易》的哲学思想依然被广泛应用。

其二，西周的社会生活上承夏商传统、下启东周秦汉，在继承中有新的发展，为华夏文明的发展奠定了基础。周朝的文化被称为“礼文化”，一个人（主要是贵族）从出生、成人到婚嫁、死丧都有一定的仪礼规范，人们的衣食住行也都有一定的礼仪和制度规定，各种礼仪制度的创建和完善，对后世产生重大深远的影响。中国传统的饮食和习俗礼节在周朝初步形成。主食有黍稷稻粱，稻粱属于贵族宴席上的珍贵美食，后代熟悉的麦麻菽豆等那时还不普及。周朝的蔬菜有萝卜、苦瓜、葫芦、葵、芥等，以及野生植物，水果则有枣、瓜、桃、梅、杏等，食肉是贵族的特权，有家畜、家禽和野味。各级贵族按照身份享用相应规格的食物——天子享用九鼎八簋和酒水、水果；诸侯配七鼎六簋；大夫用五鼎四簋；士则用三鼎或一鼎。贵族享用美食时，有歌舞音乐为其助兴。庶民饭菜简单，多用陶制器具。周朝已经形成按阶级身份区分冠冕服饰的制度。西周出现板瓦、筒瓦、瓦钉、瓦环和陶砖等建筑材料，北方用夯土及垛泥建屋；南方多雨潮湿，用木结构建筑和干栏式建筑，人们的居住条件有了一定的改善。出现宫室建造制度，有贵族用的宫殿、宗庙等大型建筑群，“前朝后寝”或“前堂后室”的格局被后世继承。

其三，西周的分封制实现了新王朝对全国各地的有效统治，并在王室军事力量有限的条件下，充分利用了周边封国的政治军事力量以抵御蛮夷入侵，这种分封制度是当时条件下最好的选择，并对后世王朝巩固政权产生了巨大影响。例如，西汉、明朝在成立之初都是采用分封制巩固政权的。这种以宗法制为基础的分封制最大的弊端是，当王朝中央政权衰落后，分封的诸侯国会起兵反抗。因为，从血缘关系上看，封国的诸侯与最高王权者在继承顺序上最近；从能力水平上看，诸侯有局部执政的经验和能力，所以，诸侯国君主造反夺权的可能性和可行性都最高。战国末期，秦始皇正是发现分封制的弊端后才破除了贵族的特权，废除了分封制，并在全国设立郡县，中央王朝向各郡县派去官员，以消解郡县的军事权力，确保中央集权，减少了地方对中央王室的威胁，从根本上保证了中央王权的稳固；同时，逐步消解了贵族的势力，扩大了平民等阶层加入统治阶级内部，调和了阶级矛盾。可以说，随着西周的分封制、宗法制和国家机器的完善，政治、经济、文化已经相对定型完善，古老的华夏文明已经到达了鼎盛。西周以后出现的郡县制、儒家大一统思想等，都深受西周时期形成的文明成果的影响。

华夏文明可概括为，人类经历了漫长的原始社会，从动物中分离出来形成最初的人类文明，经过夏朝确立、商朝发展，到西周时达到强大鼎盛。“以夏、商、周三族为核心的华夏族，当时是经济文化发展水平最高的民族。”(《中国古代史》84）夏、商、周三族都属于黄帝族，都以中原地区为中心发展起来，以龙凤为民族图腾的文化，到西周时，华夏文化发展到顶峰，以《周易》《周礼》《诗经》《尚书》《乐经》等为核心的文化成为华夏文明的最高成就和中华文明的大本大源，塑造了华夏族群的政治制度和社会生活。正是因为这些经典古书的存在和延续，华夏文明才能在夷狄入侵、疆土分裂、宗庙倾覆之后，依然傲立于蛮夷之上，生生不息；正是这些经典被世人认可，华夏王朝更迭、政治制度变革，但社会发展始终遵循一个根本的价值标准；正是这些经典的存在，社会生活中的婚丧嫁娶、生老病死各种庆典和祭祀礼仪虽有损益，但人们总是心存对礼仪的敬畏和追求。华夏历史的深层内核就是在西周时形成的各种文明成就，就是蕴藏在这些经典中的价值观和思想。在华夏文明中，这些经典是后来春秋战国分裂出儒家、道家、法家、兵家等“百家”的思想源头；这些经典也是历史进步的评判标准、文艺创作的指导原则。孔子本着“述而不作，信而好古”的原则和态度，对周朝形成的六部古书做了整理工作，进而成为儒家学派的创始人，成为“圣人”。西汉儒家思想被董仲舒进一步发展改造，汉武帝“罢黜百家，独尊儒术”。儒家学说官方化之后，影响了中国社会两千多年。西汉之后，华夏族成为汉族，华夏文明成为汉文化、汉文明。直到元朝、清朝入侵中原，对华夏文明造成巨大冲击和损失，但以元朝和清朝为代表的游牧文明最终融入汉族的农耕文明。西周时期，鼎盛的华夏文明是中华文明的源头和根本。鸦片战争之后，西方工业文明入侵，我国开始近现代文明，但是，中华文明依然是我们屹立于世界民族之林最鲜明的特色和最坚实的根基。

## 第二节 华夏文明再遭重创，蛮夷攻击导致西周灭亡

周立国之初，患在东南，周与东南地区殷的残余势力、与东夷和淮夷冲突不断。周公东征，在东南地区建都、封国以对东南各部进行有效统治，矛盾得到了缓和。除东征外，周朝还加强对戎翟部落的控制，统治势力延伸到白山黑水之间，扩展了“北土”；加强对南方巴、濮、楚、邓等部和江东地区的控制，统治势力延伸到江东地区，开发了吴越，扩展了“南土”。周朝对中原地区较远的邦国或少数民族部落也进行管制，要求他们定期入朝，特别是在王室举行重点典礼时要参加朝会；规定他们定期、定量贡献方物，次数、数量可比中原各诸侯国少；明确必须与周朝建立联系，都是周朝的臣属之邦。

到西周后期，由于厉王、宣王、幽王连续几代昏庸统治，各种矛盾，特别是统治阶级内部矛盾、统治阶级与被统治阶级、中原各族矛盾日趋尖锐，西周对内对外的统治日趋无力，在华夏文明和奴隶制国家发展到顶峰之后，周朝走向衰落。而与此同时，周边各族社会、经济不断发展，部分地方势力和少数民族兴盛起来，他们和周王室的矛盾逐渐加剧，不断发生军事冲突。

南方的蛮族楚最早与周王室发生冲突。荆楚是祝融氏的后代，是芈姓之族。周初，为加强对荆楚的统治，在汉、淮之间分封了很多姬姓诸

侯国，如随国、曾国等。当时楚国慑于周朝的强大统治，表示臣服，并定期向周王室进贡“包茅”等方物，周朝“以蛮夷视之”，使之不得参加中原诸侯的会盟。随着时间的推移，荆楚与江汉间的姬姓诸侯国和居民逐步融合并发展，南方蛮族楚国的势力日益壮大，与周王室的冲突不断加剧。昭王十六年（公元前980年），昭王亲自领兵伐楚取得胜利。昭王十九年，第二次出征伐楚时，昭王中计落水淹死，周军大部丧亡，周王室用于控制南方的力量被削弱，楚国在汉江地区发展了起来。

穆王时，东南地区淮、泗之间的徐奄诸部也逐步强大。他们以徐偃王为首，联合各部，发动叛乱，西伐宗周，至于河上，深入中原。穆王放弃西征犬戎，回师东向，联合楚国，合攻徐偃王。徐偃王“仁而无权”，兵败被灭，“周有徐偃”。这次战争，虽然徐偃诸部失败，但是周朝也损失很大，对东方的统治大为削弱。西北地区的犬戎诸部，从西周初年开始一直被列为“荒服”，被要求到宗周镐京朝贡。到穆王时，西部地区的犬戎诸部也强大起来，不断侵扰宗周。穆王不听劝阻，率兵西征但只取得四白狼、四白鹿八个部落，没有彻底打败犬戎。“自是荒服者不至”，犬戎各部从此与西周王室断绝来往。

厉王时，周与南方多次发生战争，淮夷一度攻到洛水两岸，深入东都附近。后有鄂侯率领南夷、东夷与周对峙，周朝虽勉强获胜，实力却被大大削弱了。

宣王时，由于周王室的统治力量已被削弱，对周边各部和一些地方势力更加难以控制，特别是威胁最大的黄土高原上群翟部落的犬戎（猃狁）。从西周中期，犬戎就不断南下侵扰宗周，他们深入焦获（今陕西三原、泾阳一带），直接威胁镐京，并掠夺财物、杀害民众，给人民带来严重灾难。《诗经·小雅·采薇》记载“靡室靡家，猃狁之故”。宣王一方面派南仲驻兵朔方，加强防守力量；另一方面派尹吉甫领兵北伐，如此取得了较大胜利，犬戎向北逃窜，周王室所受威胁暂时解除。宣王派秦仲为大夫，征伐宗周以西的西戎，结果秦仲被西戎所杀。宣王又召秦仲之子庄公兄弟五人，给他们七千人的兵力再伐西戎，这才勉强获胜。宣王用武力些微镇压了周边蛮夷，但是这些胜利既无法缓和周朝内部的社会矛盾，又削弱了国力，致使王室的统治力量更加虚弱。到后来，除了战胜过一次申戎，在伐太原戎、条戎和奔戎的战争中，周朝都失败了。特别是，宣王三十九年（公元前789年），伐姜氏之戎，宣王调去的“南国之师”全军覆没，大败于千亩（今山西介休南）。周朝面临全面崩溃的危险。

幽王初立时，宗周社会动荡不安，三川（泾、渭、洛）连续发生强烈地震，造成很大损失，于是有人惊呼：“周将亡矣！”周幽王又宠爱褒姒，废申后和太子宜臼，立褒姒为后，立褒姒子伯服为太子，引起朝政混乱、诸侯叛离。申后是申侯的女儿，申侯联合缯与犬戎等部，发兵攻陷宗周，占领镐京，杀幽王于骊山之下。宗周被犬戎摧毁，西周灭亡。继夏朝“太康失国”之后，中原政权再一次被“落后”的蛮夷势力摧毁，华夏文明再遭重创。正如恩格斯在《反杜林论》一文中所说：“每一次由比较野蛮的民族所进行的征服，不言而喻地阻碍了经济的发展，摧毁了大批的生产力。”

西周王朝从公元前1046年武王克商开始，到公元前771年幽王被杀，前后共历十二王。在这二百七十六年间，华夏文明和奴隶制发展到顶峰，为后来的春秋战国百家争鸣、秦汉大一统和汉文化形成发展注入了强大的思想根基、思维范式和文化基因。

## 第三节　齐国争霸时的思想信仰和内外政治环境

周幽王死后，太子宜臼即位，史称“周平王”。镐京残破，偏居西部，又处于西部犬戎威胁之下，公元前770年，平王在郑武公、秦襄公、晋文公等诸侯的护卫下被迫迁都洛邑，开启了东周时代，即春秋战国时期。春秋时期最大的政治问题就是，代表中原最高权力的周王室无法承担统治天下的大任。管仲只是地处偏远的东方诸侯方国——齐国的相，他为什么能辅佐齐桓公争霸，提出“尊王攘夷”的战略口号，并最终实现“九合诸侯，一匡天下”的政治功绩？这必须对当时社会的思想信仰、政治环境进行研究分析。

### 一、民众思想信仰发生根本变化

夏商时代，人民对自然崇拜、对鬼神崇拜，宗教迷信占据支配地位，占卜预测问天意主要采用“鬼谋”的龟卜。西周后期，占筮主要采用的是蓍草占卜，这种占卜方法通过人参与依据一定变化法则推衍得出结论，更具灵活性和思想性，标志着从依赖神谕到重视“人谋”，迈出了一大进步。春秋时期，人们对天产生了怀疑，也就对问天意的占卜更加不信任，甚至发出“卜以决疑，不疑何卜”(《左传》154）的感慨。

这表明人在天的面前，已经开始站起来了。

这一思想上的解放和转变，直接影响了民众信仰和政治环境。在漫长蒙昧的原始文明和夏商周时代，人们还无法深刻认识并把握自然运行规律和社会发展规律，只能长期被动地适应自然变化和社会发展。人类认为在自身之外有一个至高无上、无所不能的主宰——“天”，而最高统治者为了借助“天”的威力，自封为“天子”，替“天”御民，以达到统治驾驭人民的政治目的。但是，由于有商代夏、周代商，相继变革了天命的历史事实，使人们感到“天命靡常”，甚至警告那些娇纵专横的贵族不要盲目依靠“天命”，“天不可信”；可在当时的历史条件下，不可能完全否认“天命”，因此，在不动摇“天命”的前提下，强调人事的重要性，提出“顺乎天而应乎人”，就是既要顺从天意，又要顺应人心，才能维持“天命”。因此，既要“敬天”又要“保民”。周公更进一步地说“民之所欲，天必从之”[①]，把民心与天意联系起来，给“天命”赋予人民意愿的实际内容——统治者要维持“天命”就必须注意“保民”——尊重民意，为了“保民”统治者必须“明德”，即统治者要加强自我修养、自我克制，对民众也要进行思想和行为约束。“敬天”“保民”“明德”构成了西周统治思想的核心，在重视天的前提下，统治者要兼顾民意，要加强自我道德修养，施德政，这相比夏商时代有了重大进步。

西周灭亡，周天子大权旁落，“尊神”“敬天”的传统观念发生动

① 王世舜、王翠叶译注：《尚书》，中华书局2018年版，第431页。后续相关引用仅做括注。

摇，人间休咎祸福均自天降的观念受到了挑战。民众在政治剧变中爆发出的力量，又给人民的思想带来了巨大冲击，人们对天的信仰开始动摇，重视人民斗争力量的“民本”思想开始抬头，出现了“妖由人兴也”(《左传》228)、“吉凶由人”(《左传》415)、“祸福无门，唯人所召”(《左传》1315）的思想，天、人之间的关系顺序也发生了改变。季梁曾建议随王：“夫民，神之主也。是以圣王先成民而后致力于神。”(《左传》131）遵守天神的意思必须先按照人的意志行事，人、神关系的颠倒，确实是一大进步。天子作为最高统治者终于走下神坛，人们认识到“社稷无常奉，君臣无常位，自古以然”(《左传》2079）的政治论断。这些思想上的重大变革，直接影响了政治领域、信仰领域，直接改变了民众对王权的态度。

## 二、华夏民族面临的时代危机

一是从华夏族内部看。一方面，周王室势力衰微。周王室直接占有的地盘变小，平王迁都洛邑初期，其还有约方圆六百里（周氏1里约等于今693米）的王畿，但随着将土地赏赐有功诸侯及被外部侵占，最后仅剩下成周附近（今河南西部一隅）一二百里的地盘。随着周王权沦落，诸侯对天子的朝聘、贡献大大减少，王室财政越来越拮据，不得不依赖诸侯的资助，桓王、顷王先后派人向鲁国“求赙”“求车”“求金”“告饥”。另一方面，周王室政治军事影响力变小。天子不仅经济上有求于诸侯，政治上也受诸侯摆布。襄王曾低声下气地向郑国“请盟”，后来又接受晋侯的召唤，参加诸侯会盟。“礼乐征伐自天子出”的时代已经成为过去，各种矛盾急剧发展，错综复杂，诸侯国因不服周王室统治而斗争不断，社会进入了动乱时期。

春秋时期，政治领域出现了两种以下犯上的态势。第一，诸侯争霸。郑、齐、晋、秦、楚和吴、越等诸侯国互相征伐争霸，力争掌握中原地区实际的最高统治权。第二，“私家”与“公室”的斗争。“私家”是从贵族中转化过来、拥有大量土地等私产且富有的基层大夫；“公室”是主张维持分封制的诸侯国君等既得利益者。其中，以“三家分晋”“田氏代齐”最为典型。在经济领域，“公田不治”，私田扩大，井田制被破坏，周天子丧失了对土地的最高所有权和支配权，“土地王有”的概念已经不能发挥作用。社会阶层中，出现了拥有大量土地和财富的由士转化而成的新兴地主、获得土地赏赐的军功地主和由平民上升的新的小地主。这些地主阶级把土地划分成小块，招揽奴隶和破产平民耕种，从中收取地租，由此出现受地主剥削的农奴。无论是政治领域自下而上的反抗斗争，还是经济领域井田制瓦解、私田扩大，出现新兴地主和农奴的社会变化，最核心的原因都在于分封制的弊端，即当中央政权经济、政治、军事等统治势力下降，而地方势力上升，中央无法管控统治地方时，必然导致地方反抗甚至推翻中央统治。

二是从华夏文明外部看。由于华夏文明和中原政权出现根本性变化，中原动乱，对周边蛮夷的管控能力下降，为其提供了发展机会。占有西周旧地的西戎继续威胁东周；生活在北方的狄族向内地发展，威胁着中原安全；山东、河北的山戎与齐国和燕国多次发生战争；江汉流域的南蛮荆楚臣服了群蛮、群舒、淮夷等族之后，势力迅速强大，向黄河流域挺进以争夺土地。四方蛮夷发展壮大后，开始侵略中原，对中原人民、中原政权和华夏文明构成了重大威胁、造成了巨大破坏。

## 第四节 管仲辅佐齐桓公，提出“尊王攘夷”，扛起历史责任

齐国在吸取郑国争霸失败的经验教训后，提出了“尊王攘夷”的争霸思路和政治口号，扛起了历史责任，并取得了春秋时期诸侯争霸的首次成功，对后期其他诸侯国争霸产生了重要影响。

### 一、郑国争霸失败证明了“尊王”的必要性

东周初立，周天子占有的王畿、直接拥有的军事力量和控制诸侯的权力都在日益丧失，但周天子作为天下“共主”的名义仍然具有号召力。随着地方经济发展，逐步强大的诸侯国利用王室旗号，“挟天子以令诸侯”，积极发展各自的势力，最典型的就是位于中原地区、商业比较发达的郑国。

西周后期，周宣王封其弟友于郑（今陕西华县），是为郑桓公。后来，桓公死于幽王之难，他的儿子武公灭掉郐和东虢两个诸侯小国，建都新郑（今河南新郑）。武公的儿子庄公做东周的卿士，庄公提出“以王命讨不庭”（《左传》78），联合齐、鲁攻打宋、卫，制服陈、蔡，并打败北戎，暂时稳定了东周局面。但郑国却乘机独霸王室权力，周平王

时，周王室与郑国互不信任，交换质子，矛盾尖锐。周桓王上台后起用虢公，剥夺郑伯权力，郑伯不满，派人收割了周王室洛邑的庄稼，周、郑关系从互不信任的“交质”，发展到互不相容的“交恶”，终于周、郑之间爆发了一场大战。公元前707年，周桓王亲率陈、蔡、卫等诸侯国的军队讨伐郑国，结果王师惨败，桓王中箭，天子威严扫地，自此一蹶不振，由此郑国的地位更加显赫，成了春秋初年的霸主。

郑国虽是新封国，但血缘上与周王室更近，更容易觊觎周天子位，便不像其他诸侯方国守本分、知敬畏，所以，在郑国第一代诸侯国君郑桓公死于幽王之难后，第二代郑国国君灭两个小国后就迁都，并利用其子庄公独霸周王室的权力和朝政。而当时周天子作为“共主”仍有一定号召力，所以郑国可以“以王命”，通过“讨不庭”征伐，稳定朝局，凸显郑国，其方法和借口务实可行，符合当时的实际情况。但是，郑国独霸周王室，必然引起当时还有一定势力和尊严的周天子的不满，周、郑交恶以至于发动战争，此时的郑国对周王室的恶劣态度远远超过其讨伐的“不庭”对周王室的态度，已经是公然对抗甚至是欺压打击周王室了，完全跨越了诸侯国应该遵守的政治红线，站在了道义的对立面。最后，盛极一时的郑国因为封国不久政治资历浅、经济后劲弱，出现了争夺王位的内乱，整体实力被削弱；又因为政治方向错误，得不到周王室和其他诸侯国的支持，根本无力承担安抚天下诸侯、震慑打击四方蛮夷的使命和职责，便很快失去了霸主地位，沦为一般小国。所以，分析郑国争霸的得失可知，提出“尊王”不仅是诸侯方国、齐国的政治立场，更是在当时的政治背景下，齐国想有所作为的必然选择。

## 二、齐国扛起“尊王攘夷”的历史责任

为什么齐国可以肩负“尊王攘夷”的历史责任呢？从齐国肩负的政治使命看，齐封国之初，周王室就赋予了齐国特殊的政治责任。周公在东征胜利后，为加强对东夷的管控，把海岱之间薄姑故地封给师尚父，即姜太公，建立齐国，其目的是让齐国成为夹辅周王室控制渤海沿岸和莱夷地区的重要力量，并授予齐国征伐违抗王室的侯伯之国的特权。这其实就是让齐国“尊王”。

从现实条件看，齐国境内有丰富的鱼、盐和矿藏资源，到春秋时期，齐国的农业、手工业、冶铸业和纺织业都得到发展，齐国有一定的物质基础和经济保障。

从管仲的智慧看，齐桓公继位后，任用管仲为相。管仲深刻认识到周天子天下“共主”地位已名存实亡。“实亡”意味着周王室不能再真正统治诸侯、镇压四方蛮夷。“名存”意味着周王名义上仍然是诸侯各国的大宗和共主，仍有存在的价值和必要，仍可以利用其影响力成就齐国霸业，号召其他诸侯国共同打击四方蛮夷，捍卫华夏文明。“尊王”就是尊重周王这个大宗共主，在这一政治前提下，所有的行动就都具有合法性，就可以利用周王室，发动并团结各诸侯国，而避免像郑国一样与周王室关系紧张恶化，以致遭受其他诸侯国的反对。“攘夷”就是要打击四方蛮夷对周朝和各诸侯国的侵略，就是要保护人民群众、中原政权和华夏文明。只有先“尊王”，才能团结各诸侯、安定中原，保证“攘夷”成功。

可以说，“尊王攘夷”是齐国作为诸侯方国，扛起维护中原合法政权，捍卫华夏民族不受侵犯的历史责任。这一政治口号体现了一个诸侯国的政治担当，只有遵循这样富有智慧的政治口号和战略思想，才能真正地认识并处理好春秋时期没落的周王室、野心勃勃的各诸侯国、华夏民族内部与外部四方蛮夷、华夏文明与野蛮落后文明之间的关系和矛盾。这一政治智慧和战略思想是春秋以前华夏文明与四方蛮夷斗争中从未有过的，是“攘外必先安内”战略思想最早的理论与实践基础。

# 第三章
# “尊王攘夷”的前提是凝聚各方力量

“尊王攘夷”，首先必须确定君、臣、民等各方职责，调整各方关系，团结各方力量，共同努力，强大齐国，取得周天子和天下诸侯的信任，中原各国团结一致，共同抗击四方蛮夷的侵略。

## 第一节　明确君主的素质、职责和权势

“天下者，无常乱，无常治。不善人在则乱，善人在则治，在于既善，所以感之也。”（《管子》553）天下没有永恒的混乱，也没有永远的太平。天下的治乱在人，“不善人在”即坏人当道、恶君当政则混乱不堪；“善人在”即善人治世、仁君当政则长治久安，关键在于当政的君主能内外兼修，追求尽善尽美，然后感化民众。由此可见，天下治乱的根本和国家能否治理好的关键在于君主的品行素质、职责本领、权势运用及其最终能达到的境界高下。

### 一、君主的品行素质

齐桓公认为自己作为君主有三大恶习，即好打猎、好酒和好色；而管仲却认为：“恶则恶矣，然非其急者也。”（《管子》405）这三种恶习

坏是坏，但还不是最致命的。桓公问，如果这三种恶习都能容忍的话，那还有什么是不可容忍呢？管仲对曰："人君唯優与不敏为不可。優则亡众，不敏不及事。"(《管子》405）管仲认为，作为国君，昏聩不明和不勤敏是最不能容忍的。因为，如果君主昏聩不明就会失去民众拥护，不勤敏就会因懒政而影响功业。所以，君主不能触碰的底线是"優"与"不敏"。除此之外，君主还应该具备什么样的品行和素质呢？大致可概括为以下六点。

一是君主起事立事必须先端正心志。"凡将立事，正彼天植，风雨无违，远近高下，各得其嗣。三经既饬，君乃有国。"(《管子》118）君主想要完成治国大事，首先要端正心志，其次是不违背大自然的规律，最后是把握人心、人性的规律，并处理好与远近高下各类人群的关系，使其利益均沾、各得其所。这三个大原则都处理好之后，国君就可以保有他的政权和国家了。这三个原则中，第一原则就是国君首先要"正彼天植"，即端正自己的心志。

端正心志的一个重要特征就是君主能"明设法"而"不以私防"。"有道之君者，善明设法而不以私防者也。而无道之君，既已设法，则舍法而行私者也。为人上者释法而行私，则为人臣者援私以为公。公道不违，则是私道不违者也。行公道而托其私焉，寝久而不知，奸心得无积乎？奸心之积也，其大者有侵偪杀上之祸，其小者有比周内争之乱。"(《管子》510）有道之君善于明确立法，而不是用私心防范民众，无道之君却是设立法制而不用，喜欢用私心防范民众。既然作为君主都能舍弃法度而行私意，那么，做人臣的更会假公为私。"公道不违"，实际上就是不违私道。表面上按照法度行公道，私下却假公济私，办私事、谋私利，时间久了，自己也觉察不到，奸邪之心肯定会越积越大。如果君臣都私心膨胀，其后果，大到侵害君权、杀害君主，小到相互勾结、发生内斗祸乱。

所以，君主首先要能做到端正心志，把心放正，坚持公心，君臣上下才能团结一致，争取胜利。

二是君主重要的品质是光明磊落、大公无私。“如地如天，何私何亲？如月如日，唯君之节！”（《管子》10）君主要像天地覆载万物般不分亲疏远近，没有任何偏私偏爱；像日月普照，光明磊落，恩德遍及一切，才算是君主的气度。“言室满室，言堂满堂，是谓圣王。”因为坦荡无私，君主在室内讲话就要让室内人都能听见，在堂上讲话就要让满堂的人都能听见，只有做到开诚布公，不私藏偏好，不蝇营狗苟，才能称得上圣明的君主。

如果君主因私忘公、私心过重，臣下就会上行下效，最终私心私利过重，国家治理就会出现问题。“夫公之所加，罪虽重，下无怨气；私之所加，赏虽多，士不为欢。”（《管子》766）秉公办事，刑罚即使再重，下面受罚之人也没有怨气；按私心行事，赏赐即使再多，受赏之人也不会欢欣。不仅是君主，臣民私心过重也会有灾难性后果。“故国多私勇者其兵弱，吏多私智者其法乱，民多私利者其国贫。”（《管子》773）国家有太多人喜欢私勇好斗，军队的战斗力就会变弱；官吏中有太多人奸诈私巧，法度就不能正常施行；民众多私营取利者，国家就会变穷。因此，国君重要的品质就是大公无私，并能以身作则，使臣下、民众都能坚持公心。

但是，仅仅无私还不足以为圣君，还必须具备其他条件。“故知时者，可立以为长；无私者，可置以为政；审于时而察于用，而能备官者，可奉以为君也。缓者后于事，吝于财者失所亲，信小人者失士。”(《管子》10)只有通晓天时、把握时势的人才可以任用为官长；没有私心、不营私利的人，才可以安排作为官吏；可以通晓天时，善于使用财力，又能任用贤才为官吏的人，才可以拥戴奉其为君主。如果君主处事迟缓，总是落后于形势和事情，就会被动疲于应付；如果君主过分吝啬财物，不能适当赏赐，就会失去亲信；如果君主偏信谗言、任用小人，就会失去贤能之士的辅佐。因此，国君首先要无私，其次要会审时度势，精于用财力，懂人识人；同时，性格不能太迟缓，不能太吝啬，不能偏听偏信。

三是君主应杜绝猛毅、懦弱两种极端性格。“凡人主者，猛毅则伐，懦弱则杀。”(《管子》484)大凡是君主，性格猛毅就会遭受外部攻伐，而性格懦弱就会被内部人弑杀。“猛毅者何也？轻诛杀人之谓猛毅。懦弱者何也？重诛杀人之谓懦弱。此皆有失彼此。”猛毅指草率轻易地实施诛杀，而懦弱者正相反，懦弱的君主过分慎重，顾虑重重，难以下决心诛心杀人。这两种性格的君主各有利弊、各有得失。“凡轻诛者杀不辜，而重诛者失有罪。故上杀不辜，则道正者不安；上失有罪，则行邪者不变。道正者不安，则才能之人去亡；行邪者不变，则群臣朋党。才能之人去亡，则宜有外难；群臣朋党，则宜有内乱。故曰：猛毅者伐，懦弱者杀也。”(《管子》485)凡是轻易就杀人的，容易错杀无辜无罪之人；而过于慎重杀人的，容易遗漏真正的罪犯或邪恶之人，就会姑息养奸。国君滥杀无辜，德行端正的君子就会心感不安，心怀不安缺乏安全感就可能向外奔走，而人才外流势必引发外患，最终国君可能被外部势力征伐。相反，国君如果因为心慈手软，不忍诛杀，便姑息养奸，邪恶之人就不能被震慑，相反屡教不改最终导致群臣结党营私、无视君主，进而造成内乱，最终国君很可能被内部势力篡权弑杀。

四是君主注重私德爱好，以防下属“从主所欲”。君主最大的欲望是什么呢？“富贵尊显，久有天下，人主莫不欲也。令行禁止，海内无敌，人主莫不欲也。蔽欺侵凌，人主莫不恶也。失天下，灭宗庙，人主莫不恶也。”（《管子》907）富贵尊显、长久统治天下，令行禁止、海内无敌，这些都是君主想得到的治理效果。相反，蒙蔽欺骗，侵权僭越，失去政权，毁灭宗庙，这些是君主最不想要、最讨厌的结果。

君主的欲望，即理想，就是下属努力工作的方向。“主好本，则民好垦草莱。主好货，则人贾市。主好宫室，则工匠巧。主好文采，则女工靡。”（《管子》755）君主重视农业，百姓就喜好开垦荒地，发展生产；君主喜好财货，则民众多去经商，发展经济；君主喜好宫室，则工匠追求精美建筑；君主喜好色彩华丽的装饰，女工就追求华丽的工艺。“夫上好本，则端正之士在前。上好利，则毁誉之士在侧。上多喜善赏不随其功，则士不为用。”（《管子》761）君主喜好安身立本，行道德之政，品行端正的人就会来到君主面前贡献力量；君主喜欢私利，毁谤吹捧的小人就会围绕在君主身边；君主多宠爱好赏赐，却又不根据其功劳的大小，贤能之士就不肯为其效力。所以，君主要像圣人一样注重道德修养和私德建设，防止因个人不良的私德欲望而让小人“从主所欲”拍马逢迎，形成不正确的导向，造成恶劣后果，以致对国家发展不利。

五是君主作为最高权力者要加强言行修养。其一，君主要慎重考虑自身言行举止带来的后果，因为君主的言行直接决定其名声。“人主出言，顺于理，合于民情，则民受其辞。民受其辞，则名声章。”(《管子》835）君主所言，合乎道理民情，民众就会接受其言论，进而君主的名声就得到彰显。“圣人择可言而后言，择可行而后行。偷得利而后有害，偷得乐而后有忧者，圣人不为也。故圣人择言必顾其累，择行必顾其忧。”(《管子》842）圣人选择可说的才说、可做的事才做；苟且得到好处而后面又得偿还，苟且得到欢乐后面又有后顾之忧，圣人是不做这样的事情的。圣人言语必考虑后果，行动也必考虑后顾之忧。慎重考虑的标准是什么呢？标准就是从理义上判断是否适宜可行。“圣人之求事也，先论其理义，计其可否。故义则求之，不义则止。可则求之，不可则止。”(《管子》844）圣人凡事都慎重考虑，所以做事时，先权衡理义，考虑是否可行。如果符合道义就做，不合乎道义就不做。可以做到就做，不能做到就不做。做出承诺时亦然。其二，君主用制度管理民众而不是随意的语言指挥。“人主立其度量，陈其分职，明其法式，以莅其民，而不以言先之，则民循正。”(《管子》835—836）君主建立法度，划分职责，明确规范，用来治理民众，而不是用语言指挥，这样民众就更容易遵循正道。其三，君主言行的禁忌。“言而不可复者，君不言也；行而不可再者，君不行也。凡言而不可复，行而不可再者，有国者之大禁也。”(《管子》24）那种说出来却没法兑现的语言就不应该说，那种做一次而不可再做的事情就不应该做。不能兑现的语言，不可重复的行为，都是君主的大忌。所以，君主讲话总是重复放之四海而皆准的真理性语言。“訾蓬之问，明主不听也。无度之言，明主不许也。”（《管子》837）君主对于没有根据的传闻和流言蜚语，不轻易听信；不合法度的话，也不轻易认可。

六是君主的基本遵循是精通道、常、则、节。道是什么？“道也者，万物之要也。”（《管子》516）道是万物的枢纽和关键。道与人的关系是什么？一方面，道不以人的主观意志为转移而客观存在。“道者，诚人之姓也，非在人也。”道是成就人的生命，外在于人、不依赖人而客观存在。另一方面，人可以认识并利用道来解决问题。“夫道者虚设，其人在则通，其人亡则塞者也。”道是虚灵无形的存在，看不见、摸不着，能认识适应并运用道来解决问题的人，就能行得通；没有识道用道的人，就会闭塞行不通。什么样的人才能认识道利用道？“而圣王明君，善知而道之者也。”圣王明君善于了解道并利用道来引导民众。

君道是什么？“道也者，上之所以导民也。是故道德出于君。”（《管子》504）所谓君道，就是君主以身作则、树立典范，并引导黎民大众奉行规律和善德，所以道与德都出自君主。君道的作用是什么？掌握君道，君道则可以发挥作用，实现治民富民、治理国家天下的目的。“是故治民有常道，而生财有常法。”（《管子》516）圣王明君掌握君道之后，就会用恒定之道、经常之法治民、生财。“非兹是无以理人，非兹是无以生财。民治财育，其福归于上。是以知明君之重道法，而轻其国也。故君一国者，其道君之也。王天下者，其道王之也。大王天下，小君一国，其道临之也。”民众得治有序、财富培育壮大，福利和功劳归于君主。由此可知，圣王明君把掌握道和法看得比拥有国家还重，所以，君主统一并治理国家的实质是“君道”在真正发挥作用；王统治天下，其实质是“王道”在发挥作用。无论是大而统治天下，还是小而统治一国，都是相应的道在实质性地发挥作用。

君主应该重点掌握什么道？一方面，“礼正民之道”。“昔者，圣王本厚民生，审知祸福之所生。是故慎小事微，违非索辩以根之。然则躁作、奸邪、伪诈之人，不敢试也。此礼正民之道也。”(《管子》531）学习古代圣王，把改变民生、提高民众生活水平作为根本要务，仔细了解祸福产生的原因，对微小的事情能谨慎从事，对违反礼法的事情能仔细辨别，探求发生的原因并从根本上将其解决。这样，那些烦躁轻浮、举止轻妄、奸邪伪诈之人就不敢再试探着为非作歹了。这些就是制定礼法、规正人民的办法。另一方面，“兴德匡过存国定民之道”。“则故施舍优犹以济乱，则百姓悦。选贤遂材，而礼孝弟，则奸伪止。要淫佚，别男女，则通乱隔。贵贱有义，伦等不逾，则有功者劝。国有常式，故法不隐，则下无怨心。此五者，兴德、匡过、存国、定民之道也。”(《管子》528）对待民众要多行施舍，从容宽厚，防止祸乱，百姓就会喜悦；选拔任用贤德之人，敬重礼遇孝悌之人，奸邪虚伪之人就会有所收敛；约束过度放纵，强调男女之别，私通淫乱之事就能有效隔绝；遵循礼仪区分贵贱，不逾越人伦等级，有功之人就能够得到勉励劝进；国家有固定的法律制度，常法惯例不会遭到隐藏，百姓心中就没有怨恨。这五个方面，都是弘扬道德、改正错误、保全国家、安定百姓的方法。

君臣得道或失道会造成什么后果和影响？一是君臣得道的治理效果。“道行则君臣亲，父子安，诸生育。故明主之务，务在行道，不顾小物。”(《管子》838）道发挥作用，则君臣相亲、父子相安、万物繁育。所以明主的职责就是重点关注行道这种关键问题，而不是过度关注细枝末节。“是故能象其道于国家，加之于百姓，而足以饰官化下者，明君也。能上尽言于主，下致力于民，而足以修义从令者，忠臣者。上惠其道，下敦其业，上下相希，若望参表，则邪者可知也。”(《管子》498）能把君道作为制定管理策略的范式用于国家，运用在治理民众上，并能治理百官和教化民众，就是圣明的君主。能上对君主，言无不尽；下为民众，竭尽全力办实事，能够做到奉公守法服从政令，就称得上忠臣。君臣都能得道，君主在上，顺从君道而治；群臣在下，谨守职责敦厚其职事，上下相互了解，就如同看着测验日影的木表杆一样有所参照，这时谁是曲邪不正，一眼就能分辨出来。二是君道不明的后果。“君道不明，则受令者疑；权度不一，则修义者惑。民有疑惑贰豫之心而上不能匡，则百姓之与间，犹揭表而令之止也。”如果君道不明，君主的意图不明晰，君主对待官员的政策方向不清晰，接受任务奉命干事的人就会心生疑虑；法度不统一，遵循法度奉公职守去做事的人就会感到迷惑。如果民众心中有疑惑，不信任或者犹豫不决，而国君又不能及时消除或匡正，百姓就会对国君隔阂疏远，不能沟通交流、上下同心，这就如同标举旗帜号召而又下令制止一样。三是君主失道的后果。“君失其道，无以有其国；臣失其事，无以有其位。”(《管子》502）君主违背、放弃了君道，就不能保住国家；人臣旷废职责，就不能保住官位，所以，无论如何，作为君主都要坚守君道。“为人君者，执要而待之，则下虽有奸伪之心，不敢杀也。”(《管子》516）作为人君要掌握住“道”这个关键来处理众务，即使下面有奸伪之人也不敢贸然行奸、弑杀君主。

常是什么？常即常规、常法，是不变的规律。“天覆万物，制寒暑，行日月，次星辰，天之常也。治之以理，终而复始。”(《管子》831）覆盖养育万物，控制寒暑变化，运行日月周行，安排星辰位次，这是天的常道，终而复始，运行不止。所以，明主向天学习常法。“主牧万民，治天下，莅百官，主之常也。治之以法，终而复始。”君主治理万民，打理天下，任命统率百官，这是君主的常理，依法治理，终而复始。与君主相对应的臣应如何遵守常道？“敦敬忠信，臣下之常也。以事其主，终而复始。”敦厚恭敬，忠诚信义，这是臣下的常道，以干事创业奉人主，终而复始，永不停歇。“故天不失其常，则寒暑得其时，日月星辰得其序。主不失其常，则群臣得其义，百官守其事。”天不失常道，则寒暑适时出现，日月星辰各得其序。人主不失其常道，则群臣以义行事，百官各守其责。“臣下不失其常，则事无过失，而官职政治。”臣下不失其常道，则办事无过错，官吏称职，政务不乱。“故用常者治，失常者乱。”所以，天下太平，人世间的君、臣、民都应该效法上天，用常道则治，失常道则乱。

则是什么？则即法则、职责。“地生养万物，地之则也。治安百姓，主之则也。教护家事，父母之则也。正谏死节，臣下之则也。尽力共养，子妇之则也。”(《管子》831）地生养万物，是土地的法则。治理安顿百姓，是人主的法则职责；教养保护家事，是父母的法则职责；正直上谏、誓死守节，是臣下的法则职责；尽力供养父母，是儿子、儿媳的职责。“地不易其则，故万物生焉。主不易其则，故百姓安焉。父母不易其则，故家事辨焉。臣下不易其则，故主无过失。子妇不易其则，故亲养备具。”土地不改变职责，万物生产；君主不改变职责，百姓安居乐业；父母不改变法则和职责，家事就井然有序都得以办理；臣下不改变职责，君主就没有大的过失；儿子、儿媳不改变职责，双亲就会被周到地奉养。“故用则者安，不用则者危。”善用法则、尊重职责就会安定，不用就会有危险。

节是什么？节即节令、节度。“故春夏生长，秋冬收藏，四时之节也。赏赐刑罚，主之节也。”(《管子》832）春夏生长，秋冬收藏，是四时的节令；赏赐刑罚，是君主的节度。有节度并不是完全禁止，而是不能肆意无节制地去做。“四时未尝不生杀也，主未尝不赏罚也。”四时并不是不生不杀，君主也不是不赏不罚，都是有节制的，不肆意妄为。

## 二、君主的职责本领

“通之以道，畜之以惠，亲之以仁，养之以义，报之以德，结之以信，接之以礼，和之以乐，期之以事，攻之以官，发之以力，威之以诚。”(《管子》127）君主必须让民众通晓大道，用恩惠畜养臣民，用仁爱亲近臣民，用道义培养臣民，用仁德回报臣民，用诚信结交臣民，用礼节接待臣民，用音乐和悦臣民，用事业期许臣民；以官员治理民众，用威力激发推动臣民，用忠诚感化威慑民众。除此之外，君主还必须担负和具备以下十一项职责和本领。

一是君主要坚决反对错误理论。理论学说对治国理政具有指导作用，君主治理国家要坚持以正确理论为指导，旗帜鲜明地反对错误理论和观点。

要反对“寝兵之说”，因为“寝兵之说胜，则险阻不守”(《管子》862)。如果一个国家信奉停止备战攻战的理论学说，就会城郭毁坏、甲弊兵凋，远近百姓都缺乏御敌决心，政权会被颠覆，国家最终会失守。

要反对“兼爱之说”，因为“兼爱之说胜，则士卒不战”(《管子》863)。如果我们国家过度强调跨越阶级、跨越国家、无界限的相互友好关爱，而他国却不这样认为，则会出现他国强抢我国土地财物，不给就发动战争，而我国因为主张兼爱，没有精兵良将，不愿意作战，必然失败。

要反对“全生之说”，因为“全生之说胜，则廉耻不立”(《管子》864)。“全生之说”盛行后，群臣都注重保全自己的生命，近而放纵情欲、追求养生，礼义廉耻等最基本的准则都无法确立，如此民众将毫无底线而苟活。

要反对“私议自贵之说”，因为“私议自贵之说胜，则上令不行”(《管子》865)。如果每个人都私自议论、自命不凡，就会随时随地随意地非议当世、批评君主，就会鄙视爵位俸禄、轻视国家官员，从而轻视国家的政令，导致令不行禁不止，国家失控。

要反对“金玉财货之说”，因为“金玉财货之说胜，则爵服下流”。如果君主喜欢金玉财货，就会卖官鬻爵，导致智慧的人、守信的人、勇猛的人都得不到重用，而爵位官职被不肖者占据。

要反对“群徒比周之说”，因为“群徒比周之说胜，则贤不肖不分”（《管子》866）。如果君主听任群臣结党营私，结成朋党后就会架空君主，使君主不了解国家的实际情况，有朋党的就会团结起来占据高位、没有结党的就会退后不被重用，最终相互争夺斗争，导致君主和国家处于危险中。

要反对“观乐玩好之说”，因为“观乐好玩之说胜，则奸人在上位”（《管子》867）。如果君主喜欢玩乐享受，国家则将耗费大量钱财，贤人得不到重视，优伶艺人就会仗势欺人、霸权上位。

要反对“请谒任举之说”，因为“请谒任誉之说胜，则绳墨不正”（《管子》868）。如果君主听任请托保举的行为，君臣就会结党，贿赂盛行，不依靠爵位和俸禄照样能发财致富，最终法规制度被破坏，国家受损。

要反对“谄谀饰过之说”，因为“谄谀饰过之说胜，则巧佞者用”（《管子》868）。君主如果喜欢听阿谀奉承、文过饰非的言论，那些谄谀之臣就会迷惑君主，结果忠诚的谏臣会被陷害致死，而奸佞小人会被尊崇重用。因此，君主要坚持正确的治国理念，反对错误的理论和学说。

二是君主要精通得人之道。“古之圣王，所以取明名广誉，厚功大业，显于天下，不忘于后世，非得人者未之常闻。”（《管子》173）古代圣明君王取得美誉，建立丰功伟绩，显赫天下，为后世不忘，都是因为其得民心，受到民众广泛拥护。“今有土之君，皆处欲安，动欲威，战欲胜，守欲固。大者欲王天下，小者欲霸诸侯，而不务得人。是以小者兵挫而地削，大者身死而国亡，故曰：人不可不务也。此天下之极也。”（《管子》174）如今的国君，都希望平时生活安定，一旦举事就想有权威，开战就希望胜利，防守就期望城池稳固牢不可破。大国想要称王天下，小国也想称霸诸侯，却不懂争取民心，获取拥护。最终，祸小者兵败地削，祸大者身死国灭。所以说，争取民心是天下最大的事情。这是最重要的政治准则。怎样才能得人心呢？“然则得人之道，莫如利之；利之之道，莫如教之以政。”争取民心最好的办法是让百姓得到利益，而让民众得到利益的最好方法莫过于教导教化民众。

三是君主要善于用人所长。其一，君主要用人而不自用。“明主之举事也，任圣人之虑，用众人之力，而不自与焉，故事成而福生。”明主办事，运用圣人的思想智慧，利用众人的力量，而不是自己亲自蛮干，所以，事情办成，福禄自生。相反，“乱主自智也，而不因圣人之虑，矜奋自功，而不因众人之力，专用己而不听正谏，故事败而祸生”（《管子》846）。乱主自以为是，不用圣人的经验和智慧，刚愎自用，不靠众人力量，一意孤行，不听正谏，所以，事情失败而祸害也随之而来。

其二，君主要善于用人所长。“明主之官物也，任其所长，不任其所短，故事无不成，而功无不立。”明主任命官员办事，用其长处，不用其短处，所以，事情能办成功，能建功立业。相反，“乱主不知物之各有所长所短也，而责必备”。乱主不知道人和物一样各有长短，不知道用人所长，而仅仅求全责备。“明主之择贤人也，言勇者试之以军，言智者试之以官。试于军而有功者则举之，试于官而事治者则用之。故以战功之事定勇怯，以官职之治定愚智；故勇怯愚智之见也，如白黑之分。”（《管子》911）明君选拔有用的人才，号称有勇，就用行军作战考验他，号称有智谋，就任命他为官在办事中考验他，征战能成功就提拔，为官办事干得好就任命他。无论是军人还是官员，通过实践检验后，这个人的勇怯愚智就像黑白一样分明了。

其三，君主要用好身边人。君主要明辨忠奸，选好用好“中央之人”。什么是“中央之人”？“是以中央之人，臣主之参”（《管子》533），“中央之人”就是群臣与君主间的中介，即君主的左右近臣，领导身边直接服务他的人。中央之人的权责是什么呢？“为人上者，制群臣百姓，通中央之人和。”君主统治群臣百姓，需要借由左右近臣相互协调才能上下和谐。“制令之布于民也，必由中央之人。”（《管子》533）向百姓颁布制度和命令，一定是由左右近臣完成的。在一定程度上，他们掌握着各类文件和信息的发布权力。“贤不肖之知于上，必由中央之人。”君主想了解下层官员的贤能与否要通过左右近臣。“财力之贡于上，必由中央之人。”地方财力、民力上贡给君主，也要依靠左右近臣。领导身边的人因为位置特殊，起着非常重要的作用。如果中央之人滥用权责将会出现哪些危害呢？因为君主治理臣民需要依靠并通过左右近臣，所以在颁布制度和命令时，“中央之人，以缓为急，急可以取威；以急为缓，缓可以惠民。威惠迁于下，则为上者危矣”（《管子》533）。左右近臣在颁布命令时，可以将缓办的命令改为急办，以此获得权威；将急办的命令改为缓办，借此施惠于民。本该属于君主的权威和施惠的权力被左右近臣窃取，君主就会因为失去权威而处境危险。在君主要了解下面官员贤能与否时，中央之人“能易贤不肖而可威党于下”，能颠倒下层官员贤良与否，即能颠倒黑白，把贤良说成不肖，把不肖当成贤良，这样不仅误导君主，还可以在下面结党立威以形成自己的势力。在上贡地方财力时，中央之人“有能以民之财力上陷其主，而可以为劳于下”。这些人能够用财物民力使君主陷入困局无法自拔，而且能够在下面实现自己的功劳。中央之人之所以重要，主要是因为如果“先其君以善者，侵其赏而夺之实者也；先其君以恶者，侵其刑而夺之威者也；讹言于外者，胁其君者也；郁令而不出者，幽其君者也。四者一作，而上下不知也，则国之危，可坐而待也”(《管子》533)。先于君主行赏，侵犯了君主行赏施恩的权力；先于君主施刑，侵犯了君主施刑树威的权力；在外制造谣言，威胁君主形象；扣压政令不发布，封锁隐幽君主。这四种情况出现，君主、群臣、百姓都没有觉察，国家就会陷入危险境地。总之，中央之人因为位置的特殊性，“兼上下以环其私，爵制而不可加，则为人上者危矣”。如果他们利用自己的位置，兼顾上下谋取私利，爵位和法制对他们不起作用，君主的处境就很危险。因此，作为君主，统治群臣百姓，要借助中央之人，使其相互协调；同时，要加强对中央之人的管理和约束，防止其占据稀缺而重要的位置为非作歹、侵权君主、危害国家。

其四，君主要选准用好辅佐之人。“凡人君所以尊安者，贤佐也。佐贤则君尊、国安、民治，无佐则君卑、国危、民乱。故曰：‘备长存乎任贤。’”(《管子》885)君主之所以能受尊崇、得安宁，就是因为有贤臣辅佐；如果没有贤臣辅佐，就会君主卑微、国家危亡、民众叛乱。

因此，君主要想长治久安，就必须任用贤臣。

其五，君主要明辨忠奸。什么是忠臣呢？“凡所谓忠臣者，务明法术，日夜佐主明于度数之理，以治天下者也。”（《管子》906）忠臣都能修明法度，日夜辅助君主，了解并掌握法度政令的道理，以治理好天下。什么是奸臣呢？“奸邪之臣知法术明之必治也，治则奸臣困而法术之士显。是故邪之所务事者，使法无明，主无悟，而已得所欲也。”（《管子》907）奸邪之臣知道，法度政策修明后国家必然得到治理，而国家治理好了，奸邪之臣就会困顿不被重用，坚持法度政策的人就会位尊名显。所以，奸邪之臣要阻止法度修明，不让君主觉悟，这样自己就可以为了私利为所欲为。“故方正之臣得用则奸邪之臣困伤矣，是方正之与奸邪不两进之势也。”（《管子》907）因此，正直之臣得到重用，奸邪之臣困窘毁败，这就是方正之臣与奸邪之臣势不两立、不能共进的原因。“奸邪在主之侧者，不能勿恶也。唯恶之，则必候主间而日夜危之。人主不察而用其言，则忠臣无罪而困死，奸臣无功而富贵。”（《管子》907）所以，奸邪之臣在君主左右，不能不憎恶正直之臣，憎恶忠臣必然窥伺君主，日夜进谗言危害忠臣。君主如果不能明察而采纳了奸邪之臣的谗言，就会导致忠臣无罪而困死、奸臣无功而显贵。忠臣最大的理想和奸臣真正的危害是什么呢？“忠臣之欲明法术以致主之所欲而除主之所恶者”，忠臣想要的是修明法度以实现国君所愿，消除国君所恶。“奸臣之擅主者，有以私危之，则忠臣无从进其公正之数矣。”（《管子》908）奸邪之臣重私轻公、擅权作主，通过私行危害忠臣，使忠臣无法进献公正的策略，无法为国君分忧解难、贡献才能。如果君主不注重惩罚奸臣，就会导致民众重私而轻公，满足君主的私欲而轻慢国家的公事，最终导致国家危亡。

四是君主善明分职督其成事。“明主之治也，明于分职，而督其成事。胜其任者处官，不胜其任者废免。”（《管子》909）圣明的君主治理群臣、明确职务，监督他们完成各自的政务。能胜任的留住官位，不能胜任的废免官职。正是因为坚持以臣下能否胜任作为任免官员的标准，“故群臣皆竭能尽力以治其事”，群臣都能尽心竭力完成自己的政务。乱主则不是这样的。“故群臣处官位，受厚禄，莫务治国者，期于管国之重而擅其利，牧渔其民以富其家。”在乱主的治理下，群臣都不注重自己的能力，而是占据官位、接受厚禄，却不尽力治理国家，他们只期望掌握国家的重要权力而独享其利，统治并搜刮民众而独富其家。

五是君主善授爵禄论功行赏。其一，张官置吏授爵禄。什么是爵禄？“爵禄者，人主之所以使吏治官也。”（《管子》911）爵禄是君主用来治理官吏的。授爵禄的目的是什么呢？“人主之张官置吏也，非徒尊其身厚奉之而已也，使之奉主之法，行主之令，以治百姓而诛盗贼也。”（《管子》911）君主设置官吏，不只是要尊崇他的身份、厚予他俸禄，而且是让他们遵行君主的法度、执行君主的政令，以治理百姓、诛灭盗贼。按照什么标准授爵禄呢？“是故其所任官者大，则爵尊而禄厚；其所任官者小，则爵卑而禄薄。”（《管子》911）担任的官职大，爵位尊贵，俸禄就丰厚；担任的官职小，爵位低微，俸禄就微薄。爵禄是根据官位和承担的责任来确定的，授爵禄的禁忌是什么呢？一方面，要尊重法度和功绩，而不能仅听从重臣的进言。“乱主之行爵禄也，不以法令案功劳，其行刑罚也，不以法令案其罪，而听重臣之所言。”(《管子》908）昏君授爵赐禄不根据法度考核功劳，施行刑罚不依据法度审核罪过，而是全听从重臣的进言而行事。如果听从重臣而授爵赐禄，最终导致“故臣有所欲赏，主为赏之；臣欲有所罚，主为罚之。废其公法，专听重臣。如此，故群臣皆务其党重臣而忘其主，趋重臣之门而不庭”(《管子》908)。重臣想赏赐的人，就让君主赏赐；重臣想惩罚的人，就让君主惩罚。废弃了法度，专听重臣的意见，如此重臣操纵了国君，导致群臣都尽力与重臣结党营私而忘掉君主，奔走于重臣的家门而不肯进入朝廷接近君主。最终，导致君权旁落，重臣实际上篡夺了君主的权势。另一方面，防止官吏在位不谋公而谋私。“乱主之治也，处尊位，受厚禄，养所与佼，而不以官为务。如此者，则官失其能矣。”(《管子》911）昏君治国，官员身处尊贵的地位、享受丰厚的俸禄、养着自己的党羽，而不做本职工作。这样官吏就失去了其作用职能。

其二，论功行赏。什么是功呢？“凡所谓功者，安主上，利万民者也。”(《管子》912）功能够做到安定国君、利惠万民。功可以分为几类呢？只要能达到安君主、利万民效果的，都可以算功，具体可以分为三类。一类，“夫破军杀将，战胜攻取，使主无危亡之忧，而百姓无死虏之患，此军士之所以为功者也”(《管子》912)。在战场上，能击破敌军、杀死敌将，战能胜、攻能取，确保君主没有国家危亡的忧虑、百姓没有死亡被俘的祸患，这就是军士的功劳。二类，“奉主法，治竟内，使强不凌弱，众不暴寡，万民欢尽其力而奉养其主，此吏之所以为功也”(《管子》912)。在官场上，能奉行君主的法度，治理好境内的政事，使强者不欺凌弱者，人多势众的不欺凌暴虐人少势孤的，万民都能竭尽全力侍奉君主，这就是官吏的功劳。三类，“匡主之过，救主之失，明理义以道其主，主无邪僻之行，蔽欺之患，此臣之所以为功也”(《管子》912)。在朝堂之上，能匡正君主过错，挽救君主的失误，申明理义以引导君主，使君主没有乖谬邪僻的行为，也没有被蒙蔽欺骗的忧患，这是朝臣的功劳。赏功的原则是什么呢？一方面，注重论功行赏，君主不以主观喜好对其干预。“故明主之治也，明分职而课功劳，有功者赏，乱治者诛。诛赏之所加，各得其宜，而主不自与焉。”(《管子》912）所以说，明君治国，明确职务并考察功劳，有功就赏，扰乱国治的就罚，赏罚所加，各得其所，且君主不干预赏罚的具体事宜。“故明主以法案其言而求其实，以官任其身而课其功，专任法不自举焉。”(《管子》912）所以，圣明的君主用法度验证官员的言论，目的是求真求实；用官职任命考察官员的政绩，用专门的法度衡量、评价、任命官员，而不是靠自己的主观做推荐。“使法量功，不自度也。”(《管子》913）另一方面，注重实际确保有功则赏，有败不饰。“功充其言则赏，不充其言则诛。故言智能者，必有见功而后举之；言恶败者，必有见过而后废之。如此则士上通而莫之能妒，不肖者困废而莫之能举。”功绩符合所言就给予赏赐，不符合就责罚。因此，对于“智能者”，必须有明显的功绩才举用他；对于“恶败者”，必须有明显的罪过才废免他。这样贤能之人就会晋升而不遭嫉妒，无能之辈困窘废退而无人举用。如何才能激发民众建功立业呢？“明主之道，立民所欲以求其功，故为爵禄以劝之；立民所恶以禁其邪，故为刑罚以畏之。”(《管子》914）明君的治国之道是根据民众想要得到的来制定政策的，促使他们立功，以此设立爵禄鼓励他们；根据民众所厌恶的制定政策，禁止他们行恶，用刑罚震慑他们。

其三，不论功行赏的严重后果。如果不论功行赏而是“以誉为赏，以毁为罚”，即根据民众的毁誉、口碑进行赏罚，将会出现严重后果。“乱主不察臣之功劳，誉众者，则赏之；不审其罪过，毁众者，则罚之。”（《管子》904）不论功行赏会导致邪臣无功而得赏、忠正之臣无罪而受罚。功劳多却得不到奖赏会挫伤大家干事创业的积极性，宁可不尽心尽力地工作。最终会出现“故功多而无赏，则臣不务尽力；行正而有罚，则贤圣无从竭能；行货财而得爵禄，则污辱之人在官；寄托之人不肖而位尊，则民倍公法而趋有势。如此，则悫愿之人失其职，而廉洁之吏失其治”。立功多却没有赏赐，臣下办事就不肯尽力；行为忠正却受到惩罚，圣贤之人就无法竭尽所能；靠行贿赂得到爵禄，恶浊之人就会进入官场；无能宵小之人被委以重任地位尊贵，民众就会效仿进而背离公法而趋炎附势。这样，谨慎、老实、肯干的人就会失去职位，廉洁的官吏也不能施展抱负，君主难以见到治理的成效。

六是君主以“九守”治天下。君主作为最高权力的拥有者，在治国理政的具体实践中要遵守九个方面的原则。

其一，“主位”，即君主应该守好大位。“安徐而静，柔节先定，虚心平意以待须。”（《管子》781）君主居大位，安定从容且情绪沉静，柔和克制而保持镇定，平心静气坐等人和事的发展变化。

其二，“主明”，即君主应该保持清明。“目贵明，耳贵聪，心贵智。

以天下之目视则无不见也，以天下之耳听则无不闻也，以天下之心虑则无不知也。辐凑并进，则明不塞矣。”眼睛贵在能看见，耳朵贵在能听见，心贵在有智慧。借用天下人的眼睛来看，就没有看不见的；借用天下人的耳朵来听，就没有听不见的；借用天下人的心来思考分析，就没有不能了解知道的。集中大家的力量办事，聪明而不会被堵塞蒙蔽。

其三，“主听”，即君主应该兼听则明。“听之术，曰勿望而距，勿望而许。许之则失守，距之则闭塞。高山仰之，不可极也；深渊度之，不可测也。神明之德，正静其极也。”（《管子》781）倾听的方法是，不要一下子就拒绝，也不要一下子就同意默许。草率的同意有可能失去原则，而草率的拒绝容易闭塞从而了解不到事情的真相。君主不要随意表态，要像高山一样，让人看不到顶；又要像深渊一样，让人觉得深不可测。公正冷静是神明之德的极点。

其四，“主赏”，即君主赏罚必诚。“用赏者贵诚，用刑者贵必。刑赏信必于耳目之所见，则其所不见，莫不暗化矣。诚畅乎天地，通于神明，见奸伪也。”（《管子》782）行赏贵在诚信可靠，用刑贵在坚决，在耳闻目见明显的地方赏罚必须坚持诚信且坚决，那么在不能保证耳闻目见的阴暗之处，也会因受影响而潜移默化地坚持赏罚时诚信又坚决。赏罚能做到诚，就会畅通天地、通于神明，让奸伪之人显现而无法躲藏。

其五，“主问”，即君主要保持疑问反问的意识。“一曰天之，二曰地之，三曰人之，四方上下，左右前后，荧惑之处安在？”（《管子》782）如果君主能保持问的姿态和意识，那天地人，东南西北四方，上下左右前后，不明白的地方在哪里呢？只要能问，万事就都能明白了解。

其六，“主因”，即君主把握前因后果的逻辑，因势利导。“心不为九窍，九窍治。君不为五官，五官治。为善者君予之赏，为非者君予之罚。君因其所以来，因而予之，则不劳矣。圣人因之，故能掌之。因之修理，故能长久。”(《管子》782）心不包办干预九窍的事情，九窍自然能运行良好；国君敢于放权，不过分干预大臣的事情，大臣自然能做好工作。为善者，君主要给予赏赐；为非者，君主要给予惩罚。根据臣民的作为，国君给予相应的赏罚，政务就不会烦劳。国君因势利导，所以能掌控好一切。因势利导治理国家，国家就能长治久安。

其七，“主周”，即君主应谨慎周密。“人主不可不周。人主不周，则群臣下乱。寂乎其无端也，外内不通，安知所怨？关闭不开，善否无原。”(《管子》782）人君不可不周密，否则臣下就会叛乱。悄悄地不露任何端倪头绪，内外不互通消息，怎么能知道是否有怨气呢？传话的开关不打开，那好坏善恶都不知道本原。

其八，“主参”，即君主应该明察秋毫。“一曰长目，二曰飞耳，三曰树明。明知千里之外，隐微之中，曰动（洞）奸。奸动则变更矣。”(《管子》782）一要看得远，二要听得远，三要明察秋毫。清楚地了解千里之外、隐微之中的情况，就能洞察奸恶。奸恶被洞察清晰，就会有改变。

其九，“督名”，即君主要通过督察达到名实相符。“修名而督实，按实而定名。名实相生，反相为情。名实当则治，不当则乱。名生于实，实生于德，德生于理，理生于智，智生于当。”(《管子》782）根据名称考察实际内容，按照实际内容确定名称。名称与实际内容相互促进，又相互说明。名称和实际内容相当相符就能治理得好，名实不符、不能匹配就会生乱。名称源于实际内容，实际内容源于品德品质，品德品质源于道理，道理源于智慧，智慧又源于符合、匹配、合适、相当。

七是国君要善统计通于轨数。其一，掌握国轨的具体内容和功能。“国轨，布于未形，据其已成，乘令而进退，无求于民。谓之国轨。”（《管子》955）国家统计理财工作，要在社会经济未成型时就布局安排，了解掌握社会经济发展取得的成果，统计工作要依据国家政令收放进退，而不能过分地依靠民众征收赋税，这就是国家统计理财之道。通过国家统计最终做到“上立轨于国，民之贫富如加之以绳，谓之国轨”（《管子》963），君主在国内设立统计管制财富的制度，民众的财富就如同有条绳一样，都在其掌控之中。

其二，财政统计工作涉及面广，君主必须精通掌握。“田有轨，人有轨，用有轨，乡有轨，人事有轨，币有轨，县有轨，国有轨。不通于轨数而欲为国，不可。”（《管子》952—953）土地有统计，人口有统计，需用有统计，乡里有统计，民事有统计，钱财有统计，县里有统计，国家有统计，不精通财政统计方法而想要治理国家，是行不通的。统计工作涉及治国理政的方方面面，是君主必须掌握精通并做好的基本职能。

其三，做好财政统计工作的具体要求。有专人负责，“立轨官”。统计理财工作要及时，“轨守其时”。“行轨数”“别群轨”，即统计理财制度区分各个不同的项目，采用不同的统计方法分别进行。“必得轨程，此谓之泰轨也。”(《管子》955)必须调查统计得出标准数据，这就是所谓的整体统计。

其四，统计理财工作要秘密进行。因为统计理财工作重在辅助轻重之术，所以要在事情没有成型时秘密布局，“不阴据其轨皆下制其上”。如果做不到秘密统计管制，下层富民商人就会想办法破除轻重之术的计划和目标。

八是国君要调通民利以守民。“凡将为国，不通于轻重，不可为笼以守民；不能调通民利，不可以语制为大治。”(《管子》941)国君要治理国家，必须懂轻重之数，要能够调剂疏通民利走向和分配，才能用经济的方法收拢利益以控制民众；如果做不到，就不能用法制实现国家大治。也就是说，君主要懂经济运行的规律，要对国家经济进行宏观调控。“然而人君不能调，故民有相百倍之生也。”然而如果君主不能调通经济，民众的财富就会出现百倍的差距，最终出现两极分化，导致政权不稳固。

九是君主致利除害与民同利。“凡人者，莫不欲利而恶害，是故与天下同利者，天下持之；擅天下之利者，天下谋之。天下所谋，虽立必隳；天下所持，虽高不危。”(《管子》885)因为民众的天性是趋利避害，所以，能与天下共享利益的君主，天下人就拥护他；独占天下利益的君主，天下人就会图谋他。天下人都想图谋的君主，地位虽然确立但最终必然倒台；天下拥护的君主，地位虽然崇高尊贵但不会有危险。“人主之所以使下尽力而亲上者，必为天下致利除害也。故德泽加于天下，惠施厚于万物，父子得以安，群生得以育，故万民欢尽其力而乐为上用。入则务本疾作以实仓廪，出则尽节死敌以安社稷，虽劳苦卑辱而不敢告。”（《管子》834）君主能让民众尽忠竭力亲近自己，一定是因为他为天下谋利而除害，所作所为符合民众的天性和利益。所以，君主的德行惠及天下，恩惠施及万物，父子相安，群生得育，万民无不高兴地为其尽力，乐于为君主效力。在此基础上，君主要与天下同利，团结一切可以团结的力量支持拥护君主。

十是君主裁大谋巨使国富强。其一，君主应该裁大，即器量大，能包容天下臣民。“天之裁大，故能兼覆万物。地之裁大，故能兼载万物。人主之裁大，故容物多而众人得比焉。”（《管子》843）天的材器大，所以能覆育万物。地的材器大，所以能承载万物。君主的材器大，所以能容纳万物，使民众归心，团结比附在君主身边。其二，君主要谋巨，即为天下谋划长远发展。“明主之虑事也，为天下计者，谓之譕巨。譕巨则海内被其泽。泽布于天下，后世享其功，久远而利愈多。”（《管子》842）明主圣君考虑事情，要为天下计划，深谋远虑。深谋远虑，则天下苍生都会受其恩泽。恩泽遍布天下，后世也能从中获益，越久远利益越多。其三，君主要使国家富强，即君主的职责就是确保国家富强、政治安全。“主之所以为功者，富强也。故国富兵强，则诸侯服其政，邻敌畏其威。虽不用宝币事诸侯，诸侯不敢犯也。”（《管子》838）君主的主要功绩和职责就是使国家富强。国富、兵强、军威，其他诸侯国就会顺服其政，邻近的敌国畏惧其威严，即使不用宝物贿赂诸侯，诸侯也不敢侵犯；相反，“主之所以为罪者，贫弱也。故国贫兵弱，战则不胜，守则不固。虽出名器重宝以事邻敌，不免于死亡之患”(《管子》839)。如果国家贫苦羸弱，那就是君主的罪过。国贫、兵弱、军队没有威慑力，出兵作战不能取胜，防守不出也不牢固，即使拿出重宝名器贿赂侍奉邻近的敌国，仍然免除不了被灭国的忧患。所以，君主的最大责任就是确保国富、兵强、军威，能打胜仗，确保国家安全。

十一是君主要处理好与邻国的关系。君主作为最高领导人，不仅要精通内政，更要善于外交，处理好与邻国、盟国等的外围关系，为本国发展创造良好的外部环境。其一，厚待邻国，珍惜声誉。“管仲会国用，三分二在宾客，其一在国，管仲惧而复之。”(《管子》357)管仲年终总结国家财用发现，其三分之二用于接待别国宾客，只有三分之一用于国内。管仲惊恐地把这一情况报告给桓公，桓公说：“吾子犹如是乎？四邻宾客，入者说，出者誉，光名满天下；入者不说，出者不誉，污名满天下。壤可以为粟，木可以为货。粟尽则有生，货散则有聚。君人者，名之为贵，财安可有？”(《管子》357)桓公认为，不必惊慌，四方宾客，来者满意，离开则称赞，好的名声布满天下；如果没有厚待，来者不满意，离者不称赞，坏的名声布满天下。粮食用完了可以再生产，财物散尽可以再积聚，而君主的名声是最贵重的，为何要计较财富呢？桓公在争霸过程中，深刻认识到厚待邻国宾客博取好名声比金钱更重要。其二，推行道义，取信邻国。“明主内行其法度，外行其理义。故邻国亲之，与国信之。有患则邻国忧之，有难则邻国救之。”(《管子》858)明主对内推行法度，对外推行道义，所以邻国亲近他，盟国信任他。有了忧患，邻国替他分忧；有了灾难，邻国救援他。相反，“乱主内失其百姓，外不信于邻国，故有患则莫之忧也，有难则莫之救也”。乱主内不得民心，外不得邻国信任，有患无国为其分忧，有难更是无国来救援。其结果会“外内皆失，孤特而无党，故国弱而主辱”(《管子》858)。内外皆失，孤立无援，最终国家积弱而君主受辱。

君主做到以上所有工作，就会达到以下治理效果。“一举而上下得终，再举而民无不从，三举而地辟散成，四举而农佚粟十,五举而务轻金九,六举而絜知事变，七举而外内为用，八举而胜行威立，九举而帝事成形。”(《管子》127)一举的结果是君臣上下都能取得好的政绩，善始善终；二举的结果是万民百姓没有不服从的；三举的结果是土地得到开垦，五谷有收成；四举的结果是农民安乐，粮食丰收；五举的结果是徭役减轻而国库充足；六举的结果是事先能察知国事变化，掌握规律；七举的结果是朝野内外之力均为己所用；八举的结果是捷报频传，胜局已定，威信确立；九举的结果是帝业可算粗具规模。

## 三、君主的权势运用

君主占据天下最高的权力和位置，掌握着天下所有的人、财、物、名、利等稀缺资源的分配权力，也是矛盾争斗最集中的焦点。巩固权势地位是国君的核心利益，也是其最关心的事情。君主只有通过占据权位、把握应用权力、制定颁布法律、及时推出政令、时刻保持君主威严、恰当运用工具，才能巩固自身权威。

一是君主之大宝：位。“天地之大德曰生，圣人之大宝曰位。何以守位？曰仁。”(《周易》606)天地的宏大恩德在于能生养万物，圣人的重大珍宝是他拥有的重要权位。用什么来坚守重要权位呢？是圣人的仁爱之心。“位”到底是什么，作用有哪些呢?《管子》记载：“是以官人不官，事人不事，独立而无稽者，人主之位也。”(《管子》518）授人官职，而自己不居官；分派他人职事，而自己不担任具体职事；独立行动而无人对其考核，这就是君主的地位。“是以为人君者，坐万物之原，而官诸生之职也。”(《管子》508）所以，君主就是守住万事万物的源头、原则，并给予众人官职的人。

齐桓公想得到并拥有天下之位，而且不想失去，不再灭亡。“吾念有而勿失，得而勿忘，为之有道乎？”(《管子》785）问管仲有什么办法巩固政权而不失位？管仲回答应从四个方面做起。其一，不能急于求成。“勿创勿作，时至而随”，在争取最高权位时，不应急于开创做出新的举动，而是要努力坚持做好眼前工作，功夫到了，时机来了，想要的结果就会出现。其二，客观公正，勿犯众怒。“毋以私好恶害公正，察民所恶，以自为戒。”不以自己的个人好恶妨碍公正，体察发现民众厌恶的事情，用此作为自己的鉴戒。其三，借鉴古代圣帝明王的先进做法。借鉴黄帝成立的“明台之议”，将那些上位的贤者展示给民众；借鉴尧设立的“衢室之问”，听取下层民意；借鉴舜设立的“告善之旌”，君主就不会被蒙蔽；借鉴禹在朝堂上设置的“谏鼓于朝”，方便谏官提出建议，君王听取意见；借鉴商汤设置的“总街之庭”，观察民众的非议；借鉴武王设立的“灵台之复”，多引进贤德之人。这些都是古代圣明君主得天下而不失、得大位而不亡的重要原因。其四，效法圣帝明王，成立“啧室之议”并选定合适的负责人。“人有非上之所过，谓之正士，内与啧室之议。有司执事者咸以厥事奉职，而不忘为此啧室之事也。请以东郭牙为之，此人能以正事争于君前者也。”（《管子》785）敢于指责君主过错的人，是正直之士，要将其吸纳到“啧室之议”。有司、执事等官员都将此作为自己的职责，而不能遗忘、不重视。请让东郭牙来办理此事，此人能在君主面前为正事而拼尽全力。

二是君主之专属：权。君主要独享权势并精通权术。一方面，要独享权势。“权势者，人主之所独守也。”“故人主失守则危。”（《管子》760）权势由君主独自拥有，如果君主失去本应独享的权势，被他人分权，君主和国家就必定有危险。“权断于主则威”，“是故明王审法慎权，下上有分”（《管子》760）。权势由君主一人掌握并进行决断，君主就会有威严，所以，贤明的君主明于法而慎于权，不分权乱法，这样君臣上下才能各有职分。如何理解君主独享权势的重要性和必要性呢？“故虎豹去其幽而近于人，则人得之而易其威”，“虎豹托幽而威可载也”（《管子》833）。虎豹作为猛兽居于深林广泽，民众才畏惧它的威严从而重视它的存在；相反，如果虎豹离开深幽之地来到人群中，人们熟悉它便不再惧怕其威严。由此得知，“人主，天下之有势者也，深居则人畏其势”，“人主去其门而迫于民，则民轻之而傲其势”。君主作为天下最具权威的人，深居不出，人们才畏惧他的威势；相反，如果君主离开深宫大院，每天与民众厮混在一起，民众就会轻视君主，甚至傲视蔑视其权威。另一方面，要精通权术。“群臣并进，策之以数，则私无所立”（《管子》898），“主无术数，则群臣易欺之”（《管子》906）。群臣团结起来为了私利一致行动，君主就要运用权术驾驭他们。所以，君主要善用权威，懂得权术。如果没有权术，群臣就会欺压君主；国家没有明确法律，连百姓也会为非作歹。

其一，君主应该掌握哪些权力呢？圣明君主牢牢把握“六柄”“四处”。“故明王之所操者六：生之，杀之，富之，贫之，贵之，贱之。此六柄者，主之所操也。”(《管子》700）圣明君主牢牢掌握着六种权柄——使人生的权力、让人死的权力、使人富裕的权力、让人贫困的权力、使人高贵的权力、让人卑贱的权力。同时，圣明君主还应该牢牢占据四个领域。“主之所处者四：一曰文，二曰武，三曰威，四曰德。此四位者，主之所处也。”一是文化教育的权力，二是武装斗争的权力，三是刑罚威严的权力，四是施德给予恩惠的权力。君主一定要牢牢把握这“六柄”和“四处”，若不然就会出现夺柄失位的情况。“藉人以其所操，命曰夺柄。藉人以其所处，命曰失位。”(《管子》701）把君主自己掌握的六种权力交给别人就“丢失权柄”，把君主自己所要占据的领域交给别人就会“失位”。“夺柄失位”的原因是什么？除了君主“藉人”导致夺柄失位，“法不平，令不全，是亦夺柄失位之道也”。法度不公平，政令不完备，也是失权失位的客观原因。“故有为枉法，有为毁令，此圣君之所以自禁也。”因此，那些歪曲法度、毁弃政令的事情圣明君主都是要禁止的。失去权势的后果是什么？“夺柄失位，而求令之行，不可得也。”君主失权失位之后，其颁布的法令就不能够推行。

其二，君主用权的原则是什么呢？“夫权者，神圣之所资也。独明者，天下之利器也；独断者，微密之营垒也。此三（二）者，圣人之所则也。”(《管子》429）权力谋划，是神圣君主可资借助的事情。独特明智的见识，如同天下的利器；独到周详的决断，好比防守精密的营垒。独明和独断，是圣人行使权力时要遵守的两项原则。一方面，坚持“一个核心”原则。“使天下两天子，天下不可理也；一国而两君，一国不可理也；一家而两父，一家不可理也。夫令，不高不行，不抟不听。”（《管子》434）假如天下有两位天子，天下就很难治理，不得安定；一个国家有两位国君，国家就很难治理，不得安稳；一个家庭有两个父亲，家庭就很难管理，不得安静。法制法令，不是由高层君主发出的，就不能顺利推行，国家权力不高度集中，就没人听从。必须坚持“一元化”权力，所有的管理和权力必须高度集中统一。另一方面，坚持“以人为本”原则。“夫霸王之所始也，以人为本。本理则国固，本乱则国危。故上明则下敬，政平则人安士（土），教和则兵胜敌，使能则百事理，亲仁则上不危，任贤则诸侯服。”（《管子》434）霸王之业的基础，是以民众为根本。民众百姓得到根本治理，国家政权就得以巩固；反之，国家面临危险。怎样才能实现以人为本呢？君主英明，则臣子敬服；政事平稳，则百姓安定乐居本土；士兵教化良好、训练有素、相互合作良好，则作战勇敢，可战胜敌人；使用能臣干将，则百事皆能得治；亲近仁人义士，则君主之位安泰不危；任用贤相治国，则诸侯都恭敬信服。同时，要坚持用好“王佐之才”。什么是王佐之才呢？“知盖天下，继最一世，材振四海，王之佐也。”（《管子》429）那些智谋盖天下、断事冠一世、才能震四海的人，便是辅佐王业的能臣。

三是君主之依仗：法。“法者，天下之程序也，万事之仪表也；吏者，民之所县命也。”（《管子》900）法，是天下的规程、万事的准则；

执法的官吏，是决定着民众生命的人。“夫法者，所以兴功惧暴也。律者，所以定分止争也。令者，所以令人知事也。法律政令者，吏民规矩绳墨也。”(《管子》760）法，是用来提倡公德、威慑暴行的；律，是用来确定职分、制止争斗的；令，是用来命令人民、管理事务的。法、律、政令都是治理民众的规矩准绳。“法令者，君臣之所共立也”，“臣吏失守则乱”。法、律、政令是君臣共同建立的，所有人都应该遵守法令，如果官吏不坚守法令，不按照法令办事，国家就会混乱。“明主之治也，审是非，察事情，以度量案之。合于法则行，不合于法则止。”(《管子》913）明君治理国家，审查是非、考察实情，应用法度来审核。合乎法度就施行，不合法度就废止。

法是什么，其基本功能是什么？“故法者，天下之至道也，圣君之实用也。”(《管子》698）法，是天下的最高准则，是圣明君主经常使用的法宝。“故明主之治也，当于法者赏之，违于法者诛之。故以法诛罪，则民就死而不怨；以法量功，则民受赏而无德也。此以法举错之功也。”(《管子》900）明君治国，对于遵守法律的人要赏，违法的人要罚。以法治理，民众受死而没有怨恨；以法量功，民众受赏也不用感恩。这就是按照法度处理事情的功效和好处。君、臣、民各个阶层在法的产生和运行过程中起的作用是什么呢？“故曰：有生法，有守法，有法于法。夫生法者，君也；守法者，臣也；法于法者，民也。君臣上下贵贱皆从法，此谓为大治。”(《管子》699）有创制法度的人，有守法执法的人，有遵守效法法度行事的人。创制法度的是君主，即君主掌握立法权；依法执行法度的是大臣官吏，即大臣官吏掌握执法权；遵照法令行事创业的是民众，即民众不能违背法令。所有人都要遵从法令，这样才叫作大治。

法的功能是“一民”，即统一民众的意志和行动。“夫法者，上之所以一民使下也。”(《管子》698)“所谓仁、义、礼、乐者，皆出于法。此先圣之所以一民者也。”(《管子》696)法，是君主用来统一百姓行动从而役使民众达到国家总体目标的工具。所谓仁、义、礼、乐，也都是从法度中派生的，用来统一民众行动的。“一民”的最终目的是使民“凡人主莫不欲其民之用也。使民用者，必法立而令行也。故治国使众莫如法，禁淫止暴莫如刑”(《管子》898)。凡君主都想要民众为他效力、使用民力，必须建立法度、推行政令，所以，治理国家、统一民众没有比法律更好的，禁止放纵、抑制暴行没有比用刑更好的。另外，法有震慑作用。“故贫者非不欲夺富者财也，然而不敢者，法不使也；强者非不能暴弱也，然而不敢者，畏法诛也。故百官之事，案之以法，则奸不生；暴慢之人，诛之以刑，则祸不起。”“国无明法，则百姓轻为非。”(《管子》906)所以，贫困的人不是不想抢夺富人的财产，是因为法律而不敢；强者不是不能暴虐弱者，而是因为害怕法律的制裁而不敢。掌握权力的各位官员都要用法律规范要求，所以，他们才不敢生奸邪之心。暴虐傲慢之人要用刑法诛杀以震慑，所以，他们才不敢闹事闯祸。总之，国家如果没有明确的法律，百姓就容易为非作歹。

为了实现用法统一民众意志和行动的功能，明王圣主要坚持的第一个原则是“明法而固守之”。“故圣君置仪设法而固守之”的效果是什么呢？一方面，“群臣修通辐凑以事其主，百姓辑睦，听令道法以从其事”

（《管子》699），群臣协力同心侍奉君主，百姓团结和睦、听令守法，各自做好分内之事；另一方面，“然故谌杵习士闻识博学之人不可乱也，众强富贵私勇者不能侵也，信近亲爱这不能离也，珍怪奇物不能惑也，万物百事非在法之中者不能动也”（《管子》698）。能干、懂法且博学多识的人就不能扰乱法度；人多势众、富裕且贵有私勇的势力也不能侵犯法度；君主的亲信、近臣、亲属和宠爱的人就不能背离法度；珍奇宝物就不能迷惑君主；万事万物不在法度之中就不能施行。相反，如果君主“有善法而不能守”呢？“然故谌杵习士闻识博学之士能以其智乱法惑上，众强富贵私勇者能以其威犯法侵陵，邻国诸侯能以其权置子立相，大臣能以其私附百姓，翦公财以禄私士。”（《管子》699）如果做不到明法而守法，那么能干、懂法又博学多识的人就会运用智谋扰乱法度、迷惑君主；人多势强、富贵且有私勇的人就会运用威势破坏法度、侵害君主；邻国诸侯就能运用权力干预本国立太子和任辅相这样的大事；大臣能够以私恩私利使百姓归附于他，克扣国家财产豢养私党，形成并扩大自己的势力抗衡君主。最终法律不能推行，国家不能得治安定。“曰法简而易行，刑审而不犯，事约而易从，求寡而易足。”（《管子》785）法度简单而易行，刑罚审慎而无人犯罪，政事简约使百姓易于跟从执行，要求征税数目少就容易满足。

为了用法统一民众的意志和行动，明王圣主要坚持的第二个原则是“禁民私而收使之”。什么是私呢？“私者，下之所以侵法乱主也。”（《管子》698）私，就是下面人侵法犯度、搞乱君主关系的根源。一方面，依法办事、毫无私心对民众有好处。“以法制行之，如天地之无私也。

是以官无私论，士无私议，民无私说，皆虚其匈以听其上。”（《管子》703）因此，依法制办事，如同天地那样没有私心，才能实现官员没有私心和个人政见，士人没有与法不同的私议，民众也没有与法相违背的主张言论，大家都能虚心听从君主颁布的法律。另一方面，依法办事、毫无私心对君主也有好处。“上以公正论，以法制断，故任天下而不重也。”（《管子》703）君主毫无私心，以公正原则考论政事，用法制裁断是非，虽担负治理国家的重任，但不会感到压力沉重。而且对于君主来说，如果不公而私，就会有失位的危险。“今乱君则不然，有私视也，故有不见也；有私听也，故有不闻也；有私虑也，故有不知也。”乱君因为有私心，就会产生私视、私听、私虑，最终导致看问题、听事情、考虑事情不坚持公心、不客观公正，从而出现漏洞和偏差；进而“上舍公法而听私说，故群臣百姓皆设私立方以教于国，群党比周以立其私，请谒任举以乱公法，人用其心以幸于上。上无度量以禁之，是以私说日益而公法日损，国之不治，从此产矣”（《管子》703）。君主废弃公法而听信私说，群臣百姓创立私说并在国内宣教，人们勾结攀附、结党营私并建立私人势力，通过请托保举让自己派系的人担任重要职务以扰乱国家公法，人人费尽心机求得君主恩宠，以实现私心私利。君主没有凭借法度禁止这些事情，于是私说一天比一天多，公法一天比一天削弱，国家不安定就此产生。“夫私者，壅蔽失位之道也。”（《管子》703）所以，私心是乱君遭受蒙蔽、失去君位的根本原因。

法是什么，对法的态度是什么呢？“法者，天下之仪也，所以决疑而明是非也，百姓所县命也。”（《管子》766）法，是天下的仪表，用来对照、纠正天下人的言行举止，用来分辨疑难、判明是非，是百姓性命攸关的东西。法如此重要，那么君主臣民对法应该抱有什么样的态度呢？“故明王慎之，不为亲戚故贵易其法，吏不敢以长官威严危其命，民不以珠玉重宝犯其禁。故主上视法严于亲戚，吏之举令敬于师长，民之承教重于神宝。”（《管子》766）贤明的君主对法非常慎重，不会为了亲戚和权贵而随意更改法律，官吏也不敢利用长官的权威破坏法律，民众不敢用珠宝玉器贿赂来触犯法律的禁忌。所以，可以看出，君主把法律看得比亲戚更有尊严，官吏把执行法令看得比对待师长更加恭敬，民众把接受法律政教看得比祭祖更加神圣。“故法立而不用，刑设而不行也。”所以，当君主臣民都能从内心敬畏法律时，法律虽存在却因为没有人触犯，实际上不需要动用；刑罚虽然设立，实际上不需要执行。

圣主如何防止出现离法而听之呢？“故贵不能威，富不能禄，贱不能事，近不能亲，美不能淫也。植固而不动，奇邪乃恐，奇革而邪化，令往而民移。”（《管子》701）贵臣不能威胁君主，富人不能贿赂君主，卑贱者不能讨好君主，近臣不能亲昵君主，美色不能迷惑君主。只要坚持依法治国之心不动摇，奇邪之人就会恐惧，当奇邪之人都能被变革和教化时，法令一颁布民众就都跟着行动了。

要实现“贵不能威”，就是要防止“贵而威之”。“凡为主而不得用其法，不能其意，顾臣而行，离法而听贵臣，此所谓贵而威之也。”（《管子》702）凡是身为君主却不能推行自己制定的法令，也不能按照自己的意思决断处事，而是看着大臣的脸色行事，背离法度而听从贵臣的摆布，这种情况就是贵臣威胁君主。

要实现“富不能禄”，就是要防止“富而禄之”。“富人用金玉事主而来焉，主因离法而听之，此所谓富而禄之也。”（《管子》702）富人用金珠宝玉侍奉君主并提出要求，君主因此背离法度满足了富人提出的要求，这种情况就是富人能够贿赂君主。

要实现“贱不能事”，就是要防止“贱而事之”。“贱人以服约卑敬悲色告愬其主，主因离法而听之，此所谓贱而事之也。”（《管子》702）贫贱之人以被驯服的卑贱的姿态、恭敬悲伤的神色哀求君主，君主因此背离法度满足了贫贱之人的要求，这就是卑贱者能讨好君主。

要实现“近不能亲”，就是要防止“近而亲之”。“近者以偪近亲爱有求其主，主因离法而听之，此所谓近而亲之也。”（《管子》702）近臣利用与君主的密切关系恳求君主，君主因此背离法度并答应了近臣的恳求，这种情况就是近臣能够亲昵君主。

要实现“美不能淫”，就是要防止“美而淫之”。“美者以巧言令色请其主，主因离法而听之，此所谓美而淫之也。”（《管子》702）美人用花言巧语和谄媚之姿请托于君主，君主因此背离法度听从了她的请托，这种情况就是美色能够迷惑君主。

也就是说，君主只有做到不受贵臣威胁、不受富人贿赂、不被卑贱者讨好、不被近臣亲昵、不被美色迷惑，守法执法之心坚定而不动摇，乖异邪僻的人才会恐惧。所以，君主任何时候都不能“离法而听之”，而是要做到“以度量断之”。“治世则不然，不知亲疏、远近、贵贱、美恶，以度量断之。其杀戮人者不怨也，其赏赐人不德也。”（《管子》703）圣明的君主心怀公法，不管亲疏、远近、贵贱、美恶，对所有人、所有事都能以法度决断、客观公正，不掺入私心。如此，定罪杀人，被杀戮的人也不怨恨君主；按功行赏，受赏者也是心安理得，不会对君主过度感恩戴德。这样的君主才是心中无私、光明磊落的圣主。

法的特点和重要性决定了立法必须与时俱进，并能进行必要的变更。“《周书》曰：‘国法；法不一，则有国者不祥；民不道法，则不祥；国更立法以典民，则祥。群臣不用礼仪教训，则不祥；百官服事者离法而治，则不祥。’”“故曰：法者不可恒也，存亡治乱之所从出，圣君所以为天下大仪也。君臣上下贵贱皆发焉。”（《管子》697）国家要有法；法度要统一；民众要守法；群臣要用法度礼仪教育民众；大小官员和管理国事的人不能脱离法度治理国家。法是存亡的根本，是治理天下的最高标准，君臣上下都必须从法依法行事。法具备权威性、稳定性，具体执法时不可有法不依，更不能随意更改。“故圣君失（矢）度量，置仪法，如天地之坚，如列星之固，如日月之明，如四时之信，然故令往而民从之。而失君者不然，法立而还废之，令出而后反之，枉法而从私，毁令而不全。”（《管子》701）圣明的君主设定制度仪法，像天地一样坚固，像群星一样稳固，像日月一般光明，像四时运行一样准确，法具备这样的确定性和稳定性，民众才会知法、用法、从法。失国之君就不注重法的严肃性和确定性，立下法度旋即就废除，命令发出又收回成命，歪曲公法迁就私意，毁坏现有的政令而使法令残缺不全。法令失去了权威性，得到好处的人就天天侵害君主的权力，没有得到好处的人就天天怨恨君主，最终君主因为不能维护法的权威性而沦为亡国之君。同时，法还有另外一个特点——“国更立法以典民，则祥”，“法者不可恒也”，国家要变更法律管理民众，法律要与时俱进，不可以恒定不变。法令的设立应该遵循“皆随时而变，因俗而动”(《管子》711）的原则。

四是君主之工具：令。“令者，所以令人知事也。”(《管子》760）令即政令、命令，用来命令民众、管理事务，令是法的具体化。遵从或不遵从法令的后果是什么，为什么必须遵从法令呢？遵从法令的原因是由君、臣、民三者的位置决定的。“夫君臣者，天地之位也。民者，众物之象也。各立其所职以待君令，群臣百姓安得各用其心而立私乎？”(《管子》704）君与臣的关系就好比天与地的位置，上下分明。百姓就好比万物，要依靠天地而生存。群臣百姓明白了君、臣、民所处的位置不同、责任不同，就会各自按照其职分听候君主的命令，就不会把心思用在谋取私利上。

上令下应、主行臣从，是天下得治必须坚持的原则。“故遵主令而行之，虽有伤败，无罚；非主令而行之，虽有功利，罪死。然故下之事上也，如响之应声也；臣之事主也，如影之从形也。故上令而下应，主行而臣从，此治之道也。”(《管子》704）遵从执行君主的命令，即使有损伤和失败，也不应该受到处罚；不遵从执行君主的命令，即使建功获利，也要处以死罪。只有这样才能保证，下位者侍奉上位者，就如同先有声音再有回响一样；大臣侍奉君主，就如同影子跟随主体一样。因此，上面发令，下面回应；君主行事，臣民遵从跟从，这样在君主的领导下高度统一形成合力，天下就会得治和平安无事。

相反，如果不遵守这一原则，就会导致法制毁、令不行、国家混乱不得治的恶果。“夫非主令而行，有功利，因赏之，是教妄举也；主令而行之，有伤败，而罚之，是使民虑利害而离法也。群臣百姓人虑利害，而以其私心举措，则法制毁而令不行矣。”（《管子》704）因此，如果不是按照君主的命令行事，取得了功利就进行赏赐，这一举动就是在教导人妄自行事。如果按照君主的命令行事，有损伤失败，就加以处罚，这样就会导致民众重点考虑成败利害得失而不一定坚守法制和君主的命令。群臣百姓若是都过多考虑成败利害得失，从对自己有利的角度出发行事，那样结果会导致法制毁灭、命令不能推行，国家将会混乱而不得治。

民众赖以生存的物质基础得不到保障，就会导致政令不能施行。“土地不毛则人不足，人不足则逆气生，逆气生则令不行。”（《管子》756）国家不重视本业，即农业生产，导致土地荒芜，民众衣食生活得不到满足，民众会因为贫困而怨气滋生，从内心抵制政令，政令便不能被很好地推行。

君主治理时，能令行禁止的重要原因是政令符合趋利避害的人性。“民之情，莫不欲生而恶死，莫不欲利而恶害。故上令于生利人者令行，禁于杀害人则禁止。令之所以行者，必民乐其政也，而令乃行。”（《管子》834）上面颁发的政令对人有好处就能通行，禁令能为人除害就能施行，政令要符合人性趋利避害的常情。被民众赞成拥护的政令才能通行。“人主之所以能做到令则行、禁则止者，必令于民之所好，而禁于民之所恶也。”“法立而民乐之，令出而民衔之。法令之合于民心，如符节之相得也，则主尊显。”（《管子》835）法度确立民众乐从，政令发出则民众接受，法令合于民心，就像符、节一样相合，而符合人性、人心的政令，才能做到令行禁止，才能显出君主的尊贵。

令的关键是轻重缓急，政令太急会导致民众利益受损。“号令者，徐疾也。令重于宝，社稷重于亲戚。”（《管子》1016）号令是国家发出来的必须执行的命令，有的疾，需要执行速度快；有的徐，不必过于着急执行。因此，号令比钱财更重要，就如同国家社稷比亲戚重要一样。但是，如果号令发布之后，要求完成的时间过短，就会导致不良后果。“且君朝令而求夕具，有者出其财，无有者卖其衣屦，农夫粜其五谷，三分贾而去。”（《管子》1045）如果君主早上下令征收赋税，下午就要万事俱备，有财力的人就会贡献财力，没有财力的人就只能卖掉衣服、鞋子来缴纳赋税，农民为了着急完成赋税不得已以三分之一的价格卖掉粮食，甚至出现朝令夕改，民无所从的情况。所以，君主颁布政令必须谨慎。

君主必须率先尊重号令，而不能因外部因素随意改变号令。君主要“立三器”，“胜六攻”。“治国有三器，乱国有六攻。”（《管子》879）“三器者何也？曰：号令也，斧钺也，禄赏也。”治国三器就是号令、刑杀、禄赏。“三器之用何也？曰：非号令无以使下，非斧钺无以畏众，非禄赏无以劝民。”没有号令就无法役使臣下，没有刑杀就无法威服民众，没有禄赏就无法鼓励百姓。“六攻者何也？亲也，贵也，货也，色也，巧佞也，玩好也。”六攻是亲者、贵者、财货、女色、巧佞之臣、玩好之物，因为有了这六种东西，而导致三器不能正常行使，所以，失败了。明君会怎么办呢？“明君不为六者变更号令，不为六者疑错斧钺，不为六者益损禄赏。”（《管子》880）明君不会因为六攻而变更号令，废弃刑杀，减少或增加禄赏，而是坚持客观公正地执行法令。

五是君主之秘诀：威。“蛟龙，水虫之神者也。乘于水则神立，失于水则神废。”(《管子》832）蛟龙是水虫的神灵，有水则神立，无水则不立。“人主，天下之有威者也。得民则威立，失民则威废。”君主是天下最有威严的人，得民心则威严立，失民心则威严废。“人主之所以制臣下者，威势也。故威势在下，则主制于臣；威势在上，则臣制于主。”(《管子》899）君主之所以能控制臣下，靠的是威势。因此，如果威势旁落被臣下掌握，则会导致君主受制于臣下；威势掌握在君主手中，那臣下就受制于君主。因此，为了加强治理，就要做到“故威势独在于主，则群臣畏敬；法政独出于主，则天下服德”。只有这样，群臣才能对君主敬畏，天下才能对君主服从听命。“夫蔽主者，非塞其门守其户也，然而令不行、禁不止、所欲不得者，失其威势也。”(《管子》899）被蒙蔽的君主，并不是堵塞封闭了他的门户，而是君主失去威势，导致君主颁布的号令不能实行、禁令不能奏效，所要求的都不能得到。“故威势分于臣则令不行，法政出于臣则民不听。故明主之治天下也，威势独在于主而不与臣共，法政独制于主而不从臣出。”如果君主的威势分散于臣下，君主下的命令就无法推行，法度政令产生于臣下，百姓民众就不会听从命令。正因如此，圣明君主治理天下，独揽威势而不与臣下共有，独定法度政令而不许政令出自群臣。总之，君主要防止伤害威严。“百匿伤上威”，朝廷中各种坏人、邪恶势力当政，就会损害君主的权威；“威伤，则重在下”，“重在下，则令不行”(《管子》101）。君主的权威一旦受损，国家的大权就会下移，落到佞臣手中，最终导致君主的政令无法通行，国家无法治理。

总之，君主要慎重把握自己的位、权、法、令、威等权势和工具。“故不为重宝亏其命，故曰：令贵于宝。不为爱亲危其社稷，故曰：社稷戚于亲。不为爱人枉其法，故曰：法爱于人。不为重爵禄分其威，故曰：威重于爵禄。不通此四者，则反于无有。”(《管子》104）君主要以国家社稷为重，要以君主的大位为重，不要因为贵重的珍宝而损害自己的命令，所以说命令比宝物更珍贵。不要为了爱护臣民而违背国家的法律，因为法律比臣民更值得保护爱惜。不要为了倚重珍视爵位和俸禄而分散自己的威信和权势，因为权威比爵禄更重要。君主如果不懂这四个道理，权力就会丧失，最终政权旁落、身败名裂。

## 四、君主的高下境界

虽然同为一国君主，为什么却成就帝、王、霸等不同的功业呢？主要原因之一就是君主的水平高下境界不同。《管子》记载，可以从以下六个角度对君主的境界进行区分。

一是从“为”的程度区分君主境界。“无为者帝，为而无以为者王，为而不贵者霸。不自以为所贵，则君道也。”(《管子》72）能做到无为而治的君主可以成就帝业；施政有道，为政而不为政务所累、无须过度操劳、事事干预的君主，可以成就王业；为政尽心尽力，谦虚而不自视高贵、不自命不凡的君主可以成就霸业。不自以为尊贵并高人一等，是君主的准则。从君主的所作所为看其层次境界。“凡物开静，形生理，常至命，尊贤授德，则帝。身仁行义，服忠用信，则王。审谋章礼，选士利械，则霸。”(《管子》124）君主要遵循常道，达于天命，尊重贤能，授官于有德之人，如此便可成就帝业。君主能身体力行，仁义道德，以身作则，躬行不辍；选拔贤良，任用忠诚信实的臣子，便可成就王业。考虑治国具体谋略，审慎争战，彰明礼节，表明攻伐之理，精选勇士，修整武器，如此便可以成就霸业。“明一者皇，察道者帝，通德者王，谋得兵胜者霸。”（《管子》309）通晓万物根本、明悉事物自然规律的君主可以成就皇业；掌握体察处世规律、治国之道的君主可以成就帝业；懂得推行德政、以德治国的君主可以成就王业；能够谋划成功、用兵必胜的君主可以成就霸业。

二是从“积”的对象不同区分君主境界。“王主积于民，霸主积于将战士，衰主积于贵人，亡主积于妇女珠玉。故先王慎其所积。”（《管子》218）成就王业的君主藏富于民，成就霸业的君主让战士富起来，而使国家衰亡的君主让权贵富裕，使国家灭亡的君主则会让身边得宠的女人积存珠宝美玉。所以，先王慎重地对待让哪些人富起来的问题。“王者藏于民，霸者藏于大夫，残国亡家藏于箧。”（《管子》986）成就王业的君主藏富于民，成就霸业的君主藏富于大夫，败国亡家的君主则是把财富藏在箱子里自己保管不分给下属。如果想成就王业，必须让民众富起来，让大多数人富起来，只有民众富起来才会带动消费，促进经济进一步发展，才会为了保卫自己的财富，进而保卫国家政权。相反，如果让少数人特别是君主身边的特权阶层富起来，可能会导致贫富悬殊过大，激发社会矛盾，不利于国家长治久安。如果国家经济发展了，君主却只注重财富积累，而不注重提高民众分配的比例，没有让民众共享发展成果，可能会给国家带来灾难。

三是从“断”的标准不同区分君主境界。“故主有三术：夫爱人不私赏也，恶人不私罚也，置仪设法，以度量断者，上主也。”(《管子》700）君主有三种做法：喜爱某人不私自奖赏；厌恶某人也不私自惩罚；确立依法制度，以法律制度判断决定事情，这是上等君主。“爱人而私赏之，恶人而私罚之，倍大臣，离左右，专以其心断者，中主也。”(《管子》700）喜爱某人私自行赏；厌恶某人私自惩罚；背离大臣和左右下属，仅凭借内心喜好判断决定，这是中等君主。“臣有所爱而为私赏之，有所恶而为私罚之，倍其公法，损其正心，专听其大臣者，危主也。”(《管子》700）大臣喜爱的人就私自行赏；大臣厌恶的人就私下惩罚；违背公法，丧失正心，在做决断时一味地听从大臣的意见，这是危险的君主。“故为人主者，不重爱人，不重恶人。重爱曰失德，重恶曰失威。威德皆失，则主危也。”(《管子》700）所以，作为君主，不能注重私爱于人或私恶于人，注重私爱于人的君主失德于国家民众，注重私恶于人的君主会失去权威，如果一个君主，德和威都失去了，他就危险了。

四是从“伐”的不同缘由区分君主境界。从征伐的缘由可以看出征伐者的气度胸襟和政治抱负，进而也就决定了其最终能成就的事业。“凡有天下者，以情伐者帝，以事伐者王，以政伐者霸。”(《管子》775）凡是拥有天下的人，用争取人心民情作为借口征伐他国的可以成就帝业，见他国于事有失进而征讨的可以成就王业，见其政令有失而讨伐他国的可成就霸业。

五是从“任”的不同区分君主境界。“圣君任法而不任智，任数而不任说，任公而不任私，任大道而不任小物，然后身佚而天下治。”（《管子》695）圣明的君主依靠法度而不是智谋，依靠政策而不是议论，依靠公心而不是私心，依靠大道而不是小技巧，做到这些，君主便能自身安闲而天下得治。相反，“失君则不然，舍法而任智，故民舍事而好誉；舍数而任说，故民舍实而好言；舍公而好私，故民离法而妄行；舍大道而任小物，故上劳顿，百姓迷惑而国家不治”（《管子》695）。失国的君主恰恰相反，舍弃法度而依靠智谋，这样百姓就会丢开生产正事而追逐虚名；舍弃政策而依靠议论，这样百姓就会不重视工作实绩而好说空话；舍弃公心而依靠私心，这样百姓就背离法度而胡作非为；舍弃大道而重视小技巧，这会导致君主劳顿忙乱，百姓迷惑不解，国家不能安定。所以，圣君只要做到“守道要”，即抓住治理国家的核心和关键，就能“垂拱而天下治”。

六是从“法”的角度区分君主境界。君主对待法有不同的态度，由此产生不同的治理效果。从这个角度，可将君主分为以下七种境界。

“申主任势守数以为常，周听近远以续明。皆要审则法令固，赏罚必则下服度。不备待而得和，则民反素也。”（《管子》752）以礼法自我约束的君主，顺应时势、遵守事理以为常道而长期坚持，遍听远近内外以保证自己了解情况，明察秋毫，政事都能得其要领，慎重处理，法令保持稳定，赏罚坚决，从不徇私情，那么老百姓就服从信服君主。君主对待民众不过度戒备而是用德行去亲和他们，那么民众就会返归朴素。

“惠主丰赏厚赐以竭藏，赦奸纵过以伤法。藏竭则主权衰，法伤则奸门闿（开）。故曰：泰则反败矣。”（《管子》752）滥施恩惠的君主，赏赐丰厚而耗尽府库的积蓄，赦免奸邪之人，放纵重大过失而破坏了法度。府库被耗尽则财政空虚，衰减君主的权威，法度被破坏则奸邪犯法的大门被敞开。所以说，施惠太过反而招致失败。

“侵主好恶反法以自伤，喜决难知以塞明，从狙而好小察，事无常而法令申。不悟（悟）则国失势。”（《管子》752）侵害法度的君主，所喜好的和所厌恶的都违反法度，并因此最终伤害到自己；对自己不知晓的事情喜欢妄加决断，却因此堵塞了有谋略之人发挥作用的渠道；喜欢对人窥伺，喜欢暗中观察，做事无规划，变化不定又喜欢随意制定法令，令民众无所适从。这样的君主不反思不觉悟就会导致自己失权、国家失势。

“芒（荒）主目伸五色，耳常五声，四邻不计，司声不听，则臣下恣行，而国权大倾。不悟则所恶及身。”（《管子》752）荒怠君主，眼睛迷恋五色，耳朵沉迷五音，不考虑周围亲近大臣的意见和建议，不听取谏官发声，这样就导致臣下恣意妄为，最终导致国家大权旁落。不觉悟的话，君主自己厌恶的事情就会发生在自己身上。

“劳主不明分职，上下相干，臣主同则。刑振以丰，丰振以刻。去之而乱，临之而殆，则后世何得？”（《管子》752）劳碌的君主，不明确本分和职责，上下相互干扰侵犯，君主和臣下没区分而共同发挥作用。刑罚愈加繁多而苛刻，去掉这些刑罚国家就会混乱，施行这些刑罚则会导致更危险的后果，这样对后世有什么好处呢？

“振主喜怒无度，严诛无赦，臣下振怒，不知所错，则人反其故。不悟则法数日衰，而国失固。”（《管子》752）以威严刑罚震慑臣民的君主，责罚严厉而杀无赦，臣下震恐愤怒、不知所措，民众就会反思怀念以往君主的治国之道。如果君主不觉悟，就会法度日渐衰弱，国家不稳固。

“芒（亡）主通人情以质疑，故臣下无信，尽自治其事则事多，多则昏，昏则缓急俱植(置)。不醒则见所不善，余力自失而罚。”(《管子》752）亡国之君，自认为了解人性人情，执迷于私情私意而质疑臣下，所以不信任臣下，不放心臣下行政办公，而作为君主亲力亲为办理政事，然而政事繁多，多得令君主昏乱，昏乱而又不放权，导致无论事情缓急都无法解决。君主不觉悟就会得到他认为不好的结果，耗尽力量之后还没有好的效果，最终会滥用刑罚加害于人。

“故主虞而安，吏肃而严，民朴而亲，官无邪吏，朝无奸臣，下无侵争，世无刑民。”(《管子》752）君主应该反复揣度考虑，然后再行动，这样就会自身安全且国家安定，官吏就会严肃而恭敬，民众就会淳朴、和睦、亲善，官吏中无邪恶之人，朝廷之上就无奸臣，臣下没有侵夺之争，世上就没有受刑罚之民。

君主依法治国的最高境界是“身佚而天下治”，“垂拱而天下治”。君主如何才能达到治理的最高境界呢？“圣君任法而不任智，任数而不任说，任公而不任私，任大道而不任小物，然后身佚而天下治。”(《管子》695）圣明的君主治理国家依靠稳定的法度而不依靠不确定的智谋，依靠权术政策而不依靠空谈议论，依靠公心而不靠私心，依靠大道而不靠小事，如此，君主自身安逸而天下得治。圣君“守要道”，做到“任法”“任数”“任公”“任大道”，才能“处佚乐，驰骋弋猎，钟鼓竽瑟，宫中之乐，无禁圉也。不思不虑，不忧不图，利身体，便形躯，养寿命，垂拱而天下治”(《管子》695)。正是因为君主掌握了依法治国的要诀，才能安逸生活，纵马驰骋游猎，鸣钟击鼓，吹竽奏瑟，宫中娱乐自在。由于依靠法治，君主不用过多思考忧虑、不用担心筹划，这有利于休养身体、保养寿命，垂衣拱手安坐而天下得治。所以，依法治国的君主就能“不事心，不劳意，不动力而土地自辟，囷仓自实，蓄积自多，甲兵自强，群臣无诈伪，百官无奸邪，奇术技艺之人莫敢高言孟行以过其情、以遇其主矣”。不费心、不劳神、不耗费体力，土地自然会被开垦，粮仓府库充足，军队强大，群臣不诈伪，百官无奸邪，有奇技淫巧的人也不敢用浮夸的言语、孟浪的行为夸大自我，以获取君主的赏识和重用。这就是君主坚持依法治国的最佳治理效果。

## 第二节　树立相的权威并组建团队

在诸侯国内，卿相是典型的“一人之下万人之上”。相不仅要为国君负责，还要团结带领群臣实现既定目标，富民强国，为百姓民众负责、为国家长远发展负责。管仲的政治实践证明，卿相必须取得国君的绝对信任，正确把握并处理好与国君和群臣的关系，才能发挥自身的作用，才能真正地实践争霸、“尊王攘夷”的战略。

### 一、卿相必须取得君主信任

一是鲍叔牙不贪官揽权而力荐管仲为相。公元前686年，昏庸无道的齐襄公被公孙无知所杀。次年，僖公之子、襄公之弟公子小白返齐即位，是为桓公。桓公想任命其傅齐国大夫鲍叔牙为国相，鲍叔牙力辞，说自己是“君之庸臣”，“若必治国家者，则非臣之所能也。若必治国家者，则其管夷吾乎”（《国语》237），并具体指出自己在治理国家方面有五点不如管仲。但桓公认为，公元前685年，他由莒返齐即位途中差点被管仲用箭射死，管仲与他有生死之仇。鲍叔牙对桓公曰：“夫为其君动也。君若宥而反之，夫犹是也。”鲍叔牙解释说，管仲射箭，是因为各为其主，如果你赦免并重用他，他也会忠诚于您。桓公认同后，鲍叔牙进一步出谋划策，向鲁国提出“寡君欲亲以为戮，若不生得以戮于群臣，犹未得请也”（《国语》239），要求鲁国交出管仲，管仲才得以生还。“亲逆之于郊，而与之坐而问焉”，桓公亲自到郊外迎接管仲，并坐下来向管仲问政，最终二人尽释前嫌，管仲被任命为相。

二是管仲提出具体施政方略得到桓公认可。管仲被营救回齐国，桓公郊迎并问政。“管仲辞让，然后对以参国伍鄙，立五乡以崇化，建五属以厉武，寄兵于政，因刑罚，备器械，加兵无道诸侯，以事周室。桓公大说，于是斋戒十日，将相管仲。”（《管子》404）管仲提出，齐国要建立“参国五鄙”（三国五鄙），并通过五乡实现教化；军事准备要通过建立五属振奋武备，把军事寄托在内政里，凭借刑罚赎罪的制度，制备兵器；在处理与其他诸侯国和周朝的关系方面，讨伐失去道义的诸侯国，侍奉周王室。这一系列的内政外交对策使得桓公十分满意，最终确定管仲为齐相。

经过桓公和管仲多年努力，齐国争霸成功，桓公在管仲生命的最后阶段说道："仲父命寡人东，寡人东；令寡人西，寡人西。仲父之命于寡人，寡人敢不从乎？"(《管子》557）齐桓公对管仲的信任到了无以复加的地步。

## 二、卿相提出新的奋斗目标

桓公继位后，召见管仲问社稷可以安定下来吗？

管仲对曰："君霸王，社稷定。君不霸王，社稷不定。"公曰："吾不敢至于此其大也，定社稷而已。"(《管子》336）

管仲认为，如果想让齐国安定下来，就必须树立争霸的战略目标；如果齐国不对外争霸，内政就不会安定。齐桓公不敢想争霸这么宏大的目标，只是想实现齐国安定。管仲再次劝齐桓公，齐桓公最后才勉强答应争霸，这样管仲才承命立于相位。因为，管仲明白，只有为齐国确定宏大的新的奋斗目标，才能减少内耗和阻力，团结齐国上下为实现这一宏伟的目标而努力。

## 三、卿相树立贵富尊亲形象、组建新团队

上任之初，管仲明确要求齐桓公提高其身份地位。

曰："臣贵矣，然而臣贫。"桓公曰："使子有三归之家。"曰："臣富矣，然而臣卑。"桓公使立于高、国之上。曰："臣尊矣，然而臣疏。"乃立为仲父。(《韩非子》455）

桓公满足了管仲提出的贵、富、尊、亲的要求，管仲就与齐桓公、齐国成为经济政治的命运共同体；同时，管仲也具有了齐国朝堂之上稳固的政治地位，为在齐国改革创新、干事创业奠定了坚实基础。

经齐桓公同意，管仲在为相三个月后，开始组建执政团队。

升降揖让，进退闲习，辨辞之刚柔，臣不如隰朋，请立为大行。垦草入邑，辟土聚粟，多众，尽地之利，臣不如宁戚，请立为大司田。平原广牧，车不结辙，士不旋踵，鼓之而三军之士视死如归，臣不如王子城父，请立为大司马。决狱折中，不杀不辜，不诬无罪，臣不如宾胥无，请立为大司理。犯君颜色，进谏必忠，不辟死亡，不挠富贵，臣不如东郭牙，请立以为大谏之官。”(《管子》407—408)

管仲“趋立于相位，乃令五官行事”：隰朋善于做礼仪、接待、辨辞等外交工作，任命他为大行；宁戚擅长做农业的工作，任命为大司田；王子城父擅长做军事工作，任命他为大司马；宾胥无擅长做司法判决等工作，任命他为大司理；东郭牙敢于冒死进谏，不屈服权贵，任命他为大谏官。同时，管仲还根据不同人的个性特点选择任命了派往各国的外交使臣。“公子举，为人博文而知礼，好学而辞逊，请使游于鲁，以结交焉。公子开方，为人巧转而兑利，请使游于卫，以结交焉。曹孙宿，其为人也，小廉而苛忕，足恭而辞结，正荆之则也，请使往游，以结交焉。”(《管子》406）管仲认为，公子举、公子开方、曹孙宿三人各有特点，分派三人到与他们性格特点、行事习惯相适应的鲁国、卫国和荆楚担任外交使官。

## 第三节 调整处理君臣和君民关系

管仲在齐国为相四十年，辅佐的君主好酒、好色、好狩猎，一开始还视他为“吾贼也”的政治仇敌。面对的君主近臣是不符合“人情”，不爱其子，“烝其首子而献之公”以调和事公的易牙；不爱其身，“自刑而为公治内”的竖刁；不爱其亲，“十五年不归视其亲”公子开方和负责国君身体健康的堂巫。正是因为管仲善于把握君臣之道、知进退，才使得国君齐桓公对其由绝对仇视到接纳任用，从不信任到完全接受，再到完全信任，最后尊称其仲父。正是因为管仲的才干和政治智慧，才能正确处理卿相与大臣关系，才能战胜这些大奸似忠之人；才能辅佐齐桓公妥善处理君臣关系、君民关系，赢得国内民众的绝对信任，最终带领齐国取得举世瞩目的成就。

### 一、明确君主和大臣的不同类型

一是君主可以分为“有道之君”和“无道之君”。其一，“有道之君”的施政方式与效果是什么呢？“昔者有道之君，敬其山川、宗庙、社稷，及至先故之大臣，收聚以忠，而大富之。固其武臣，宣用其力。圣人在前，贞廉则侧，竞称于义，上下皆饰。形正明察，四时不贷，民亦不忧，五谷蕃殖。外内均和，诸侯臣伏，国家安宁，不用兵革。受其币帛，以怀其德；昭受其令，以为法式。”（《管子》562—563）在治理国家的实践过程中，有道之君不但敬重国内的山川河流等自然环境，而且敬重国家的宗庙社稷、先祖传统和精神文化。在团结臣民时，有道之君不仅能团结忠诚国家的故旧大臣，对其加以赏赐使其富裕，而且能够巩固武将的权力地位，充分发挥他们的能力以保卫国家，这样就形成了以古圣先贤为引导，忠贞廉洁之士在左右辅佐，上上下下、左左右右，所有人都能注重品德修养、争相行义的良好内部氛围。在治理民众过程中，刑罚对民众公开，政务明察不隐匿，一年四季工作安排没有重大失误，五谷繁茂生长，民众生活富足安稳、无忧无虑。在与各诸侯国外交方面，由于内政得力，所以外交、内政均衡和睦，各诸侯国乐于服从，国家安定宁和，长年不用兵戈相见。把币帛授予邻国，使其感怀恩德，把本国的政令昭示于邻国，邻国可用作本国的政治法度规范和国家治理模式。可见，有道之君能够通过有效的国内治理，把国内的故臣旧吏、武将圣人、贞廉之士都团结起来，形成良好的政治氛围，为国家民族贡献力量；能够合理使用刑罚和政令，一年四季无重大失误，粮食丰收，民众无忧；能够把本国的发展成果与邻国共享，对外输送币帛等物质财富和政治治理模式，从而达到兵戎不相见，邻国诸侯臣服，国家安宁和睦发展。

其二，“无道之君”的施政方式与施政效果又是什么呢？

大其宫室，高其台榭，良臣不使，谗贼是舍。有家不治，借人为图，政令不善，墨墨若夜，辟若野兽，无所朝处。不修天道，不鉴四方，有家不治，辟若生狂，众所怨诅，希不灭亡。进其谀优，繁其钟鼓，流于博塞，戏其工瞽，诛其良臣，敖其妇女，獠猎毕弋，暴遇诸父，驰骋无度，戏乐笑语。式政既𫄨，刑罚则烈，内削其民，以为攻

伐，辟犹漏釜，岂能无竭。(《管子》564)

无道之君在生活方面，大建宫室楼宇，高筑亭台楼榭，招纳戏子艺人，广置钟鼓乐器，沉溺赌博游戏、戏弄女子，整天驰骋狩猎，戏乐笑语，荒淫无度。在人才方面，不用良臣，只亲近谗贼，诛杀良臣，凶暴地对待同姓长辈诸侯，不遵循天道，不借鉴四方他国的经验教训，有家族封国却不懂得治理，迷失本性，依靠别人的谋划治理，众人怨恨诅咒之。在具体政治治理方面，政令恶劣，世道黑暗，像野兽一样恣意横行，人民看不到光明。施政有偏差，刑罚更酷烈，对内剥削民众，对外随意攻伐，对内失去人心，内政外交全盘皆输，就好像有漏洞的锅一样，怎能没有枯竭之时呢？为什么会出现“危君之征”呢？“由主德不立，而国无常法也。”这是由于君主的德没有确立，国家没有常法的缘故。“主德不立，则妇人能食其意；国无常法，则大臣敢侵其势。大臣假于女之能，以规主情；妇人嬖宠，假于男之知，以援外权。于是乎外夫人而危太子，兵乱内作，以召外寇。”(《管子》510)君德不立，妇女就会窥伺君主意图；国无常法，大臣就敢侵夺君主的权势。大臣利用女人刺探君主的意图；被宠爱的女人利用男人的智谋援引邻国的力量。这样下去的后果就是君主废除夫人和太子，内部兵乱，招致外寇。这些都是国君危险的征兆。

二是臣下可以分为“有道之臣”和“无道之臣”。其一，“有道之臣”具有什么样的品质，会带来什么样的好处？

委质为臣，不宾事左右；君知则仕，不知则已。若有事，必图国家，遍其发挥。循其祖德，辩其顺逆，推育贤人，谗慝不作。事君有义，使下有礼，贵贱相亲，若兄若弟，忠于国家，上下得体。居处则思义，语言则谋谟，动作则事，居国则富，处军则克，临难据事，虽死不悔。近君为拂，远君为辅，义以与交，廉以与处。临官则治，酒食则慈，不谤其君，不讳其辞。君若有过，进谏不疑；君若有忧，则臣服之。”(《管子》567)

有道之臣在处理与君主的关系时，一旦与君主确立了君臣关系，君主能理解他，他就出来做官；不能理解他，他就辞官归隐，从不通过逢迎讨好君主身边的近臣宠臣而达到讨好君主的目的。在君主近旁身居要职就矫正其过失，远离君主人微言轻也会尽心辅佐，从不诽谤自己的君主，也从不隐瞒自己的意见。君主若有过失，则进谏而不迟疑；君主若有忧虑难办的事情，则竭力承担，为君主排忧解难。在具体的治理过程中，如果国家有事，定能为国家利益着想，竭尽全力发挥自己的才能，并能遵循祖德，明辨顺逆忠奸，推荐重用贤良之人，使谗慝之徒不敢兴风作浪。在平日独处静居时，则思考自己的言行是否合宜，发言必定经过深思熟虑，行动则会有所建树，治理国家则能使国家富强，治军则能克敌制胜，面临危难突变，虽死不悔。在处理各种关系时，能坚持以道义侍奉君主，以规矩礼节善待属下，使贵贱高下都能互相亲近、如同兄弟，上下各得其所，共同忠于国家。

其二，“无道之臣”具有什么样的品质和作为呢？

委质为臣，宾事左右；执说以进，不蕲亡已；遂进不退，假宠鬻贵。尊其货贿，卑其爵位；进曰辅之，退曰不可，以败其君，皆曰非我。不仁群处，以攻贤者，见贤若货，见贱若过。贪于货贿，竞于酒食，不与善人，唯其所事。倨敖不恭，不友善士，谗贼与斗，不弥人争，唯趣人诏。湛湎于酒，行义不从。不修先故，变易国常，擅创为令，迷或其君，生夺之政，保贵宠矜。迁损善士，捕援货人，入则乘等，出则党骈，货贿相入，酒食相亲，俱乱其君。君若有过，各奉其身。”（《管子》568—569）

无道之臣在处理与君主的关系时，虽然与君主确立了君臣关系，却左右逢迎君主宠臣，利用宠臣抬高自己的高贵权位，有进身机会就辅佐君主，稍微不如意就非议君主、败坏君主名誉。擅自设立政令，蒙蔽迷惑君主视听，篡夺国政大权，以保全自己的尊贵地位。在朝廷内部结党营私，互相贿赂，使满朝文武都来迷乱君主。君主一旦有过失或祸患，就只顾保全自身。在具体的治理过程中，不遵循国家惯例常法，经常改动国家固有的法规。在处理人际关系时，纠集一群不仁之辈，攻击贤士能人，对待有钱有势的贵人就像追逐财宝钱货一般，对待贫苦低贱的人就尽量回避、形同陌路，贪图财宝，追求美酒佳肴，与谗贼勾结，仪容举止不合礼法。

三是按照大臣奉法事君的实际表现，可将其划分为七种类型。

“法臣：法断名决，无诽誉。故君法则主位安，臣法则货赂止而民无奸。呜呼美哉！名断言泽。”（《管子》761）守法的大臣严格按照法律和罪名断案，规规矩矩、自自然然，没有毁谤或吹捧行为。所以说，君主守法则君位安稳，臣子守法则民众就不会向掌握权力的大臣贿赂，民众也就没有奸邪的行为。这样做太好了，依照刑名断案，审判清晰了然。

“饰臣：克亲贵以为名，恬爵禄以为高。好名则无实，为高则不御。故《记》曰：‘无实则无势，失辔则马焉制？’”（《管子》761）虚伪不实的大臣靠克制亲贵取得虚名，冷漠面对，对爵禄毫不动心以显示自己的清高。身为大臣，好虚名就没有真实才能，清高冷漠则君主不能驾驭。所以《记》中说：“臣下好名无实则君主就会显得没有权势，若失去辔头，那怎么控制马呢？”

“侵臣：事小察以折法令，好佼反而行私请。故私道行则法度侵，刑法繁则奸不禁，主严诛则失民心。”（《管子》762）侵害法度、枉法行事的大臣，暗中窥伺以损坏法令，喜好狡诈，背理而徇私情。所以，侵臣会导致私道大行而法度受侵害，刑法繁多而奸邪不能禁止。面对这样的局面，君主严加诛杀反而会尽失民心。

“谄臣：多则造钟鼓，众饰妇女，以惛上故。上惛则隟不计而司声直禄，是以谄臣贵而法臣贱，此之谓微孤。”（《管子》762）谄媚的大臣会多造钟鼓等娱乐的设备，多打扮美女以迷惑君主的心志。因此，君主被迷惑，虽在危亡之处，却丝毫不计划考虑；而发声的谏官也不能进谏，不能发挥作用，只是空拿俸禄。长此以往，谄媚之臣在君主面前显得尊贵，而法臣却被冷落而显得低贱。这就是暗中孤立君主，使君主无足轻重。

“愚臣：深罪厚罚以为行，重赋敛，多兑道，以为上，使身见憎而主受其谤。故《记》称之曰：‘愚忠谗贼。’此之谓也。”（《管子》762）愚蠢昏庸的大臣，严刑峻法而自以为能干，横征暴敛而自以为是为君主效忠，致使自己被民众憎恶而君主也受到毁谤。所以《记》中称，这种情况愚忠等于谗贼。

“奸臣：痛言人情以惊主，开罪党以为雠。除雠则罪不辜，罪不辜则与雠居。故善言可恶以自信，而主失亲。”(《管子》762）奸邪谗佞的大臣，以极其痛心的言辞陈述人情以惊动君主，开列罪党与之为仇。为了尽除仇敌会加罪于无辜之人，杀无辜之人则会牵扯到与仇敌相关的民众，从而扩大了打击范围。所以，这样的大臣善于通过诉说他人的罪或恶来强化自身势力，从而导致君主丧失亲近的大臣。

“乱臣：自为辞功禄，明为下请厚赏，居为非母，动为善栋。以非买名，以是伤上而众人不知，之谓微攻。”(《管子》762）乱国之臣虚伪地辞去功禄，却公然为他的下属请求丰厚的赏赐；私下非议朝政的头领，表面上却佯装成极其善良之人。以非议朝政猎取名声，以佯装的善良完美损害君主的威信，而众人却不能觉察，这就是暗地里攻击君主。

## 二、以法处理君臣对立统一的关系

一是君臣之间存在对立关系。主要表现在：君臣有上下之礼、君臣有分工、君臣有各自的禁忌等八方面。

其一，“修官上道”与“比官中事”。“为人君者，修官上之道，而不言其中。”(《管子》498）作为君主，要研修统率众官的方法和规律，要以宏观思维管理官员，而不能参与众官员管理的具体事务。君主既要把握人事权，又要放下具体的事务权；而“为人臣者，比官中之事，而不言其外”，做臣子的要管理好自己职责范围内的事务，不要参与本职以外的工作。

其二，“兼而一之”与“分而职之”。“兼而一之，人君之道也。”(《管子》502）统一法度、规划全局、兼领百官，这是君主的责任，也是为君之道，君主要顾全大局、统一筹划、注重国家整体的发展和生死存亡。“分而职之，人臣之事也。”分工管理，各司其职，注重部门或局部利益，这是臣子的职责，为臣之道。“君失其道，无以有其国；臣失其事，无以有其位。”因此，如果国君失道，就失去整个国家；而臣下不能尽职尽责，事情办不好，就会失去官位。

其三，“上惠其道”与“下敦其业”。“上惠其道，下敦其业，上下相希，若望参表，则邪者可知也。”(《管子》498）君主在上，从君道而治；臣子在下，谨守职责、勤于职事，君臣各守其道，共同努力，相互参照，那所有的奸邪不正都能被发现并得到治理。

其四，“上畜下不妄”与“下事上不虚”。“上之畜下不妄，而下之事上不虚矣。”(《管子》502）君主培养臣子足够真诚而不虚妄，颁布的法律制度就清晰明确；臣下侍奉君主实在而不欺诈，遵守法律制度、服从命令就严谨认真。上面的君主圣明，下面的臣子官员审慎认真，君主不失其威，臣子官员不旷废其产业，上下同心同德，共同努力，就会形成代代相承的固定规范和风俗习惯。

其五，“上之人务德”与“下之人守节”。“是以上之人务德，而下之人守节。义礼成形于上，而善下通于民，则百姓上归亲于主，而下尽力于农矣。”(《管子》502）上面的君主循道立德，以德庇荫，用厚德庇护人民，而百姓就会向上亲附，归顺团结在君主身边；下面的百姓恪守节义本分，仰仗着君主创建的社会制度和规则，尽心尽力开展农业生产。

其六，“无贵如其言”与“无爱如其力”。“是故君人也者，无贵如其言。”（《管子》505）君主的语言最珍贵，所以“论材、量能、谋德而举之，上之道也”（《管子》506），君主要知人善用，推举提拔人才。“人臣也者，无爱如其力。”（《管子》505）臣下的能力、执行力最珍贵，“专意一心，守职而不劳，下之事也”（《管子》506），所以臣下要专意一心，守好本分而不辞辛劳。臣子要“身善”，所以“言下力上，而臣主之道毕矣”（《管子》505）。君主下达言语命令臣子，臣子要竭尽才干和能力效命君主，这就是最完毕、最彻底的君臣之道。如果都能恪守君臣之道，就会实现“道德出于君，制令传于相，事业程于官，百姓之力也，胥令而动者也”（《管子》504）；君主、辅相、官员、百姓分工明确，就会达到“主画之，相守之；相画之，官守之；官画之，民役之”（《管子》505），如此一层层谋划、一级级执行落实，最终实现“君明、相信、五官肃、士廉、农愚、商工愿，则上下体，而外内别也，民性因，而三族制也”（《管子》502）。君主明智，辅相诚信，五官端肃，士人廉直，农民愚朴，商人工匠忠厚勤谨，君臣上下身份不同却互为一体，朝廷内外分工有别却井然有序，民生保障，治理有效。

其七，“君有大过”与“臣有大罪”。“夫君人者有大过，臣人者有大罪。”（《管子》529）国君的大过有哪些呢？一过是“国所有也，民所君也，有国君民而使民所恶制之”，拥有国家，统治百姓，却任命百姓憎恶的人掌管权力。二过是“民有三务，不布，其民非其民也。民非其民，则不可以守战”，君主不安排好百姓的三季农事，不重视民生工作，百姓不愿意为其效力，最终不愿意守卫国家，为国作战。臣的大罪是什么呢?“夫臣人者，受君高爵重禄，治大官，倍其官，遗其事，穆君之色，从其欲，阿而胜之，此臣人之大罪。”(《管子》529)为人臣，享受着国君给予的高官厚禄，担任着重要官职，却背离职守，放弃本职工作，迎逢君主的脸色，顺从君主的私欲，通过阿谀奉承开展工作、辅助君主。“君有过而不改，谓之倒；臣当罪而不诛，谓之乱。君为倒君，臣为乱臣，国家之衰也，可坐而待之。”(《管子》529)君主有过不改，称倒行逆施；臣子有罪不诛，称犯上作乱；逆君乱臣，国家灭亡指日可待。

其八，“明君”与“忠臣”。“是故能象其道于国家，加之于百姓，而足以饰(饬)官化下者，明君也。”(《管子》498)能把君道当成国家制定政策的根据，有效地用于管理百姓，并能整饬官员、教化民众，那就是圣明的君主。“能据法而不阿，上以匡主之过，下以振民之病者，忠臣之所行也。”(《管子》537)能依据法律办事，不徇私枉法，向上可以匡正君主的过错，向下可以救济百姓的困苦，这就是忠臣的应有之义。“能上尽言于主，下致力于民，而足以修义从令者，忠臣也。”(《管子》498)能够上对君主言无不尽，下对民众全力服务、为民办事，坚持修养、提升道义，奉公守法服从政令，这样的人称得上忠臣。

总之，“君臣之间明别则易治”(《管子》915)，君臣之间界限分明就容易治理。“制群臣，擅生杀，主之分也；县令仰制，臣之分也。威势尊显，主之分也；卑贱畏敬，臣之分也。令行禁止，主之分也；奉法听从，臣之分也。故君臣相与，高下之处也，如天之与地也；其分画之不同也，如白之与黑也。故君臣之间明别，则主尊臣卑。”(《管子》

914）控制群臣，专擅生杀之权，是君主的本分；维系君令，仰受君命，是臣子的本分。掌握威势地位而尊显，是君主的本分；身处下位对君主心怀敬畏之心，是臣子的本分。令行禁止，是君主的本分；奉法听命，是臣子的本分。因此，君臣相处，高下地位，就如同天与地一样；君臣之间的差别，就如同黑与白一样明显。所以，君臣界限分明，君尊而臣卑。“如此，则下之从上也，如响之应声；臣之法主也，如景之随行。”正是因为君臣区分明显，臣下服从君主，就像先有声音再有回响一样；臣下效仿君主，就像影子跟随身体一样。“故上令而下应，主行而臣从，以令则行，以禁则止，以求则得，此之谓易治。”（《管子》915）因此，君主发令，下面的臣子响应，君主行事臣下听从；有令执行，有禁则停止，有求则获得，这就是君臣有别容易治理的原因。

君臣之间的对立性是由于君主和大臣处于不同位置，承担不同的职能，因此，君臣的关注重点也不同。“故君人者上注，臣人者下注。上注者，纪天时，务民力。下注者，发地利，足财用也。故能饰大义，审时节，上以礼神明，下以义辅佐者，明君之道。能据法而不阿，上以匡主之过，下以振民之病者，忠臣之所行也。”（《管子》537）君主关注点在上，臣下关注点在下。君主重点关注的是掌握天时、安排民力，臣下重点关注的是开发地利、满足财用。因此，能整饬大义，慎重对待天时季节，向上礼敬神明，向下公正对待大臣，这是明君的治国之道。能够依法办事，不徇私枉法，向上匡正君主过错，向下救济百姓疾苦，这是忠臣的应有之义。

二是君臣之间的统一性。君臣虽然分工不同，但最终目标是一致的。“上之人明其道，下之人守其职，上下之分不同任，而复合为一体。”(《管子》506）君主在上精通君道，大臣在下恪守臣职，上下分工不同，职责分明，却是复合为一个整体的。君臣之间要按照原则，公正相待。君臣之间要“上下交期于正”。君主按照原则畜养臣下，臣下按照原则侍奉君主，君臣之间都能相互以公正相约定。如何做到呢？“而名为明君者，君善用其臣，臣善纳其忠也。”(《管子》520）能称得上明君的都善于任用臣下，而臣下也善于向君主奉献自己的忠诚，君臣产生很好的合作。那什么是“善用”“善纳”呢？“是以明君之举其下也，尽知其短长，知其所不能益，若任之以事。”明君完全了解下属的长处和短处，知道他才能的极限，才举荐其职务，这就是善用。“贤人之臣其主也，尽知短长与身力之所不至，若量能而授（受）官。”贤人侍奉君主，完全了解自己的短处和长处，知道自己的能力范围，并根据自己的能力接受官职。君主畜下，臣子事上，“上下交期于正”能达到什么样的执政效果呢？君臣都能遵循这样的原则，就会达到“信以继信，善以传善，是以四海之内，可得而治”，“百姓男女皆与治焉”。君臣之间诚信会带来诚信，善良会接续善良，四海之内，百姓都能治理得很好。君臣之间是利害相连的合作关系。君臣之间都需要坚持高节而不懈，才能各得所需。“惠者，主之高行也。”“忠者，臣之高行也。”“主惠而不解，则民奉养。”“臣下忠而不解，则爵禄至。”“故节高而不解，则所欲得矣，解则不得。”(《管子》829）施惠是君主的崇高行为，忠诚是对大臣的最高要求，君主不懈地施惠，民众就会拥戴他。大臣永久地忠诚，爵禄自然就会到来。所以说，人只要气节崇高而不懈，就能得到想要的，而懈怠者得不到。“主者，人之所仰而生也，能宽裕纯厚而不苛忮，则民人附。”“臣下者，主之所用也，能尽力事上，则当于主。”民众仰仗君主而生活，君主若能宽大纯厚不苛责，民众自然会依附他。臣下是君主所要派遣使用的人，如果能尽心尽力为君主做事，就会合君主心意。相反，“主苛而无厚，则万民不附”，“臣下堕而不忠，则卑辱困穷”。如果君主苛责而不能宽厚待人，则民众不会亲附于他；臣下懈怠、自甘堕落又不忠诚于君主，就会贫困又卑贱。“为人君者，倍道弃法，而好行私，谓之乱。为人臣者，变故易常，而巧官（言）以谄上，谓之腾。乱至则虐，腾至则北。四者有一至，败，敌人谋之。”（《管子》528）君主背道弃法，专好行私，就叫作乱。君主的乱发展到极致就会成为暴虐。臣下改变常规常法，讨好君主，就叫作僭越。僭越发展到极致就是背叛。君主与臣下的这四种错误只要出现一种，治国就会失败，敌国就会图谋这个国家。

三是以法治处理君臣关系。“威不两错（措），政不二门。以法治国，则举错而已。”（《管子》707）威势和权力不可由君臣二者共有，政令也不可由君臣二者发布。用法律治理国家、处理君臣关系，就很简单。因此，要用法律区分君臣的职责和关系。“然则君臣之间明别，明别则易治也。主虽不身下为，而守法为之可也。”（《管子》708）君臣之间分工明确、职责界限明确，就容易治理。君主不必做臣下的事情，只要依法治理就可以。

坚持以法治思维界定君道与臣道，确保君主道明，防止臣术胜。“所谓治国者，主道明也。”（《管子》889）君主道明则国家治理得当。

“明主者，有术数而不可欺也，审于法禁而不可犯也，察于分职而不可乱也。”明智的君主掌握权术谋略而不可欺瞒，详明的法度禁令确保国家不被侵犯，明察上下职责分工而不容错乱。君主能守职守则做好自己的事情，群臣就不敢假公济私随意而为。“故群臣不敢行其私，贵臣不得蔽贱，近者不得塞远，孤寡老弱不失其所职，竟内明辨而不相逾越。”所以，群臣不敢徇私舞弊，贵臣不能遮蔽贱者，近臣不能阻碍疏远者，孤寡老弱等弱势群体不会丧失日常生计保障，国内尊卑高下分明、秩序井然，而无互相僭越。君臣之间能达到这样的效果，就是治国之道。“所谓乱国者，臣术胜也。”(《管子》890）如果与君权、君威相比，臣术占据上风，国家就会混乱。“明主（法）者，上之所以一民使下也。私术者，下之所以侵上乱主也。故法废而私行，则人主孤特而独立，人臣群党而成朋。如此则主弱而臣强，此之谓乱国。”明确的法度，是君主用来统一民众役使臣下的。“私术”，是臣下用来侵扰朝廷君主的。如果法度废弃，而私术盛行，君主就会陷入孤立而无所依靠，臣下却会相互勾结而形成朋党。这就是主弱臣强的局面，是国家混乱的原因。

因此，要确保君臣各行其道，防止君臣共道。“人主者，擅生杀，处威势，操令行禁止之柄以御其群臣，此主道也。”(《管子》892）君主独操生杀大权，处于威势地位，掌握令行禁止的权柄而驾驭群臣，这才是为君之道。“人臣者，处卑贱，奉主令，守本任，治分职，此臣道也。”与君道相比，人臣处在下位，奉行君令，严守本职，做好分内之事，这就是为臣之道。“故主行臣道则乱，臣行主道则危。故上下无分，君臣共道，乱之本也。”君道与臣道不同，如果出现君行臣道，国家就会混乱；如果出现臣行君道，国家就会危险；因此，上下不分，君道与臣道混同，就是乱国的根本。“故君臣共道则乱，专授则失。”（《管子》706）所以，君道和臣道不分，国家就会混乱，大臣专权则君主失国，法治是维护君臣关系的基本约束。

君臣各守其道，则君臣融洽，政通人和，一旦出现“君臣共道”，就会出现“专授则失”，国家就会出现亡、灭、壅、塞、侵等现象。

防止寄生之君，杜绝亡主之道。“故治乱不以法断而决于重臣，生杀之柄不制于主而在群下，此寄生之主也。”（《管子》892）“故人主专以其威势予人，则必有劫杀之患；专以其法制予人，则必有乱亡之祸。如此者，亡主之道也。”如果君主擅自授权，特别是生杀大权，就会导致君主所具备的威势和法度被大臣侵占，最终就会导致亡主失国。

防止令本不出，杜绝灭主之道。“凡为主而不得行其令，废法而恣群臣，威严已废，权势已夺，令不得出，群臣弗为用，百姓弗为使，竟内之众不制，则国非其国而民非其民。如此者，灭主之道也。”（《管子》893）虽贵为君主却不能发号施令，法度废弛而群臣恣意妄为，君主的权威已经丧失，权势已经被剥夺，政令也不能发出，群臣不为其所用，民众百姓不为其所使，国内的民众不受其控制，国家不属于他，民众也不属于他，这种情况就是灭国之君的世道。

防止令出而留，杜绝壅遏之道。“明主之道，卑贱不待尊贵而见，大臣不因左右而进，百官条通，群臣显见，有罚者主见其罪，有赏者主知其功。见知不悖，赏罚不差。有不蔽之术，故无壅遏之患。乱主则不然，法令不得至于民，疏远隔闭而不得闻。如此者，壅遏之道也。”

（《管子》894）明君的表现是，卑贱之士不用尊贵大臣引见就能见到君主，大臣提拔不依靠左右近臣的进言，君主与百官联系畅通，君主对群臣的底细很了解。对受罚的人，君主明见其罪过所在；对受赏的人，君主也知道他的功绩如何。君主的所见所知没有谬误，所赏所罚没有差错。君主有不受蒙蔽的办法，所以，国家没有阻遏不通的忧患。而昏君就不同，他的法令不能下达民众，被疏远隔绝而不能了解实际情况，更谈不上治理，这就是被蒙蔽而壅塞遏制的君主的局面。

防止下不上通，杜绝塞主之道。“人臣之所以乘而为奸者，擅主也。臣有擅主者，则主令不得行，而下情不上通。人臣之力，能鬲君臣之间，而使美恶之情不扬闻，祸福之事不通彻，人主迷惑而无从悟，如此者，塞主之道也。”大臣之所以能侵上作恶，是因为擅自夺取了君主的权力。大臣擅夺君权，君主的政令就不能贯彻执行，下面的情况无法上达君主。擅权的大臣就横隔在君臣之间，好坏情况都不能传播通达，福祸之事也不被知晓，君主陷入迷惑而无法明悟朝政、国情、政局，这种情况就是被闭塞隔绝的君主的局面。

防止明蔽聪塞，杜绝侵主之道。“明主者，兼听独断，多其门户。群臣之道，下得明上，贱得言贵，故奸人不敢欺。乱主则不然，听无术数，断事不以参伍。故无能之士上通，邪枉之臣专国，主明蔽而聪塞，忠臣之欲谋谏者不得进。如此者，侵主之道也。”（《管子》895）英明的君主在广泛听取众人的意见建议后能形成自己的看法和判断，并做出最后的决定，有意识地增加听取意见的途径。对待群臣的办法是，下级可以提醒上级，地位卑贱的可以评说地位高贵者，如此，奸臣就不能也不敢欺君瞒上。与之相反，昏君没有权术办法了解实际情况，决断事情时又不能综合比较、互相验证。这样就会导致无能之人获得高位，奸邪之臣把持国政，君主的视听被蒙蔽阻塞，想要谋划进谏的忠臣却没有觐见的机会。这种情况就是被侵夺的君主的局面。

坚持依法量功、赏罚举官，维护君臣关系。法的作用是什么呢？“是故有法度之制者，不可巧以诈伪。有权衡之称者，不可欺以轻重。有寻丈之数者，不可差以长短。”(《管子》707）由法度来裁断，臣民就不得以伪诈取巧。由测量轻重的权衡来称重，就无人敢以轻重欺骗他人。由寻丈度量长短，长短就不会有差错。总之，凡事有标准，依靠标准治理就会客观公正，不出差错。如果放弃法度、权衡、寻丈等客观标准，反而“以誉进能”“以党举官”会出现什么样的后果呢？首先，直接后果就是臣下会私下团结以求誉结党，不为国用。“今主释法以誉进能，则臣离上而下比周矣。以党举官，则民务交而不求用矣。是故官之失其治也。”如果君主放弃法度，而以人的声誉作为进贤用人的标准、以结党形式形成势力而向上举荐官员，这样就会促使群臣离开国君，即离开国君制定的法度，相互勾结、专务结交、团团伙伙谋求晋升，而不求为国家君主所用了，官吏也就无法被治理了。其次，严重后果是忠臣被陷害而死，邪臣无功却被重用。“主以誉为赏，以毁为罚也”，因为君主根据虚誉行赏，根据毁谤处罚。那怎样才能让自己声誉多而毁谤少，同时让别人声誉少而毁谤多，进而得到升迁重用呢？“然则喜赏恶罚之人，离公道而行私术矣。比周以相为匿，是忘主死交，已进其誉。故交众者誉多。外内朋党，虽有大奸，其蔽主多矣。”那些喜好被赏赐、厌恶被惩罚的人，就会背离公道而大行私术——他们朋比为奸、相互掩盖、拼命结交、忘弃君主，目的就是增加自己的声誉。所以，结交广泛的人虽然不忠于国君、不忠于法度，但是多声誉。内外朋比勾结，即使有大奸之人，他们多半也能蒙蔽住国君，因为没有毁谤等而免于惩罚。这样就会“是以忠臣死于非罪，而邪臣起于非功”。忠臣没犯罪却死了，奸臣没有功劳却得到重用。最后，最严重的后果是“官失其能”，国无人治理。因为没有功劳奸臣也能得到重用，这样的不良用人导向就会导致“然则为人臣者，重私而轻公”，大臣重私利而轻视公共事务和功劳建立。“十至私人之门，不一至于庭；百虑其家，不一图国。属数虽众，非以尊君也；百官虽具，非以任国也。此之谓国无人。”(《管子》707)因为不想公事、不立功劳，忘记国家集体，所以就一心谋私，十次奔走于自己的家门，也不到朝廷一次；多次考虑自家得失，也不为国家考虑一次。下属百官人数虽多，却都不尊君而只顾其家；百官配置齐备，但是都忙于私事而不治理国家，国中无人。“国无人者，非朝臣之衰也，家与家务于相益，不务尊君也。大臣务相贵而不任国；小臣持禄养交，不以官为事，故官失其能。”(《管子》708)所谓“国无人”，并不是朝廷真缺乏大臣，而是私家之间互惠互助互利，不致力于尊君。大臣之间相互抬举尊贵，而不承担国事；小臣拿着国家俸禄私下结交，形成利益共同体，而不肯做好本职工作，国家的官吏体制失去应有的功能。

因为上述的原因，“先王之治国也，使法择人，不自举也；使法量功，不自度也”(《管子》708)。先王认识到上述的弊端，在治理国家时，依照法度选择人才，不许自己举荐；用法度衡量功劳，而不许自己衡量。这样的用人制度有什么好处呢？“故能匿而不可蔽，败而不可饰也。誉者不能进，而诽者不能退也。”这样做即使群臣互相掩护，也不能蒙蔽君主；罪行败露而无法掩饰。如此，只有虚誉的人不被任用，有功而遭受毁谤的人也不会被黜退。弄虚作假、团团伙伙、不务国事、不尊君主的奸邪之人得不到重用，真正有功劳的人则会被国家提拔重用，同时保护优秀的干部受到重用而不被诋毁。

## 三、做好十项工作处理君民关系

君主要尊重民众，坚持君民互惠合作共赢。一方面，通过君主的作为看。“人主能安其民，则事其主如事其父母，故主有忧则忧之，有难则死之。”(《管子》850）君主能让民众安定生活，民众就像侍奉父母一样地侍奉君主；君主有忧，民众都会为君主分忧；有难，则为君主赴死。相反，“主视民如土，则民不为用，主有忧则不忧，有难则不死”。如果君主视民众如同粪土，那么民众就不会为其所用，君主有忧、有难，民众根本不关心。另一方面，通过民众的行为看。“民之所以守战至死而不衰者，上之所以加施于民者厚也。”民众之所以守城杀敌至死而不退却，是因为上位的君主对人民施加了丰厚的恩惠。“故上施厚，则民之报上以厚。上施薄，则民之报上亦薄。故薄施而厚责，君不能得之于臣，父不能得之于子。”所以，上位的君主施恩丰厚，民众对其回报也丰厚；君主施恩薄，民众的回报也薄。如果施恩薄却想责之以丰厚的回报，君主从臣民那里得不到，父亲从子女那里也得不到。所以，君主与臣民、父亲与子女都是互惠关系。

“圣人者，明于治乱之道，习于人事之终始者也。其治人民也，期于利民而止。故其位齐也，不慕古，不留今，与时变，与俗化。夫君人之道，莫贵于胜。胜故君道立，君道立，然后下从；下从，故教可立而化可成也。夫民不心服体从，则不可以礼义之文教也。”(《管子》713）圣人是懂得治乱规律、熟悉人事终始的人，治理民众只是期待对人民有利，所以，他设定的政策不盲从古人，也不拘泥于今人，而是随着时势变化而变化、随着习俗而演化变化，终始恰如其分。所以，治国理民的原则，没有比令民众服从更重要的。令民众服从，君道才能确立；君道确立，下面才会跟从；下面跟从，教化才能进行并取得成效。如果民众不是从思想内心和行动上都服从，就不能被用礼义教化。“民者，服于威杀然后从，见利然后用，被治然后正，得所安然后静者也。”(《管子》712）民众总是畏惧威杀然后才服从，得到实实在在的利益然后才听用，被统治然后才归于正道，安居乐业然后才平静无事。因此，在治国理民的具体实践中，想处理好君主与民众的关系就要充分发挥君主的主导作用，做好照顾民众的利益，注重教化民众，法立令行使民众服从，合理安排使民众生产等，可大致从十方面开展。

一是要爱护民众，懂得“爱民之道”。齐桓公想整顿政事以适应天下形势，问管仲如何做起呢？管仲回答“始于爱民”，具体应为：“公修公族，家修家族，使相连以事，相及以禄，则民相亲矣。放旧罪，修旧宗，立无后，则民殖矣。省刑罚，薄赋敛，则民富矣。乡建贤士，使教于国，则民有礼矣。出令不改，则民正矣。此爱民之道也。”(《管子》378）君主整治管理公族，卿大夫整治管理家族，彼此之间用事务相联结，用俸禄相互补给支持，民众就会相互亲近了。赦免以前的罪犯，整治过去的宗族，为没有后代的宗族立子嗣续香火，民众就会繁衍生息。减省刑罚，减少赋税，民众就会富裕。在乡间推崇贤人，让他们对广大民众施行教化，民众就会变得知礼节了。朝廷和官府发出的政令不会随意改变，民众就会变得正直。总之，使民相互亲近、使民生育繁衍、使民富裕富足、使民彬彬有礼、使民正直等，这些就是爱民的做法。“爱民”的君主必然也会得到民众的爱戴。“莅民如父母，则民亲爱之。道之纯厚，遇之有实，虽不言曰吾亲民，而民亲矣。”(《管子》840）像父母一样站在民众面前管理民众，民众就会亲近和敬爱君主，君主用纯洁厚重的心思训导引导民众、用实惠对待民众，即使不说自己亲民，民众也会亲近君主。相反，君主如果像仇人一样，虽然嘴上说亲民，但在治理时，对待民众却不厚道、不施惠于民，奸诈虚伪、口心不一，民众自然会疏远而不会亲近爱戴君主。

二是要满足民众的物质利益需求。处理君民关系的核心是利用趋利避害的人性，满足民众的物质利益。“民，利之则来，害之则去。民之从利也，如水之走下，于四方无择也。故欲来民者，先起其利，虽不召而民自至。设其所恶，虽召之而民不来也。”民众，有利就来，有害就离去。民众趋利就像水往下走，不分东西南北。所以，想要民众归附，必先让他们获利，那样即使不召唤，民众也会自行前来。如果做民众厌恶的事，即使召唤他们也不会来。因此，治国理民必须注重“民之所利，立之；所害，除之；则民人从”(《管子》153)。民众认为有利的，国家就兴办；民众认为有害的，国家就消除，这样百姓就会由衷地服从并归附君主。

如何满足民众的利益呢？首要是重视本业，发展生产，保证“仓廪实”“衣食足”，满足人民群众的物质需要。“凡有地牧民者，务在四时，守在仓廪。”(《管子》2）抓住农时，发展农业生产，才能保证粮食储备，储备好人民生存发展的物质基础。只有发展生产，人民吃饱吃好之后，才能“仓廪实，则知礼节；衣食足，则知荣辱”。因为，只有满足人民的基本生活保障，使人民摆脱了生存压力，人民才能知礼节、知荣辱，具备人的社会属性。“务五谷，则食足；养桑麻、育六畜，则民富。”(《管子》7）因此，国家要注重发展农业，保障粮食充足，种植桑麻，发展牧业，民众才会生活富裕。

在生产能力、物质财富总量一定的情况下，国家应该坚持什么样的分配制度才能让大家满足满意呢？“地之不辟者，非吾地也；民之不牧者，非吾民也。凡牧民者，以其所积者食之，不可不审也。其积多者其食多，其积寡者其食寡，无积者不食。或有积而不食者，则民离上；有积多而食寡者，则民不力；有积寡而食多者，则民多诈；有无积而徒食者，则民偷幸；故离上、不力、多诈、偷幸，举事不成，应敌不用。故曰：察能授官，班禄赐予，使民之机也。”(《管子》32）治理民众，要按照功劳业绩给予相应的俸禄奖赏，功绩多俸禄奖赏就多，功绩少俸禄奖赏就少，没有功绩就不给俸禄奖赏。这是必须审慎从事、认真对待的分配原则。如果有功绩而没有俸禄奖赏，人们就会离心离德；功绩多而俸禄奖赏少，人们就不会尽心尽力地工作；功绩少而俸禄奖赏多，人们就会想办法弄虚作假；没有功绩却凭空得到俸禄奖赏，人们就会贪图侥幸苟且偷生。如果分配制度出现问题，导致对上级君主背心离德，工作不尽心尽力，弄虚作假耍诈，贪图侥幸苟且偷生，这样国家对内办事不会成功，对外作战不会尽力也不会取胜。所以说，考察每个人的能力并授予相应的官职，按照功绩赐予相应的俸禄奖赏，推行这样的分配制度，才是好的用人制度的保障。保障民众的基本物质利益，要防止“民不足”“民苦殃”而最终“民乃自图”。“取人以己，成事以质。审用财，慎施报，察称量。故用财不可以啬，用力不可以苦。用财啬则费，用力苦则劳。民不足，令乃辱；民苦殃，令不行。施报不得，祸乃始昌；祸昌不寤，民乃自图。”（《管子》119—120）征取民力财力，要设身处地考虑；国家兴办大事，要根据实际力量来。要审核斟酌国家的财力用度，慎重对待施惠和酬报，明察事物的分量和劳力的使用限度，反复权衡轻重利害。因此，君主用财于民不可太吝啬，征用民力不可太过度。用财吝啬而引起民众痛恨，反而会耗费更多的财力；征用民力过度，民众疲劳不堪。这种情况就会导致民众生活苦难，生存权得不到保障，政令便会被轻慢而得不到尊重；民众整体苦于劳役，政令实际上无法被贯彻执行。施惠和报酬不恰当，祸乱就会发生；祸乱发生而君主不能觉悟，民众就会自谋生路，另有他图。

满足民众物质基础的同时，也要通过控制金钱来控制粮食，最终控制民众。“五谷食米，民之司命也；黄金刀币，民之通施也。故善者执其通施以御其司命，故民力可得而尽也。”（《管子》939）粮食关乎民众的生死，黄金钱币是民众用来交易的货币，善于治国的君主掌握钱币来控制粮食，最终能让民众为君主和国家尽全力。为什么君主控制钱币和粮食就能最终控制民众呢?“国有十年之蓄，而民不足于食，皆以其技能望君之禄也；君有山海之金，而民不足于用，是皆以其事业交接于君上也。故人君挟其食，守其用，据有余而制不足，故民无不累于上也。”(《管子》938)国家即使有十年的粮食储备，而民众的粮食还不够吃，就会依靠技能本事求取君主的俸禄，为君主工作换取粮食；君主即使有经营山海资源收入的大量金钱，而民众的钱财还是不够用，就会工作换取君主的金钱。这样，君主控制住粮食、掌握金钱货币，依靠自己的充裕来控制民众的不足，民众就彻底被君主控制住了。由此可见，管仲想要的是君主和国家拥有绝对的权力和财富实力，并牢牢把握君民关系的主动权，君主和国家把握住粮食和财富，而民富是在君主绝对控制下的富。

控制金钱、粮食的同时，君主要控制财利的出入途径以掌握民众的命运。“利出于一孔者，其国无敌；出二孔者，其兵不诎；出三孔者，不可以举兵；出四孔者，其国必亡。”(《管子》940)如果国家的财利出入途径只有一条，说明这个国家能形成合力，这样的国家就强大无敌；有两条途径的，这样的国家的军队不会服从命令，说明口径不统一；有三条途径的，这样的国家不可以举兵发动战争，因为指挥混乱；有四条途径的，这样的国家必然灭亡，因为没有凝聚力，也就没有战斗力。所以，“先王知其然，故塞民之养，隘其利途”。先王明白这个道理，因此加强对经济和财利出入的管控，阻塞了民众谋取高利的通道和机会，限制了民众获利的途径。这样最终要达到的治理效果是“故予之在君，夺之在君，贫之在君，富之在君”。给予或者夺取财富的决定权在君主，让民众富裕或贫穷的决定权也在君主，最终实现“故民之戴上如日月，亲君若父母”。民众拥戴君主犹如拥戴日月一样，亲近国君就好像亲近父母一样。由此可见，管仲认为君民关系中，应该让君主拥有绝对权力，只有这样民众才会团结，国家才能产生凝聚力，君主才能成为国家政治经济的中心、核心。

三是国家要注重对民众的教化。“顺民”即教化民众，使民顺从。“顺民之经，在明鬼神、祗山川、敬宗庙、恭祖旧。”(《管子》2）训导民众的根本原则，在于通过君主的行为向民众明示鬼神之礼以表示尊重，祭祀山川以示对大自然的敬奉，拜祖先宗庙以示对过往权势和先辈的尊敬，供奉宗亲旧故以示孝顺不忘本。如果不顺民会出现什么样的后果呢？“不明鬼神，则陋民不悟；不祗山川，则威令不闻；不敬宗庙，则民乃上校；不恭祖旧，则孝悌不备。”如果不重视尊敬鬼神之礼，小民就无法感悟尊卑之别；不敬奉山川祭祀，君主的威令就不会传播；不恭敬宗庙祖先，百姓就会犯上作乱；不恭顺宗亲故旧，民众的孝悌之德就会不完备。

如何教化民众呢？最基本的就是要“张四维”，即弘扬礼、义、廉、耻。礼、义、廉、耻的作用各是什么呢？“礼不逾节，义不自进，廉不蔽恶，耻不从枉。”(《管子》5）人们有了礼节，就不会超越法度规范，不会破坏规则；人们有了义，就不会妄自求进、自我钻营；人们有了廉耻观念，就不会刻意掩饰过错、贪慕虚名浮利；人们有了耻辱感，就不会跟从坏人、同流合污。这对治理民众有什么功效呢？“故不逾节，则上位安；不自进，则民无巧诈；不蔽恶，则行自全；不从枉，则邪事不生。”(《管子》5）民众百姓遵守礼治，不越出规范都能安分守己，君主的地位就会稳固安定；人们不妄求自进，就不会生出奸巧欺谋之事；不掩饰过错罪恶，则品行端正、节操保全；不跟从坏人，就不会产生邪恶坏事。“四维张，则君令行”，“守国之度，在饰四维”(《管子》2)。礼、义、廉、耻得到发扬，国君的法令就能顺利贯彻。令行禁止，维护巩固国家统治，关键是要在社会上倡导民众遵守礼、义、廉、耻，并能及时整饬维护。如果不“张四维”会有什么样的后果呢？“四维不张，国乃灭亡。”如果人们忘记礼、义、廉、耻，最终这个国家就会陷入混乱、步入灭亡。

“树人”，教化民众是一项艰难而又收获最大的工作。“一年之计，莫如树谷；十年之计，莫如树木；终身之计，莫如树人。”(《管子》39)若做一年的打算，最好种植五谷；做十年的打算，最好种植树木；做终身长远的打算，最好教育培养人才。为什么呢？“一树一获者，谷也；一树十获者，木也；一树百获者，人也。”培植后收获一倍的，是庄稼；培植后收获十倍的，是树木；培植后收获百倍的，是人才。人才的培养周期长、付出心血多，但是回报最大，能从根本上解决问题。因此，要鼓励培养栽培人才。而“培养人才，则是一种百年才能有收获之事”，这样的译文不符合生活实际，也不符合作者重视人才培养的本意。“我苟种之，如神用之，举事如神，为王之门。”(《管子》39)更适合理解为，注重人才培养，就能收到神奇的效用，亲手培养出的人才用起来才得心应手，称霸称王的大事才能迅速成功如有神助，因此重视人才是称王天下的不二法门。如何“树人”呢？一方面，要训导成俗，常抓不懈。“凡牧民者，使士无邪行，女无淫事。士无邪行，教也；女无淫事，训也。教训成俗，而刑罚省，数也。”(《管子》40）治理民众就应该使男人没有邪辟行为、女子没有淫乱之事，而要做到这一点，对男人要靠教育，对女人要靠训导。当教育与训导成为普遍的社会风气时，刑罚就会减少，这是自然的道理。另一方面，要禁微邪、禁小恶，从小事抓起。“凡牧民者，欲民之正也。欲民之正，则微邪不可不禁也。微邪者，大邪之所生也。微邪不禁，而求大邪之无伤国，不可得也。”治理民众就是要民众走正道，要走正道就要禁止微小的邪行。“凡牧民者，欲民之修小礼、行小义、饰小廉、谨小耻、禁微邪，此厉民之道也。民之修小礼、行小义、饰小廉、谨小耻、禁微邪，治之本也。”教育民众的方法是要求百姓谨守小礼、奉行小义、勤修小廉、整饬小耻、禁绝小恶，民众能做到这些才是治国的根本。

“必先顺教，万民乡风；旦暮利之，众乃胜任。”(《管子》118）因此，治理民众一定要先行教育驯化，使万民都趋向好的风尚；然后经常给予利益加以引导，民众就会积极承担相应的责任和义务。

四是关键要“顺民心”、得民心。要能顺民心、得民心必须首先善于听取民声。君主如何听取民声呢?“夫民别而听之则愚，合而听之则圣，虽有汤、武之德，复合于市人之言。是以明君顺人心，安情性，而发于众心之所聚。”(《管子》519）君主听取民众的意见时，应该全面听取、综合判断，而不能个别地、片面地听取。英明的君主顺从人心、适应人的性情，做事从众人共同关心的角度出发，民心才是最大的政治。“政之所兴，在顺民心；政之所废，在逆民心。”(《管子》6）政令能推行、政治能够兴盛，关键在于顺民心，得到民众的支持；政令被废止、政治荒废失败，关键的原因是失去了民心，失去了民众的支持。如何才能得民心、不失民心呢？“民恶忧劳，我佚乐之；民恶贫贱，我富贵之；民恶危坠，我存安之；民恶灭绝，我生育之。”民众厌恶忧劳，就使他们安逸快乐；民众厌恶贫贱，就使他们富贵；民众厌恶危险、没有安全感，就使他们生活安稳；民众厌恶家族灭绝，就使他们生养繁育后代。总之，君主要高度重视并能及时解除民众的“四恶”，同时满足民众的“四欲”；只有满足了民众的“四欲”，民众才能更好地清除君主的恶、满足君主的欲，国家才能得到民众的支持拥护。“故知予之为取者，政之宝也。”（《管子》6）因此，君主要知道“予之于民就是取之于民”这个原则才是治国理政的法宝。

“令顺民心，则威令行；使民而为其所长，则用备；严刑罚，则民远邪；信庆赏，则民轻难；量民力，则事无不成；不强民以其所恶，则奸伪不生；不偷取一世，则民无怨心；不欺其民，则下亲其上。”（《管子》7—8）政令顺应民心，君主的威德命令就能贯彻执行；使百姓各尽所长地生产、做个人擅长的行业，社会物质就能丰富齐备；如果赏罚分明，民众就不会干坏事，就不怕赴死就难。量民力而行，事无不成；不强迫民众做其厌恶的事情，欺诈的行为就不会发生；君主不贪一时侥幸，民众就没有怨言；不欺骗民众，民众就会拥戴亲近君主。

“故百姓皆说为善，则暴乱之行无由至矣。”（《管子》30）如此，百姓就心悦诚服地积德行善做好事，暴乱也就没有理由和机会发生了。如何才能达到这样的治理效果呢？一是“畜之”“牧之”。“远人至而不去，则有以畜之也；民众而可一，则有以牧之也。”相反，“无以畜之，则往而不可止也；无以牧之，则处而不可使也”。远方投奔而来的人不走，是因为能得到养育；人口众多而又能齐心协力统一思想，是因为能有效管理。相反，如果没法养育民众，人们就会外逃而无法阻止；没有办法有效管理民众，人们哪怕留下也不能很好地为国效力。二是“赏罚信于其所见”。“见其可也，喜之有征；见其不可也，恶之有刑。赏罚信于其所见，虽其所不见，其敢为之乎？见其可也，喜之无征；见其不可也，恶之无刑。赏罚不信于其所见，而求其所不见之为之化，不可得也。”（《管子》30）见到人们做好事就要表示喜欢，并且要有实际的奖赏；见到人们做坏事就要表示厌恶，要有具体的惩罚。如果能够根据实际情况进行奖罚，即使不出现情况，人们内心也不敢任意妄为。反之，如果对于出现的情况视而不见、不奖不罚，就不可能出现很好的治理效果。三是“必重尽其民力”。“轻用众、使民劳，则民力竭矣。”“民力竭，则令不行矣。下怨上，令不行，而求敌之勿谋己，不可得也。”（《管子》29）轻易地兴师动众、役使民力，使民众过度疲劳，就会造成民力枯竭；民力枯竭，则政令无法推行。民众怨恨自己的上级和国君，政令便不能很好地被执行，在这种情况下，想要敌国不要图谋、侵略自己国家，那是不可能的。“欲为天下者，必重用其国；欲为其国者，必重用其民；欲为其民者，必重尽其民力。”（《管子》30）因此，想要争霸天下，必须珍惜并慎用本国国力；想要治理好国家，必须慎重地用好本国民众；想要治理好本国民众，必须慎重，不能轻易耗尽民力。四是“取民有度，用之有止”。“地之生财有时，民之用力有倦，而人君之欲无穷。以有时与有倦，养无穷之君，而度量不生于其间，则上下相疾也。”(《管子》32）土地生产财富受时令限制，民众付出劳力有疲倦的时候，然而君主的欲望是无穷无尽的。如果用受限制的土地财富和有限的民力供养欲望无穷尽的君主，却没有合理地节制和限制，那上下之间就会彼此怨恨。如果做不到，就可能出现“是以臣有杀其君，子有杀其父者矣”。“故取之于民有度，用之有止，国虽小必安；取于民无度，用之不止，国虽大必危。”因此，对民众征收财物有限制，使用民力有节制，国家虽弱小也能安宁；反之，国虽强大也危险。

“百姓舍己以上为心”，上下同心是“政之所期”，是治国理民中君民关系的最高境界。“期而致，使而往，百姓舍己以上为心者，教之所期也。始于不足见，终于不可及，一人服之，万人从之，训之所期也。未之令而为，未之使而往，上不加勉，而民自尽竭，俗之所期也。好恶形于心，百姓化于下，罚未行而民畏恐，赏未加而民劝勉，诚信之所期也。为而无害，成而不议，得而莫之能争，天道之所期也。为之而成，求之而得，上之所欲，小大必举，事之所期也。”(《管子》67）实施教化所期待达到的效果就是百姓抛弃自我，把君主所想变成自己的心愿，征召如期而至，派遣立即前往；训导所期望达到的效果是，君主一人指挥，臣民万人随从；树立风尚期望达到的境界是，君主不用命令派遣奖赏，而群臣民众尽心竭力地主动作为；提倡诚信所期望达到的效果是，君主的好恶爱憎还没表现出来，民众就已经将其化为行动，刑罚褒奖还没颁布，民众就已经感到敬畏或鼓舞；遵循天道所期望达到的效果是，做事不产生恶果，事成之后不会遭到非议，得到成果没有人争夺；遵守法则和规律所期望的效果是行事则成、有求必应，君主所希望的大小事都能办成。首先做到以上几点，然后“令则行，禁则止，宪之所及，俗之所被，如百体之从心，政治所期也”。令行禁止，法律政令和风俗习惯所到之处，民众服从君主，如同身体服从内心一样，这是为政者治理民众所期望达到的最佳效果。因此，要得民心，首先君主要用心行德。“明主之使远者来而近者亲也，为之在心。所谓夜行者，心行也。能心行德，则天下莫能与之争矣。”（《管子》841）明主能使远者前来投奔、近者亲近，这都在于君主用心施政。君主如果能够用心行德施政，天下就没有人能够与之抗争了；而君主不得民心，就会出现“民心乃外”的现象。

君主应该做到“喜无以赏，怒无以杀”。如果做不到，就会出现“喜以赏，怒以杀，怨乃起，令乃废”。喜怒无常，民怨四起，政令就得不到执行，进而“骤令不行，民心乃外。外之有徒，祸乃始牙。众之所忿，置不能图”（《管子》118）。君主屡次下发命令，却都不能推行，民心向外背离。怀有向外背叛之心的人，一旦与外人结成党羽，祸乱就会萌芽滋生。而一旦激起民众公愤，君主就会无人支持，寡不敌众，所有事情都无法图谋。

五是要做好分工，懂“使民之道”。“举财长工以止民用，陈力尚贤以劝民知，加刑无苛以济百姓。行之无私，则足以容众矣；出言必信，则令不穷矣。此使民之道。”（《管子》378）管仲认为，应该开发财物，增加工事和工作机会，预备并满足百姓的用度；展示贤人的能力，推崇贤人来勉励百姓增长智慧；施加刑罚不要过于苛刻，帮助百姓改正错误。行政命令没有私心，足够容纳团结全天下的百姓；出言发令一定要讲信用，这样政令就能持续发布并得以执行。这些就是役使百姓的做法。除此之外，君主役使民众，还必须做好以下四方面的工作。

其一，通过职业分工役使民众，“分民知民”。“圣人之所以为圣人者，善分民也。圣人不能分民，则犹百姓也。于己不足，安得名圣？”（《管子》92）圣人善于使民各守其分，如果圣人不擅长分民，就同百姓一样了。自己管理民众的能力不足，怎么能算圣人呢？分民带来的好处是什么呢？“是故，非诚贾不得食于贾，非诚工不得食于工，非诚农不得食于农，非信士不得立于朝。是故，官虚而莫敢为之请，君有珍车珍甲而莫之敢有；君举事臣不敢诬其所不能。君知臣，臣亦知君知己也，故臣莫敢不竭力，俱操其诚以来。”（《管子》89）分民之后，士、农、工、商各行各业都能保证专业的人做专业的事，而不专业的人就不敢有非分之想。这样即使官位空缺，不合适的人也不敢为自己冒请替补；即使君主的待遇再好，也无人敢私自配置享用；君主要办大事，臣下民众不敢谎称自己能力不足不能办到。君主了解下属，下属也知道君主了解自己，所以，人人都能真心实意、老老实实、尽心竭力地为君主效劳服务。

其二，通过“分货”和“均地”责任到人役使民众。“分货”，即分取农产品，国家按土地田亩征收租税。“与之分货，则民知得正矣；审其分，则民尽力矣。是故，不使而父子兄弟不忘其功。”（《管子》90）实行与民分取财富的制度，农民可切实看到自己的所得和征收的租税，明确了征收标准和分配比例，农民就会尽心尽力。于是，不必督促驱使，父子兄弟都会主动关心生产，不忘劳动。“均地”，即均地到人、到户，“为而不倦，民不惮劳苦”。如果不均地到人到户，会出现什么样的后果呢？“故不均之为恶也：地利不可竭，民力不可殚。”如果不均地到户、到人，民众没有责任心，就会等、靠、要，就会偷懒，所以，人力不能得到充分发挥，最终导致土地不能被充分利用。

其三，役使民众要注意“使民知时”。“民乃知时日之蚤晏，日月之不足，饥寒之至于身也。是故，夜寝蚤起，父子兄弟不忘其功。”人民把握了时令，知道了时令早晚，便会珍惜时光，了解饥寒的切身感受。这样人们就会晚睡早起，父子兄弟全家人都能不忘劳作。为什么要使民知时呢？“时之处事精矣。不可藏而舍也。故曰：今日不为，明日忘货。昔之日以往而不来矣。”（《管子》93）因为时令对于农耕等事宜来说非常宝贵，而时令又不能被储藏停留，今天不及时生产，明天就没有货物财富。时光一旦消逝就会成为过去，就一去不复返了。如果不使民知时，会有什么样的后果呢？“不告知以时，而民不知；不道之以事，而民不为。”（《管子》90）如果不告知农民时令，农民就不知道要掌握时节，不会抓住农时劳作，不教他们做农事，农民就不会干出成效。

其四，役使民众要注意“托业于民”，即藏富于民。“是故，有事则用，无事则归之于民，唯圣人为善托业于民。”（《管子》92）国家有事就取用于民，向民众征税；国家无事就藏富于民，只有圣人才善于把产业和财富交付于民众，做到取用有度、有法。

六是要做到“法可立而治可行”。“古之欲正世调天下者，必先观国政，料事务，察民俗，本治乱之所生，知得失之所在，然后从事。故法可立而治可行。”（《管子》710）古代想要匡扶乱世、调和天下的人，必定先审察国政、清查国务、考察民俗，探究治乱产生的根源，明确得失之所在，然后才开始工作。因此，法度得以建立，政令能够施行。做到法立令行会产生什么样的效果呢？一方面，“法立令行，故群臣奉法守职，百官有常”（《管子》711），一旦国家法度确立、政令通行，群臣就会守法尽职，百官办事就有规划秩序；另一方面，“法不繁匿，万民敦悫，反本而俭力”。如果法立令行，且法度不轻易变更，民众就会敦厚朴实，安心农事本业，俭朴勤劳而用心用力。“故赏必足以使，威必足以胜，然后下从。”既然法立令行对君民双方都能产生巨大的影响力，那行赏就一定要足以激励人，立威也一定要足以制服人，这样才能达到下面服从统治的效果。如何才能保证法立令行并达到预期效果呢？“夫民躁而行僻，则赏不可以不厚，禁不可以不重。故圣人设厚赏，非侈也；立重禁，非戾也。赏薄则民不利，禁轻则邪人不畏。设人之所不利，欲以使，则民不尽力；立人之所不畏，欲以禁，则邪人不止。是故陈法出令而民不从。故赏不足以劝，则士民不为用；刑罚不足畏，则暴人轻犯禁。”（《管子》711—712）如果民心躁动、行为乖僻，赏罚就必须要重。圣人设重赏并不是奢侈，立重禁并不是暴戾。因为赏得太少民众感觉没利可图，禁令太轻坏人还是无所畏惧。赏少、罚轻，根本起不到引导民众的作用。

七是要依法治民且具备形势器具。实施法制，通过刑罚，达到“民畏而惧”“令往民移”的执政效果。其一，依法治民，客观公正则民无怨言。“明主者，一度量，立表仪，而坚守之，故令下而民从。”（《管子》900）明主统一度量，建立法度规范，坚定地维护法制，因此，命令下达后民众服从。其二，依法治民，有利于形成君主的凝聚力，且官吏清正廉洁。“吏者，民之所悬命也。”“百姓知主之从事于法也，故吏之所使者，有法则民从之，无法则止，民以法与吏相距，下以法与上从事。”依法治国，负责执法的官吏就决定着民众的性命，百姓知道君主依法办事，官吏对民众进行役使时，符合法度的民众就服从，不符合法度的民众就拒绝，民众用法度与官吏相抗衡，下级凭借法度为上层处理事务，这样无论是官吏或民众、上级或下级都能遵从法治，整个社会就会因遵守法度而规范有序。“故明主在上位，则官不得枉法，吏不得为私。民知事吏之无益，故财货不行于吏。权衡平正而待物，故奸诈之人不得行其私。”（《管子》901）明主在上位，官员不能枉法，小吏不能行私，民众看到侍奉官吏没有任何益处，就不会贿赂官吏了。法度就像权衡一样公平公正地对待万事万物，因此，奸诈之人就不能行私谋私了。其三，依法治民，有助于达到令行禁止、令往民移的执政效果。“正法直度，罪杀不赦；杀僇必信，民畏而惧。”（《管子》120）正直法度，有罪必杀而不宽赦，执行杀戮必守信用，民众就会畏惧法律，心生恐惧。“顿卒怠倦以辱之，罚罪宥过以惩之，杀僇犯禁以振之。植固不动，倚邪乃恐。倚革邪化，令往民移。”对于倦怠者，要整顿训斥，使其知耻而羞愧；对于有过失者，要进行责罚以示警告；对于犯禁者，要通过杀戮以产生震慑。君主依法治国之心坚定，乖戾邪僻的人就会内心恐惧，然后行为有改进和变化，一旦法令颁布，民众就依照政令而行动。

治理民众，不仅需要法律制度，还需要形势和武力装备做保障。“言是而不能立，言非而不能废，有功而不能赏，有罪而不能诛，若是而能治民者，未之有也。是必立，非必废，有功必赏，有罪必诛，若是安治矣？未也。是何也？曰：形势、器械未具，犹之不治也。形势、器械具，四者备，治矣。”（《管子》96）正确的意见被采纳、错误的被废止，有功赏、有罪罚，仅仅这样是不能治理好民众的。这四方面管理的制度性条件具备后，再加上形势条件、必要的器械和军事装备等武力保障后，才可以管理好民众。

八是最终要善于“与民为一体”。什么是“与民为一体”呢？与民为一体就是，明君要广泛听取民声，多方搜集众人的言论，以求达到兼听则明，然后才能顺从人心，适应人的本性和情感，做事从众人共同关心的角度出发。“与民为一体”会有什么样的执政效果呢？君主做到了与民一体，就会“令出而不稽，刑设而不用”（《管子》519）。命令发出后，不用考核检查就会得到很好执行；刑罚设立后，没有人违反而不用刑罚，最终实现“以国守国，以民守民也。然则民不便为非矣”。君民一体后，保卫国家就是保卫民众自己的国家，保护民众就是民众在保护自己，民众与君主的利益融为一体，民众当然不会为非作歹了，君主到达无为而治的最高境界。

九是君主要重民、畏民，惧身、惧声、惧气。“丹青在山，民知而取之；美珠在渊，民知而取之。”（《管子》550）丹青、美玉虽远在深山大渊，但民众知道它们的用途之后，就积极主动地开采取用，人民群众有分辨是非对错的能力。“是以我有过为，而民毋过命。民之观也察矣，不可遁逃，以为不善。”所以，君主可能有过错，而民众的评价却不会出错，民众的观察力很精准，谁也不能逃过他们的眼睛干坏事。“故我有善，则立誉我；我有过，则立毁我。当民之毁誉也，则莫归问于家矣，故先王畏民。”所以，君主做了好事，民众就会表扬；君主有过错，民众也会批评。民众对君主的善与不善反应迅速且客观公正，这毋庸置疑，所以圣明的先王总是很敬畏民众。为什么“先王畏民”呢？“操名从人，无不强也；操名去人，无不弱也。虽有天子诸侯，民皆操名而去之，则捐其地而走矣，故先王畏民。”持有善名而且听从民众意愿的国家都能走向强盛；持有恶名而背离民众意愿行事的国家都会步入衰弱。虽然天子诸侯高高在上，民众都会因其持有恶名而离去，天子诸侯因为没有民众的劳作侍奉，只好放弃土地而奔走，正因为如此，先王才畏惧民众。“有过而反之身，则身惧。有善而归之民，则民喜。往喜民，来惧身，此明王之所以治民也。”（《管子》553）君主有了过失就归咎于己，自身就会有所戒惧，以后减少犯错。有了善行归功于民，民众则会喜悦，以后会为国家作出更大贡献。因此，君主要修身，要敢于自我批评，承认自身错误，从自身找问题，这样的素质和修为是治理民众的根本。“今夫桀纣不然，有善则反之于身，有过则归之于民。归之于民则民怒，反之于身则身骄。往怒民，来骄身，此其所已失身也。”相反，如果像桀纣一样，有善举都归因于己，有过错都归罪于民。推脱过失，民众会因为无端受到罪过而愤怒；揽善居功，君主则会骄纵自身。这就是君主身死灭国的原因。“故明王惧声以感耳，惧气以感目。以此二者有天下矣。”因此，明王注重自身修养，严格要求自己，不仅惧身，而且戒惧自己发声是不是会让他人听后不舒服；戒惧自己仪态神气是不是会让他人看后不舒适，小心谨慎地严格要求自己的气度修养，最终达到感化民众、巩固统治、安顿天下的目的。

十是懂得处理君民关系是为治理好国家。国家建立的目的就是形成君、臣、民上下等级秩序，以使整个社会有序运行。“古者未有君臣上下之别，未有夫妇妃匹之合。”(《管子》522）古代时，没有国家，人与人之间没有君臣夫妇之别，整个社会没有秩序，人们只能“兽处群居，以力相征”，像野兽一样共处群居，以强力相互争斗。“于是智者诈愚，强者凌弱，老幼孤独不得其所。”于是整个社会出现聪明者欺诈愚者，强者欺凌弱者，老人、幼儿、孤儿、无子女的老人都得不到照顾。“故智者假众力以禁强虐，而暴人止。为民兴利除害，正民之德，而民师之。”面对这样的情形，睿智的圣王就借助众人的力量禁止强横暴虐之事，残暴之人就这样被制止了。圣王一方面团结民众反抗，禁止强人暴虐；另一方面为民众兴利除害，教化规正民众的德行。“是故道术德行，出于贤人。其从义理兆行于民心，则民反道矣。”所以可得出结论：智者贤人总结出道术德行，并通过教化规正，让义理被民众认可并深深根植于民众心中，民众回归正道。“名物处，是非分，则赏罚行矣。上下设，民生体，而国都立矣。”(《管子》523）这样的好处是辨别名与物、分清是与非，赏罚就能得以推行；君臣父子上下设定，民众的生活有了秩序体统，国家也就建立起来了。“是故国之所以为国者，民体以为国；君之所以为君者，赏罚以为君。”(《管子》524）所以说，民众之间形成贵贱、尊卑、上下的体统就形成了国家，君主掌握了赏罚权力调解管理社会民众，才能成为君主。

在治理国家的过程中，君主要通过对民众进行奖赏惩罚来治理引导民众。民众有体统，君主有赏罚权，国家就成立了，而为了维护体统、更好地巩固国家，君主必须用赏罚权；然而君主的赏罚权也不是万能的。“致赏则匮，致罚则虐。财匮而令虐，所以失其民也。”“夫赏重，则上不给也；罚虐，则下不信也。”即如果依靠重赏，将导致国家供给不足，无法承担，财物匮乏；刑罚暴虐，民众不会信服，国家会因为财物匮乏、政令刑罚过于暴虐而失去民心，得不到民众支持，最终失败。既然赏罚只是必要手段而不是万能的，那么怎样才能从根本上解决问题，真正实现国家治理、民众服从呢？一方面，明君应“审居处之教”，即重视日常教化。“是故明君审居处之教，而民可使居治、战胜、守固者也。”明君会注重日常的教化工作，以此达到平时服从治理，战时能够取胜，防守牢不可破。另一方面，明君应重视“饰食饮吊伤之礼”，即整饬宴饮吊丧礼节。“是故厉之以八政，旌之以衣服，富之以国禀（廪），贵之以王禁，则民亲君可用也。民用，则天下可致也。”贤明的君主用八种官职勉励人民，用不同品质图案的衣服表彰他们，用国家俸禄使他们生活富足，用国家的法度使他们地位尊贵，这样民众就会亲近依附君主，供其役使。有民众可用，天下就会归附。

君主治理国家，处理君民关系的最高境界是“民用”，即民众依附君主，为君主役使。怎么样才能让民众归附呢？从具体的治理手段上，要做到“故德之以怀也，威之以畏也，则天下归之矣”。用怀柔之心施以恩德，用敬畏之事展现威势，这样就能达到天下百姓归附的效果。从治理根本上讲，“天下道其道则至，不道其道则不至也”（《管子》524）。施行君道，遵循正确的道路，天下就会前来归附，反之则不会。那么“天下道其道”即遵循正确的道的治理效果是什么呢？“有道之国，发号出令，而夫妇尽归亲于上矣；布法出宪，而贤人列士尽功能于上矣。”有道的国家，只要国家发号施令，普通民众就会亲近归附君主；颁布法典，贤人列士就会为君主尽忠竭智，为国所用。怎样才能达到这样的治理效果呢？关键是“义礼明也”。怎么样才能达到“义礼明”呢？“千里之内，束布之罚，一亩之赋，尽可知也。”国君要清楚赏罚赋税的实施情况。正是因为“义礼明”，所以“治斧钺者不敢让刑，治轩冕者不敢让赏，坟然若一父之子，若一家之实”。掌管刑罚、奖赏权力的人不敢私下窃取使用权力，君臣团结得像一家人一样。相反，如果“义礼不明”，就会“夫下不戴上，臣不戴其君，则贤人不来。贤人不来，则百姓不用。百姓不用，则天下不至”(《管子》527)。下级不拥护上级，臣子不拥护君主，贤人不会效力。贤人不来，百姓就不肯为君主效力，君主自然就得不到天下。为什么会出现这样的情况呢？因为出现了以下侵上的问题。“德侵则君危，论侵则有功者危，令侵则官危，刑侵则百姓危。”(《管子》527)施恩布德的赏赐权力被侵夺，国君就有危险了；论功行赏的权力被侵夺，有功之臣就有危险了；发号施令的权力被侵夺，官吏就有危险；君主决定刑罚的权力被侵夺，百姓就会有危险。“而明君者，审禁淫侵者也。”因此，贤明君主严格禁止侵占权力的行为。因为“上无淫侵之论，则下无异幸之心矣”。上位者没有侵占君权，下位者就不会有贪取的侥幸心。

## 四、君臣、君民关系中君主为主导

“故一人之治乱在其心，一国之存亡在其主。天下得失，道一人出。”(《管子》755）一个人好坏的关键在于此人的心智和心志，而一个国家的生死存亡、天下得失关键在于君主一人。“故曰：主身者，正德之本也；官治者，耳目之制也。身立而民化，德正而官治。治官化民，其要在上；是故君子不求于民。”(《管子》509）所以，君主自身是规正德行的根本，至于官吏则好比耳目，是受根本节制的。君主身正有德，民众就受到教化；君主德行端正，官吏就能得治。教化好民众、管理好官吏，关键在于君主，所以，君主是不苛求民众的。无论在国家治理，还是在处理君臣、君民关系过程中，君主始终都处于主导地位。

一是君主在处理君臣关系中处于主导地位。一方面，“治乱在主”。“故曰：主道得，贤才遂，百姓治。治乱在主而已矣。”(《管子》508）君主如果得道，贤才就得以重用，百姓的生活就会被治理得井井有条，国家是治是乱，根本的原因在君主。为什么呢？“是以为人君者，坐万物之原，而官诸生之职者也。”因为君主是守住万事万物的总原则，是授予众人官职并管制他们的人，所以把握总的原则、掌握最高权力的君主的职责是：“选贤论材，而待之以法。举而得其人，坐而收其福，不可胜收也。”依靠法度选拔贤良、评判人才，如果选人用人得当，就能坐而治理国家，尽享其福，源源不断；如果选拔的官吏不能胜任，君主无论怎么奔走忙碌也无法补救。“而国未尝乏于胜任之士，上之明适不足以知之。”国家从来不缺少人才，只是君主不能明察发现并任用人才，所以真正英明的君主可以认真审查并启用能胜任的官员。另一方面，“治官化民，其要在上”。君主自身是规正德行的根本，官吏则好比其耳目，受君主这个根本的制约，处于从属地位。君主立身有德，民众自然就得到教化，君主德正，官吏就能管好，所以，教化民众、管好官吏关键在于君主，圣明君主不会要求指望民众。“国家有悖逆反迕之行，有土主民者，失其纪也。”(《管子》509）如果出现了以下犯上的悖逆行径，那是因为拥有国土的君主丧失了纲纪。其根本的原因在于上面的君主，而不是下面的民众。

二是君主在君民关系中处于主导地位。“君子食于道，小人食于力，分民。”(《管子》538）君子求食于治国之道，小人求食于出卖劳力，这就是君民各自的本分。“君子食于道，则义审而礼明，义审而礼明，则伦等不逾，虽有偏卒之大夫，不敢有幸心，则上无危矣。齐民食于力则作本，作本者众，农以听命。是以明君立世，民之制于上，犹草木之制于时也。”(《管子》539）君子求食于治国之道，义礼就详审完备而明确，义礼翔实明确，伦理等级就不会被逾越，即使是掌握兵权的卿大夫也不敢存有侥幸心理，那国君就没有危险了。平民百姓求食于出卖劳动力，就会努力从事农业生产，从事农业的人数众多，就会努力生产而服从命令。因此，贤明的君主执掌政事，百姓就受君主控制，就好像草木受时令控制一样。也就是说，君主和臣民分工不同，两者是对立的关系，但是，二者之间又相互合作、互相成就，并且两者关系不是完全平等的，而是以君主为主导，民众更多地依靠君主。

“夫万民不和，国家不安，失非在上则过在下。”(《管子》710）在治国理民中，如果出现民众不和谐、国家不安定，原因必定只有两种情况，即高层君主有失误，或下层有过错。

什么情况属于“失在上”呢？“今使人君行逆不修道，诛杀不以理，重赋敛，得民财，急使令，罢民力。财竭则不能毋侵夺，力罢则不能毋堕倪。民已侵夺堕倪，因以法随而诛之，则是诛罚重而乱逾起。夫民劳苦困不足，则简禁而轻罪，如此，则失在上。失在上而上不变，则万民无所托其命。”假如君主倒行逆施、不循正道，不依法理诛杀百姓，加重征收赋税，搜刮民财，劳役命令急迫，民力疲惫困顿，这样的治理必然导致民财枯竭相互侵夺，民力疲困懈怠轻慢。民众已经达到这种境况，再用刑罚惩戒民众，如果刑罚越重就越会激起祸乱，最终导致民众深陷劳苦穷困，生活没有希望期盼，从而怠慢禁令轻视犯罪。出现以上这些情况，就是过错在君主。失误在君主上，君主却不改变，民众就无法生存下去，就会出现“官逼民反”，导致政治不稳定。

什么情况属于“过在下”呢？“今人主轻刑政，宽百姓，薄赋敛，缓使令，然民淫躁行私而不从制，饰智任诈，负力而争，则是过在下。过在下，人君不廉而变，则暴人不胜，邪乱不止。暴人不胜，邪乱不止，则君人者势伤而威日衰矣。”如果君主本来就轻刑简政、宽待百姓、减轻赋税、缓于使令，而民众却放纵行私、狂躁不听节制、偷奸耍滑、暴力相争，过失就在民众。如果过失在民众，君主不觉察并改变策略，任其发展，长此以往，君主的权威就会受损。由此可见：第一，无论是“失在上”还是“过在下”，其根本原因都是国君的治道、赏罚、赋税、政令等出现问题。第二，治道、赏罚等出现问题的原因都是君主的工作没有做到位。想要治理天下，国君应提前对国情民意进行调研，把握实际情况之后再提出相应的政策策略。第三，国君的治道、赏罚、赋税等恰当，民众便能够安定而得以治理。因此，在治国理民、处理君民关系时，国君处于主导地位，起着决定性因素，所以只有君主深刻认识并做好以下六个方面，才能更好地治国理民、处理君民关系，实现国家稳定。

其一，君主要恩威并重，才能既得民爱戴又使民肃穆而敬畏。“人主者，温良宽厚则民爱之，整齐严庄则民畏之。故民爱之则亲，畏之则用。夫民亲而为用，主之所急也。”(《管子》850）君主想要达到的执政效果是民众亲近又能为他所用。如何才能让民众亲近君主呢？君主必须性格温良、待人宽厚。如何才能让民为其所用呢？君主必须整齐、庄严、肃穆，民众就会敬畏从而为其所用。因此，君主应“言辞信，动作庄，衣冠正，则臣下肃。言辞慢，动作亏，衣冠惰，则臣下轻之”(《管子》849)。君主言辞诚信、动作庄重、衣冠整齐，臣下就会肃然起敬；相反，君主言辞轻慢、动作有失德、衣冠随意，臣下就会蔑视君主。“且怀且威则君道备矣。”(《管子》850）所以，君主一方面要关怀爱护民众；另一方面要保持自身的威严，两方面都做得好，才符合为君之道。

其二，君主要利用自己的权威思想引导民众。“御民之辔，在上之所贵；道民之门，在上之所先；召民之路，在上之所好恶。”(《管子》10）统率民众的纲纪，关键在于君主重视什么；引导民众的法门，要看君主提倡以什么为先；号召民众走哪条道路，要看君主的好恶是什么。

其三，君主要善于运用决塞思想引导民众。“牵于衣食之利，故愿而易使，愚而易塞。”(《管子》538）引导民众关心衣食之利，百姓就会老实而易被操纵、愚昧而易被控制。“故民迁则流之，民流则迁之。决之则行，塞之则止。虽有明君，能决之，又能塞之。决之则君子行于礼，塞之则小人笃于农。君子行于礼，则上尊而民顺；小民笃于农，则财厚而备足。上尊而民顺，财厚而备足，四者备体，顷时而王不难矣。”（《管子》539）百姓偏于保守就要使他们开通，百姓偏于开通就要使他们保守。疏导他们就会流通，阻塞他们就会停止。唯独贤明君主既能做到疏导，又能做到阻塞。疏导使君子遵守礼制，阻塞使民众专心务农。君子遵守礼节，就会君主尊贵而百姓顺从；小民专心务农，就会财物丰厚而储备充足。君主尊贵，百姓顺从；财物丰厚，储备充足，这四者齐备，迅速称王就不是难事。

其四，君主必须要提升综合素质才能处理好君民关系。治理民众，还需要明则、明象、明法、明化、明决塞、明心术、明计数。“不明于则，而欲出号令，犹立朝夕于运均之上，檐竿而欲定其末。不明于象，而欲论材审用，犹绝长以为短，续短以为长。不明于法，而欲治民一众，犹左书而右息之。不明于化，而欲变俗易教，犹朝揉轮而夕欲乘车。不明于决塞，而欲驱众移民，犹使水逆流。不明于心术，而欲行令于人，犹倍招而必拘之。不明于计数，而欲举大事，犹无舟楫而欲经于水险也。”（《管子》99）如果想治理民众，君主不明则、不明象、不明法、不明化、不明决塞、不明心术、不明计数就会出现各种笑话，反面说明了君主做到“明”的重要性。“故曰：错仪画制，不知则不可；论材审用，不知象不可；和民一众，不知法不可；变俗易教，不知化不可；驱众移民，不知决塞不可；布令必行，不知心术不可；举事必成，不知计数不可。”（《管子》100）所以，治理民众时，立法定制，不了解法则规律不行；量才用人，不了解具体情况不行；统一思想、团结民众，不了解规范法度和行为准则不行；移风易俗、改进教育，不会导民教化不行；发动群众、调遣民众，不善于权衡不行；发号施令贯彻执行，不了解群众心思和思想动向不行；举办大事想要成功，不精于运筹谋划不行。

其五，君主要谨慎对待自己的权威防止出现“四伤”。治理民众，要防止威伤、法伤、教伤、众伤。

谁能伤君主的威，威伤的恶果是什么呢？“百匿伤上威”，“威伤，则重在下”，“重在下，则令不行”(《管子》101)。朝廷中各种坏人、邪恶势力当政，就会损害君主的权威。君主的权威受到损害，朝中大权就会下移落入佞臣手中。君威下移到佞臣手中，君主大权旁落，君主政令就无法推行。

谁会伤法，伤法的恶果是什么呢？“奸吏伤官法”，“法伤，则货上流”，“货上流，则官徒毁”。执法的官吏不客观公正就会成为奸官污吏，会破坏国家法律。法律被破坏之后，财富就会以贿赂的形式向上流入奸吏手中，最终官民的道德和风气遭到毁坏。

谁在伤教，教伤的恶果是什么呢？“奸民伤俗教”，“教伤，则从令者不辑”，“从令者不辑，则百事无功”。奸民败坏风俗教化，导致官民不能和睦顺从，最终不能团结一致，任何事情都无法做成。

谁在伤众，众伤的恶果是什么呢？“贼盗伤国众”，“众伤，则百姓不安其居”。盗贼逞强，伤害国内民众的生命及财产利益。民众的生命和财产安全受到威胁和伤害，就不能安居乐业。“百姓不安其居，则轻民处而重民散；轻民处、重民散，则地不辟；地不辟，则六畜不育；六畜不育则国贫而用不足；国贫而用不足，则兵弱而士不厉；兵弱而士不厉，则战不胜而守不固；战不胜而守不固，则国不安矣。”百姓不能安居乐业，就会四处游走，导致土地不能得到开垦耕种，六畜不能得到养殖繁育，国家贫困、财力不足、兵力薄弱、士气不振、军队衰弱，最终导致战不能胜、守不能稳固，国家面临灭亡的危险。

由此可见，是“百匿”“奸吏”“奸民”“贼盗”造成了“四伤”，是什么导致其盛行，从而产生“四伤”呢？“故曰：常令不审，则百匿胜；官爵不审，则奸吏胜；符籍不审，则奸民胜；刑法不审，则盗贼胜。”（《管子》102）国家法令不严明，就会导致奸臣当道；官爵制度不严格，贪官污吏就会掌握权力；符籍制度管理不严明，奸邪小民就会乘机得势；刑罚制度不严格，盗贼就会猖獗。所以，治理国家的四种根本制度是政令、官爵、符籍、刑罚，必须严格落实，不然就会使国君权力分散，最终导致忠臣不被重用，国情不被君主掌握，国家就会处于危险境地。

其六，君主要加强自身修养，不断自我完善，勇于承认错误。“百姓之恶人之有余忌也！是以长者断之，短者续之，满者洫之，虚者实之。”（《管子》550）百姓憎恶缺陷多的人，所以君主应该注重自身修为——过长的就要截短它，过短的就要续长它，过满的就要疏导排泄掉，空虚的就要充实，总之要通过加强自身修为，纠正自身严重的缺点。“身不善之患，毋患人莫己知。”因此，君主应首先忧虑自身修养的不完善，而不是担心别人不了解自己。管子认为：“善罪身者，民不得罪也；不能罪身者，民罪之。故称身之过者，强也；治身之节者，惠（慧）也；不以不善归人者，仁也。”（《管子》552—553）对善于归罪于自身的人，即善于自我批评的人，民众就不会再归罪于他，即不会批评他。相反，如果出现问题，君主不能归罪于自身，民众就会认为其有罪。所以，勇于承认自身错误的人，才是强大的；善于修养自身节操的人，才是智慧的；不把过失或不善之事归罪于他人的人，才是仁义的。

## 第四节 对弱势群体进行救助帮扶

现代政治学原理告诉我们，维护政权的合法性、巩固政权必须重视政权的正义性。“正义性，即是否能保护社会最不利者阶层的利益。”[①]《管子》中对于老弱病残孕等不利者阶层基本权益的保护的阐释全面细致，其中所蕴含的政治理想远超同时代其他诸侯国的政治实践及其他学派的思想主张，对于今天解决教育、医疗、养老、脱贫、救灾等民生问题，以及应对人口老龄化、低生育率、维护残疾人权益等重大社会问题，也有很多启示和借鉴作用。

### 一、重视社会弱势群体既是周天子的要求，也是齐国争霸的需要

周天子每年春天祭祀都要求各诸侯国解决社会弱势群体的基本生活保障，并明确由各国宰相承担责任。在春天的时节，天子进行祭祀，发布命令，准备好从事春夏劳作的生产工具。教导各诸侯国改善民生条件，使百姓安乐长寿，教导民众制作酒食孝敬老人，并妥善安排社会

---

① 杨光斌：《政治学导论》，中国人民大学出版社 2000 年版，第 34 页。后续相关引用仅做括注。

上的弱势群体。“民生而无父母，谓之孤子。无妻无子，谓之老鳏。无夫无子，谓之老寡。此三人者皆就官，而众可事者不可事者食如言而勿遗。多者为功，寡者为罪，是以路无行乞者也。路有行乞者，则相之罪也。”(《管子》1112）对鳏、寡、孤这三种人都要提供房屋让其居住；而对于广大可以做事的、不可以做事的人，都要像承诺的一样使其可谋生糊口，不要遗弃他们。鼓励他们积极做事，多做事的有功，少做事的有罪，这样的管理就会实现各尽其用、路上没有行乞之人的效果。如果由于没有治理好，路上出现行乞之人，那就是各国宰相的罪过。由此可知，天子于春天颁布的命令中，很大一部分是要求保障民生、关心弱势群体，并明确责任到各国宰相。

做好社会弱势群体工作，也是齐国想在诸侯争霸中脱颖而出的现实需求。桓公面对因战争而死伤的战士的后代想给予抚恤。“吾国者，衢处之国，馈食之都，虎狼之所捿也。今每战，舆死扶伤如孤，荼首之孙，仰倳戟之宝，吾无由予之，为之奈何？”(《管子》1031）桓公说，我们齐国是处于交通要道的国家，是依靠其他地方提供粮食的国家，是虎狼集聚栖息的地方。如今每次打仗死伤惨重，死伤战士留下的孤儿和子孙、依靠持戟打仗生存的战俘，我都无法给予他们抚恤，这该怎么办呢？管仲建议，用轻重之术以官价收购富豪家庭的粮食，炒高粮食价格，政府赚取数十倍的差价然后解决这个问题。“君出四十倍之粟，以振孤寡，牧贫病，视独老穷而无子者，靡得相鬻而养之，勿使赴于沟浍之中。若此，则士争前战为颜行，不偷而为用，舆死扶伤，死者过半。”(《管子》1031）君主拿出四十倍粮食差价赚的钱，用于赈济战争造成的孤寡，收留贫困病弱之人，看望年老、贫穷和无子的独户老人，使他们不再卖身为奴而得以活命，不让他们死在沟壑而无葬身之地。这样一来，战士都会争先奔赴战场，不苟且偷生，而能为国效力，愿意为国捐躯的死士过半。这说明，一方面，通过轻重之术获取大量财富后，政府可以用来安抚救济因战争而牺牲的人的家属后代，激励民众参军为国而战；另一方面，在当时的齐国帮扶弱势群体已经成为一项君臣都很重视的现实国策。

管仲坚持认为，解决好战士的后顾之忧、照顾好弱势群体，能保证有更多人为国效命。“匹夫为鳏，匹妇为寡，老而无子者为独。君问其若有子弟师役而死者，父母为独，上必葬之：衣衾三领，木必三寸，乡吏视事，葬于公壤。若产而无弟兄，上必赐之匹马之壤。”（《管子》1020）单身男人叫鳏，单身女人叫寡，老而无子叫独。君主要查明，如果有家庭的弟子服兵役而战死，父母成为“独”，君主必须负责安葬战死的士兵：提供葬衣三套、棺木三寸厚，乡里官吏负责监督办理丧事，安葬在公墓里。如果战死的士兵是没有兄弟的独生子，君主必须赐给他父母一块土地，这块土地的大小是一匹马一天所能耕种的面积。“故亲之杀其子以为上用，不苦也。”如果君主能做好这些善后工作，双亲因儿子为国出征作战而牺牲的痛苦也会减少一些。虽然做好善后工作的根本目的是激励更多人为国征战，但也能体现君主和国家对弱势群体的关怀及比较健全的社会保障制度。

如何才能招揽天下之才，让更多人为齐国效命呢？管仲认为：“请使州有一掌，里有积五窌。民无以与正籍者予之长假，死而不葬者予之长度。饥者得食，寒者得衣，死者得葬，不资者得振，则天下之归我者若流水。此之谓致天下之民。”（《管子》1028）在每个州设立一个主管官吏，在每个里准备五窌粮食，对缴纳不起税费的穷苦人家给予长期借贷，对无处埋葬死者的人家给予安葬之地。使饥饿的人有饭吃，挨冻的人有衣服穿，死人得到安葬，穷人得到赈济，那么天下之人就会像水一样归附于国家。这就是招揽天下之才。“故圣人善用非其有，使非其人，动言摇辞，万民可得而亲。”所以，圣君善用不属于自己的财富、善使不属于自己的民众，他只需要发出号令，就能使万民亲附。为了实现招引天下之人归附齐国、巩固齐国统治这个最根本的政治目标，这些帮助弱势群体的惠民政策就十分必要。

桓公想解决大夫之家积累财富粮食而不消费的问题，管仲建议先处理不仁不孝的城阳大夫，这样就会形成带动效应。“功臣之家皆争发其积藏，出其资财，以予其远近兄弟。以为未足，又收国中之贫病孤独老不能自食之萌，皆与得焉。”（《管子》1087）随后，功臣之家就都开始争相发放他们囤积的物资，贡献钱财赠予远近兄弟。如果他们觉得这样做还不够好，就会收养资助贫苦、病弱、孤独、衰老之人和不能自食其力的百姓。“故桓公推仁立义，功臣之家兄弟相戚，骨肉相亲，国无饥民。”所以，管仲建议桓公推行仁义之政，功臣之家就会兄弟和睦、骨肉相亲，国家没有饥民。

桓公想回报峥丘之战中通过借贷为国缴纳赋税的平民百姓，管仲建议，只能采用“缪数”，才能让民众得到实惠。正是由于这番“缪数”的曲线治理、反向操作，“称贷之家皆折其券而削其书，发其积藏，出其财物，以振贫病，分其故赀，故国中大给”(《管子》1088)。放贷者于是都折毁借券、削除契约、发放囤积的粮食、散出积攒的财物，救济贫弱病困的百姓，分发以前囤积的资产，因此国内民众丰衣足食。“峥丘之谋”客观上也对弱势群体进行了救助。

## 二、“四旬五行九惠之教”，实现国都内不利者阶层全覆盖

君主和国相都很关心弱势群体，那具体应该出台什么样的政策呢？“入国四旬，五行九惠之教。一曰老老，二曰慈幼，三曰恤孤，四曰养疾，五曰合独，六曰问疾，七曰通穷，八曰振困，九曰接绝。”(《管子》777)主持国政的人应该四处巡视、多方走动，广泛而普遍地施行九种惠民的教政：一是老老，即赡养老人；二是慈幼，即妥善养育后代幼子；三是恤孤，即养育失去父母的孤幼儿童；四是养疾，即扶养先天智力有障碍者和残疾人等；五是合独，即关心单身老年人；六是问疾，即对病人进行问候关心；七是通穷，即向上级汇报穷苦人家的情况，通穷之官予以解决；八是振困，即救灾赈灾；九是接绝，即祭奠因公牺牲的英烈忠魂。可以看出，这九个方面基本实现了对整个社会不利者阶层的全覆盖，体现了执政者对特殊人群的关注关照，即使在今天看来依然具有先进性、正义性和价值感，对巩固政权的稳定性起到重大的积极作用。

## 三、“九惠之教”细致、全面、操作性强，体现爱民如子的情怀

“九惠之教”具体的内容是什么呢？“所谓老老者，凡国都皆有掌老。年七十以上，一子无征，三月有馈肉。八十以上，二子无征，月有馈肉。九十以上，尽家无征，日有酒肉。死，上共棺椁。劝子弟，精膳食，问所欲，求所嗜。此之谓老老。”（《管子》777）国都设有掌老之官，专职管理老人的问题。人年龄越大，对其家庭征收的税费越低、供应的酒肉美食越多，目的是帮助有老人的家庭更好地照顾、赡养老人。而且在细节上劝化老人的子弟家人，要为老人精心准备饭食，询问老人的心愿和爱好，满足老人物质和精神各方面的需求。老人死后，官府为其提供棺椁，所有的这些政策和措施都是为了在全社会形成孝敬老人的正确导向。

“所谓慈幼者，凡国都皆有掌幼。士民有子，子有幼弱不胜养为累者。有三幼者无妇征，四幼者尽家无征，五幼又予之葆。受二人之食，能事而后止。此之谓慈幼。”（《管子》777）国都设立掌幼官，解决士民有年幼的孩子却无力抚养深受拖累的情况。有三个孩子的家庭免除妇女的劳役，有四个孩子的家庭全家免除劳役，有五个孩子的家庭不仅免除劳役而且还予以补偿并提供保障。官府发两个人份额的食物，直到孩子长大能生活自理、从事劳动为止。国家设立“掌幼”这样的官职，通过免除劳役，并给予其物质上的支持和保障，就是要减少家庭在生养孩子上的负担，从而引导社会多生优育，保证国家有一定的人口规模，从根

本上促进国家发展。

“所谓恤孤者，凡国都皆有掌孤。士人死，子孤幼，无父母所养，不能自生者，属之其乡党知识故人。养一孤者，一子无征。养二孤者，二子无征。养三孤者，尽家无征。掌孤数行问之，必知其食饮饥寒、身之膌胜，而哀怜之。此之谓恤孤。”（《管子》777—778）国都设置掌孤之官。士民去世后，孩子孤幼，无父母或其他养育者，不能自力更生，便把孩子分配给乡党、朋友故人抚养。凡是承担抚养孤幼的家庭，可免除相应的征役，抚养的孤幼越多减免的越多，抚养三个孤幼的家庭减免全家的征役。同时，掌孤之官要不间断地多次询问，确认已被领养的孤幼的饮食温饱和身体胖瘦情况，要关爱、怜悯、关心他们。国家设置掌孤之官，国君关心孤幼养育工作，士民才能无后顾之忧，为国做贡献。

“所谓养疾者，凡国都皆有掌养疾。聋盲喑哑，跛躄偏枯握递，不耐自生者，上收而养之疾官，而衣食之，殊身而后止。此之谓养疾。”（《管子》778）国都设立养疾之官，耳聋、目盲、哑巴、跛脚、半身不遂、两手无法伸展弯曲的伤残重病之人，不能自力更生的，官府就把他们养在疾馆中，给他们提供衣食，保障其基本的生活，直到他们去世。政府把各家各户的残疾人都收养起来，不仅使各家各户摆脱了长期照顾残疾人的生活负担和情感压力，也使各家各户有再生孩子的可能和坚持各项工作的机会，还体现了政府的道义和担当，民众便更加拥护爱戴君主和国家。

“所谓合独者，凡国都皆有掌媒。丈夫无妻曰鳏，妇人无夫曰寡，取鳏寡而合和之，予田宅而家室之，三年然后事之。此之谓合独。”

(《管子》778)国都设立掌媒之官，让鳏、寡结合，给予他们农田、房舍，让他们成家立业，三年之后，这个新家庭就能为国家承担更多的职事，作更大的贡献。

"所谓问疾者，凡国都皆有掌病。士人有病者，掌病以上令问之。九十以上，日一问。八十以上，二日一问。七十以上，三日一问。众庶五日一问。疾甚者以告，上身问之。掌病行于国中，以问病为事。此之谓问病。"(《管子》778)国都设立掌病之官，士民生病，掌病之官就按君上的旨意慰问。九十岁的一日一问候，八十岁的两日一问候，七十岁的三日一问候，年岁越高，问候的频次越多。其他庶民，五日一问。病情严重的则要告诉上级，上级亲自问候。掌病之官在国中巡行，专门做慰问病人的相关工作。

"所谓通穷者，凡国都皆有通穷。若有穷夫妇无居处，穷宾客绝粮食，居其乡党，以闻者有赏，不以闻者有罚。此之谓通穷。"(《管子》778)国都设立通穷之官，如果有贫穷的夫妇没有居住之地，贫穷的外地人没有粮食无法生存，与他们同住在一起的人将情况告知通穷之官则有赏，不告知则受罚。可见，通穷之官监控着所有人，保证其最低生活标准。

"所谓振困者，岁凶，庸人訾厉，多死丧。驰刑罚，赦有罪，散仓粟以食之。此之谓振困。"振困就是遇到凶年歉收时，普通人生病，死丧很多，就要适度放松刑罚、赦免罪人，开放国家的粮食储备，把粮食给饥民吃。"故相壤定籍而民不移，振贫补不足，下乐上。"(《管子》926)另外，根据土地的好坏等级确定相应的赋税，百姓就会安定；通过赈济贫困的方式补助收入不足的百姓，百姓就会拥戴君主。"山田以君寄币，振其不赡，未淫失也。”(《管子》955）种植山田的农户凭借君主给予的财物，通过接济救贫解决不能自养的问题，也不至于有太多损失。由此可以看出，一方面，凶年不是经常发生，具有偶然性，而且基本的生存权本就应该全覆盖，而不应该局限于“国都”，所以“振困者”并不是“凡国都皆有”的标配，而是国家统一任命负责全国事务的官员；另一方面，振困振贫是与相壤定籍的赋税政策关联的，是真实存在的。

“所谓接绝者，士民死上事，死战事，使其知识故人受资于上而祠之。此之谓接绝也。”(《管子》778）士民为国君的公事而死，死于战事的，就让他们的故人朋友从国君处拿钱物祭祀他们。先秦时期，“国之大事，在祀与戎”(《左传》974)。因此，为君主和战争这样“国之大事”而死的人，应该更加重视对其的“祭祀”，这样的人如果没有后代，国家也应该给予专款，委托其故人朋友祭祀怀念他。而这样的大事，就不仅局限于国都内的士人，因此，“接绝者”并不是“凡国都皆有”，而是由国家统一任命，并负责全国所有战死者的祭祀事务。

据此，可以得出如下结论。其一,九项惠民之教政具有鲜明的阶级性，九项惠民教政的官长有七项设置在国都，而其他区域内没有相应的职位和福利。根据当时的行政区划规定，“故百家为里，里十为术，术十为州，州十为都，都十为霸国，不如霸国者，国也，以奉天子”(《管子》787)。百家组成一里，十里为一遂，十遂为一州，十州为一都，十都为一个大国，人口规模和面积等达不到大国标准的，就是一小国，小国直接归天子统领。可见，当时的行政区划或社会单位是家、里、遂、州、都、霸国和归天子直管的小国。凡国皆有掌老等专门的职位和相应的福利，而国都以下的家、里、遂、州居住的庶民并不能享受这样的权利和福利。就如同在城乡二元化时代下，居住在大城市里的城市居民能享受到的权利福利，居住在广大乡村的农民并不能完全享受到。其二,九项惠民教政都有专人负责，分工明确且有详细的可以量化的操作规定，具有可信性。在以人口为主要执政资源的春秋时期，为巩固政权，对于国都中的士人完全可以实现以上权利和福利。不能简单地因为这类政策、管理实务无法证明，也没有考古实物支撑，就怀疑古人无法实现。其三,九项惠民教政的根本目的虽是巩固统治、维护政权，但在客观上保障了民众的基本生存权，具有先进性。其四，从九项惠民教政可以看出当时齐国的综合国力、社会福利和政治开明的先进性。其五，与儒家相应的思想完全不同，儒家仅仅是一种人道政治的理想和主张，缺少操作性。“大道之行也，天下为公。选贤与能，讲信修睦，故人不独亲其亲，不独子其子，使老有所终，壮有所用，幼有所长，矜寡孤独废疾者皆有所养。男有分，女有归。”(《礼记》419）儒家认为春秋战国时期“大道既隐，天下为家”，认为在“大道之行”的时代，即远古的五帝时代，天下为公，整个社会互相关照才是理想的社会。所以，儒家的这一思想是人道主义政治的主张和理想，而不是实实在在、可以贯彻执行的治国理政的政策。

总之，管仲辅佐桓公，明确君主的权力，充分发挥卿相的执政能力，处理好君臣、君民关系，通过关心关爱社会的不利阶层，从而激发整个社会为维护国家利益而斗争的意识，凝聚国内各方力量，为做好各项工作打下坚实基础。

# 第四章
# “尊王攘夷”的基础是加强国内建设

“治者所道富也，治而未必富也，必知富之事，然后能富。富者所道强也，而富未必强，必知强之数，然后能强。强者所道胜也，而强未必胜也，必知胜之理，然后能胜。胜者所道制也，而胜未必制也，必知制之分，然后能制。是故治国有器，富国有事、强国有数，胜国有理，制天下有分。”（《管子》495）政治安定，是国家走向富裕的前提和途径，但是政治安定未必就能富足，必须懂得富国的方法才能致富。国家富裕，是国家走向强盛的前提和途径，但是富足了未必就能强盛，必须懂得强盛的策略才能强盛。国家强盛，是战胜他国的前提和途径，但是国家强盛未必就能战胜他国，要懂得战胜他国的道理和原则才能取胜。得胜天下，是走向统治天下的前提和途径，但是得胜未必就能统一天下，必须掌有统一天下的名分才能统一天下。所以，国家安定要靠军事武力，国家富裕要靠生产措施，国家强盛要靠方法策略，国家得胜要懂得其中的道理和原则，统治天下应遵行一定的名分。由此可以得出：其一，治理国家、争霸天下是有先后顺序的。国家政治安定是前提，然后追求富裕，富裕之后追求强大，强大之后追求胜利，胜利之后才能为天下立法定制、制定规则、确定名分。其二，治理国家的不同阶段都有特定方法。国家政治安定靠的是“器”，即国家机器；国家富裕靠的是

“事”，即农业生产；国家强盛靠的是“数”，即方法策略；国家得胜靠的是“理”，即道理规律；统治天下靠的是“分”，即制定规则、确定名分。总之，欲争霸、“尊王攘夷”，修内政、加强国内建设是基础。

## 第一节　掌握国情，制定治国基本原则

国情是推出法令政策的基本依据。管仲担任相国之后与齐桓公的对话说明，他通过调查研究，已经全面掌握了齐国的国情，并据此提出了治国理政的基本原则。

### 一、根据国土疆界和土地状况做出国情判断

齐国的国土疆界、地理方位和土地状况注定齐国是一个粮食不能自给自足的国家。“长城之阳，鲁也。长城之阴，齐也。三败杀君二重臣定社稷者，吾此皆以孤突之地封者也。故山地者山也，水地者泽也，薪刍之所生者斥也。”（《管子》1093）在长城的南面是鲁国，北侧是齐国，历史上鲁国三次败于齐，鲁国内乱，齐国派人帮助鲁国安定社稷，而齐国得到的只是孤立突兀的封地。所以，齐国的山地还是未开垦的山地，水地还是未开发的沼泽，杂草丛生的地方依旧是盐碱地。山地、水地和盐碱地都不适宜耕种和发展农业。另外，齐国境内的长城西起阴雍（今山东济南平阴县），经泰山、济水，东至大海，所占土地甚多。“阴雍长城之地，其于齐国三分之一，非谷之所生也。”（《管子》1093）阴雍这块有长城的地方，占齐国国土面积三分之一，却不能种粮食。可见，齐

国的国土面积不大，且大多不适合种植粮食。“然则吾非托食之主耶？”（《管子》1093）那不就是粮食依赖他国的寄食之人吗？粮食不能自给自足是齐国最大的政治问题，是齐国在争霸中最大的不利条件，也是摆在齐桓公和管仲面前最大的困难和挑战。

## 二、根据基本国情提出治理齐国要依靠政令

“齐国之地，东负海而北障河，地狭田少，而民多智巧。”（《淮南子》1268）齐国地狭田少，粮食不能自给自足，且民众多有智术和巧诈。面对这样的国情、民情，齐桓公问管仲应该怎样治理齐国呢？管仲提出要用言辞政令操控经济。“动之以言，溃之以辞，可以为国基。且君币籍而务，则贾人独操国趣。君谷籍而务，则农人独操国固。君动言操辞，左右之流，君独因之。”（《管子》1093）将以言辞政令操控经济视为治理齐国的基本方法和原则。因为，如果国家专用货币收税，那商人因为掌握货币，就会操纵国家的经济动向；如果专门用粮食收税，农民地主就会控制作为国家基础的粮食，那掌握齐国的将是商人和地主。因此，君主只有依靠出台言辞政令，让四方的财物流通起来，并由国家来操控。同时，这也稳固了君主在国家的地位。齐国注定要依靠政府不断推出政策来实现运转，这给管仲治国带来了挑战和充足的发挥空间。

## 三、根据齐国特点提出收取国家财税的对策

齐国应该如何收取赋税保障国家的运转呢？管仲认为，征税时要“守其三原”且“籍于物之终始”，即控制商品的前端原料、商品的本

身、商品的最终销售价格，并注重从商品的前端到后期全过程的征税。“物之始，吾已见之矣。物之终，吾已见之矣。物之贾，吾已见之矣。”(《管子》1093)如此，对商品的生产、销售、价格就做到了全面了解。管仲进一步说明了“守其三原”与“籍于物之终始”的关系：“君守布则籍于麻，十倍其贾，布五十倍其贾，此数也。”(《管子》1094)国君想控制布匹的“终”，就要收取其“始”即麻的税，麻因为被征税会涨价十倍，布匹就会跟着麻进一步涨价五十倍，这就是“守其三原”且“籍于物之终始”的办法。“君以织籍籍于系，未为系，籍系抚织，再十倍其价。如此，则云五谷之籍。”在这个理论的指导下，国君要向丝织品征税，就要先收丝茧的税。所以，要在没有形成蚕茧之前，就控制收取蚕茧税，从而控制丝织品，最终丝织品的价格就会上涨二十倍。这样，就可以替代粮食的赋税而使国家运转。“是故籍于布则抚之系，籍于谷则抚之山，籍于六畜则抚之术。”(《管子》1094)所以，征收布匹赋税就要从控制原材料丝上着手，征收谷物粮食赋税就要从控制种桑养蚕的山地着手(因为控制了种桑养蚕的山地就控制了蚕茧，控制了蚕茧就控制了蚕丝，进而控制丝织品，而丝织品的赋税可以代替粮食税让国家运转，所以说控制粮食税的源头是种植桑树的山)，征收六畜赋税就要从控制放牧的郊野土地着手。“籍于物之终始，而善御以言。”(《管子》1094)总之，要借助商品流通形成上下游环节，通过征收赋税治理国家，这就要善于运用言辞政令。“善为国者，守其国之财。汤之以高下，注之以徐疾，一可以为百。未尝籍求于民，而使用若河海，终则有始。此谓守物而御天下也。”(《管子》1096)所以，善于治理国家的君主，能够控制国家现有的财产，用价格的高低震荡调节市场，用政令的轻重缓急加以引导，一可以变百，收益就会增加。不用向百姓征收太多的赋税，国家可以使用的财力就像海河一样取之不尽、用之不竭。这就是所谓的通过控制国家财产来治理天下。

总之，管仲考察完齐国之后，抓住齐国的主要矛盾是粮食不能自给自足，针对齐国的产业结构特点提出要以言辞政令治理国家，通过“守其三原”对商品的上游产品进行征税，从而达到征收赋税以治理国家的目的。

## 第二节 确定国内治理的逻辑和思路

在掌握齐国的基本国情、确定治理国家的基本方略之后，在国内治理中如何稳步有序地推进、执行落实，是国家内部治理的关键。

### 一、“参国伍鄙”，定民居、成民事，确保城乡政治安定

春秋时期，平民阶级主要由两部分组成：一部分是居住在城郭之内的“国人”，他们虽然也受剥削压迫，但是与贵族存在血缘关系，具有一定的参政权力和服兵役等义务，其中有百工、商人及社会下层劳动者；另一部分是居于郊外野、鄙之中的“鄙夫”“野人”，社会地位比“国人”低，以种地为生，但是能够组织家庭，有一定的生存保障。虽然“国人”和“野人”都要辛勤劳动，创造社会财富，并接受贵族的领导和剥削，但是城郭内外，国野之分，身份不同，分工不同，治理方式

也不同。因此，管仲提出“参其国”“伍其鄙”分别治理以维持社会政治安定。

对城郭中的“国人”如何“定民之居”？将国都进行以乡为单位的行政区划，两千家为一乡，共划分为二十一乡，其中有六个工、商之乡，十五个士乡。十五个士乡由齐桓公、上卿国子和上卿高子各领导五个。然后，“参国起案”，把国事分为三个部分，各自设立界限和权限，设士、工、商三官，设三卿主管群臣，设三族主管工匠，设三乡主管商人及市场，设三虞、三衡分别主管川泽和山林等自然资源。

对于城郭外的“野人”如何“定民之居”呢？把三十家分成一邑，十邑为一卒，十卒为一乡，三乡为一县，十县为一属，分别设司、卒帅、乡帅、县帅、大夫各级官员分层、分级管理，全国共五属，共设五位大夫各治理一属，并设立五位正长，各督察一属行政，层层向下督察监管，最终达到各个区域治理良好。

管理体系形成之后，对“伍鄙”即乡野百姓和农业土地等如何管理呢？“相地而衰征，则民不移”，根据土地品质不同征收不同的赋税，民众就不会迁移；“政不旅旧，则民不偷”，施政不遗忘旧臣，民众就不会苟且偷安；“山泽各致其时，则民不苟”(《国语》254)，按时进入山林川泽樵采渔猎，民众就不会贪图苟得；“陆、阜、陵、墐、井、田、畴均，则民不憾”，各种山泽土地等自然资源能按时对民众开放、平均分配，民众就不会贪占，也不会抱怨；“无夺民时，则百姓富”，不要在生产时节抢占百姓的生产时间，百姓就会富有；“牺牲不略，则牛羊遂”，不要过多征收牛羊充当祭祀的牺牲，牛羊等畜牧业就会兴旺发展。不论是对城郭中的“国人”还是对城外的“野人”，都能分层级管理，在当时具有先进性。

管仲认为，“成民之事”的关键在于“四民者，勿使杂处，杂处则其言哤，其事易”(《国语》242)。如果“杂处”，则相互之间言语和思想就会产生影响，从而改变各自的职业选择。因此，管仲认为：“处士也，使就闲燕；处工，就官府；处商，就市井；处农，就田野。”(《国语》242）根据职业特点分别在不同地方安排住处，且之间互不打扰，目的是达到“少而习焉，其心安焉，不见异物而迁焉。是故其父兄之教不肃而成，其子弟之学不劳而能”(《国语》243)。各行各业从小就模仿、学习并将心灵安于自己所学，不会见异思迁、好高骛远，这样父兄对子弟的教导不严厉也能获得成功，子弟向父兄学习不用太疲劳费劲也能学有所成，这样职业和技能有利于一代一代地传承和稳健发展。管仲认识到人是容易被环境影响和改变的，因此，用这样的行政规划，达到“勿使杂处”的效果，最终目的是使民众在各自的行业内都能长期积累、有所成就，对增进“百年匠心传承”有一定的参考性。

## 二、“作内政而寄军令”，管理民众同时做军事准备

齐桓公急于争霸，管仲则认为应该先安定齐国内部。如何安国呢?管仲认为：“修旧法，择其善者而业用之；遂滋民，与无财，而敬百姓，则国安矣。”(《国语》248）管仲认为，修订旧的法律，把其中好的部分保留并继续使用，敬重百姓并重点对民众和穷人奉献慈爱之心、予以帮助，这样国内民众就安定了。国内民众安定之后更关键的是要“作内政

而寄军令焉”，即把民众组织起来，兵民一家，全民皆兵，才可以得志于天下诸侯。管仲开始制定国家军事管理制度，把民众组织起来。五家为轨，十轨为里，四里为连，十连为乡，分别设置轨长、里有司、连长、良人等相应的领导者。按照这样组织起来的军民分为三军，相对固定地居住在一起，相互之间十分了解，并在春秋季进行练兵。“居同乐，行同和，死同哀”，最终达到“守则同固，战则同强”(《国语》249)。有这样组织起来的军队，齐国才能横行天下，从事争霸事业。

## 三、基层官员举荐，君主面试，“三选”人才

民众被组织起来后，各级领导要发现、推荐贤明并注重对其教化。

一是基层官员要如实向上级报告当地的人事状况。在官员治理下的乡里，如果有“居处好学、慈孝于父母、聪慧质仁”，“拳勇股肱之力秀出于众者”，一定要举荐上报，否则有“蔽明”“蔽贤”之过(《国语》256)。相反，如果有“不慈孝于父母、不长悌于乡里、骄躁淫暴、不用上令者”，也要上报，不上报就会犯“下比”的错误。凡是不上报，都要根据情况定罪惩罚。

二是“官长期而书伐”。长官每年要书面上报本地的贤德官员并请求提拔重用。“有人居我官，有功休德，惟慎端悫以待时，使民以劝，绥谤言，足以补官之不善政。”(《国语》252)有人报告长官，属下的某位官员有功劳美德、品行谨慎、端庄朴实、动不违时、劝勉民众、消除诽谤，重用他足以弥补官府的不善之政。

三是君主亲自面试。“桓公召而与之语，訾相其质，足以比成事，

诚可立而授之。设之以国家之患而不疚，退问之其乡，以观其所能而无大厉，升以为上卿之赞，谓之三选。”(《国语》252）齐桓公召见被推荐的人，与他们交谈，考察他们的品质，如果足以辅佐上级官员成事，就授予其官职。齐桓公模拟提出一些国家治理中的疑难问题对其考问，如果能作答，就会进而询问该人在乡间的日常表现，观察该人的能力。如果该人在朝廷和乡间的表现没有大的差别，就擢升为上卿之佐。

乡长推荐，官长选拔，君主面试，这就是“三选”制度。一方面，通过这样的制度和管理达到“匹夫有善，可得而举也；匹夫有不善，可得而诛也。政既成，乡不越长，朝不越爵，罢士无伍，罢女无家。夫是，民皆勉为善”(《国语》256)。平民有善行可以举荐；不善行者可得而诛之。政令落实后，乡间长幼有序不相逾越；朝堂之上，贤者居上，官员不相互逾越爵位；没有德行的人无人与之为伍；不讲妇德的女人找不到婆家。社会变得有秩序、有正气，这样民众都能互相勉励、向上向善、争做好人。另一方面，“士莫敢言一朝之便，皆有终岁之计；莫敢以终岁之议，皆有终身之功”(《国语》251)。官员不敢图一时之便，而是更加敬业、认真、负责，做好整年的打算和终身的功业。同时，对于官员更是严格要求，注重批评教化，桓公在朝会上选择那些功劳少的官员进行质问批评：“制地、分民如一，何故独寡功？教不善则政不治，一再则宥，三则不赦。”(《国语》256）划定区域和民众都是一样的，为什么只有你的功绩少呢？教化没搞好，就会导致难以治理，一两次缺乏功绩可以原谅宽容，第三次就不再赦免了。最终，政成之后，全体人民同心协力，防守则会很牢固，征战则会取胜。

## 四、“与其厚于兵不如先厚于人”，修德安民才是基础

桓公认为，如果想达到诸侯之间无战事，应该先修兵革加强军队建设。管仲则认为，社稷不定、百姓困病，应该先让利于民，收敛用兵之事，如果不厚于人而厚于兵，不始于人而始于兵，就会导致外不亲于诸侯，内不亲于民，得不到内外支持就无法定社稷。桓公内心不赞成，在齐国内乱之后，开始修兵革。桓公想伐宋国，管仲则认为不可：“臣闻内政不修，外举事不济。”(《管子》337）桓公不听，结果大败。桓公告诉管仲曰：“请修革。吾士不练，吾兵不实，诸侯故敢救吾雠内修兵。”(《管子》338）桓公认为失败的原因是齐国战士不训练、兵备不充实，导致其他诸侯国敢救援与我们作战的宋国，所以应该加强修习军事。管仲则认为，如果这样下去齐国就危险了，因为修兵打仗会“内夺民用，士劝于勇外，乱之本。外犯诸侯，民多怨也。为义之士，不入齐国，安得无危？”(《管子》338）国家剥夺民众的财富，人民不高兴，不答应；劝勉士兵对外作战，这是国家动乱的根本所在。对外侵犯诸侯，民众多有怨言，行正义的士人就不肯来齐国出仕效力，齐国内外失去民心则必然危险。桓公不听从管仲的建议，在国内修习兵事，增加民众通关和市场税收，而且“以勇授禄”，把赏赐俸禄授予蛮莽孔武之人，次年就导致齐国“朝之争禄相刺，裚领而刎颈者不绝”。朝廷中争夺俸禄相互残害，断领折颈的事情屡次发生，齐国内部贪财求功的人相互残杀。桓公继续在国内兴修军备。公元前683年，桓公计划伐鲁，管仲不同意，桓公不听，兴兵伐鲁，长勺之战，齐国大败。桓公曰：“吾兵犹尚少，吾

参围之，安能圉我？”(《管子》340）桓公分析失败的原因，得出的结论却还是齐国军队数量太少，如果齐国有三倍的兵力可以把敌人包围，那敌军怎么可能抵挡防御得了呢？次年，桓公加强军备，甲士达到十万人，战车也有五千乘，还要征服鲁国。管仲曰：“齐国危矣，君不兢于德，而兢于兵！天下之国，带甲十万者不鲜矣。”“诸侯设备，吾人设诈，国欲无危，得已乎？”(《管子》341）管仲认为齐国国君不修德行而致力于发展军备，有十万甲兵军事实力的诸侯国有很多，诸侯设置防备，我们本国人却因无心作战而在设诈，齐国想通过军事实力征服天下诸侯，必然会陷入危亡。桓公不听，发兵讨伐鲁国。鲁国设计并请求会盟，在会盟之前，桓公不听从管仲的建议，被带兵器的鲁国国君和曹刿以死胁迫，最后不得已许诺“以汶为竟”，以汶水为齐鲁两国国界，桓公才回国。桓公回国后，才治理政务，不再修习军备，戍守齐国边防，不与他国冲突，反省以前的过错，暂时停止军事上的作为。

## 五、修内政，取信于民；对外举义、不贪占土地，取信于诸侯

如何取信于民、取信于诸侯呢？公元前685年，桓公在位五年，宋伐杞，桓公因新仇旧恨欲救杞而伐宋。管仲对曰：“不可。臣闻内政之不修，外举义不信。君将外举义，以行先之，则诸侯可令附。”(《管子》343）管仲认为，不能伐宋救杞，因为齐国的政务还没有处理好，在国外兴兵行义就不会被信服。如果在国外高举正义之旗、行正义之事，必须先修好国内国政，这样诸侯就会亲附。在这种情况下，桓公还在争

辩，如果现在不伐宋救杞，以后就没机会讨伐宋国了。管仲曰：“诸侯之君，不贪于土。贪于土必勤于兵，勤于兵必病于民，民病则多诈。夫诈，密而后动者胜，诈则不信于民。夫不信于民则乱内动，则危于身。是以古之人闻先王之道者，不兢于兵。”管仲说，作为诸侯国君，不要贪图他国的土地。如果贪图他国土地就会致力于用兵，而用兵就会使本国民众疲敝，民众疲敝就会产生很多欺诈权变，国家就不会取信于民。不能取信于民，国家就会产生动乱最终危及自身。因此，懂得先王之道的人就不会贪图他国土地而过度开展军事竞争。紧接着，桓公修筑城池赐给杞国；狄人伐邢、伐卫，桓公按照管仲的建议力排众议，建城池分别封给邢国和卫国。齐国不侵占其他诸侯国领土，桓公和齐国在天下诸侯之间有了奉行正义的好名声。

## 六、器成卒选，胜一服百，利用天下英才匡正天下诸侯

“是故器成卒选，则士知胜矣。”(《管子》109）武器装备精良，士兵经过选拔，战士知道一定能胜利，信心百倍。在此基础之上，还要做到“遍知天下，审御机数，则独行而无敌矣”。掌握天下各国的信息和情报，审慎地运用战机策略，这样军队就可以独行天下、所向无敌。军事准备完成之后的策略是什么呢？“所爱之国，而独利之；所恶之国，而独害之，则令行禁止，是以圣王贵之。”对于友好国家，要特别关照扶持让其得利；对于敌对国家，要给予有针对性的打击惩罚，让其受害，只有这样爱憎分明、态度明朗，才能在各国面前有威望，才能令行禁止、号令天下。所以，圣明的君主都非常重视这样的韬略。在这样的

策略下，很快就可以达到“胜一而服百，则天下畏之矣；立少而观多，则天下怀之矣；罚有罪，赏有功，则天下从之矣”。战胜一个国家，从而使更多的国家臣服，天下各国就都会产生畏惧；扶持少数国家让其立业得到好处，让大多数国家看到我们的仁德，就都会感怀归附；讨伐惩戒不义之罪的诸侯国，奖励赏赐辅佐有功的国家，天下各国就都相继服从并接受领导了。在战胜天下、天下服从之后，应该怎么办呢？先利用天下物资进行军事装备。“故聚天下之精财，论百工之锐器；春秋角试，以练精锐为右；成器不课不用，不试不藏。”汇聚天下最精良的物资，挑选最精良的兵器，春秋两季进行校验，选择最精良的装备军队，制成的武器不经过检验不能使用，不经过测试验收不能入库收藏。同时，还要会集全天下有用之才，进行人才储备。“收天下之豪杰，有天下之骏雄。”会集搜罗天下的豪杰，拥有天下最优秀的人才。这样，在军事上征服各国之后，在国际影响力之下，汇聚了全世界最优厚的财力和最优秀的人才。“故举之如飞鸟，动之如雷电，发之如风雨，莫当其前，莫害其后，独出独入，莫敢禁圉。”一旦投入作战，就会凶猛如同飞鸟、雷电、风雨，前方无人能阻挡拦截，后方无人能偷袭暗算，独来独往来去自由，如入无人之境，没有任何力量可以抵抗和制约。“成功立事，必顺于礼义，故不礼不胜天下，不义不胜人。故贤知之君，必立于胜地，故正天下而莫之敢御也。”总之，成就并创立霸王之业，一定要合乎天理正义，不合乎天理礼节便不能征服天下，不合乎正义便不能战胜敌人。所以，贤明智慧的君主，一定是站在天理和正义的一边，从而立于不败之地，这样才能匡正天下而无人敢抗拒阻挡。

# 第三节　发展农业，征收赋税，富民强国

“五谷者，民之司命也。”(《管子》1016）粮食是维持人民生命、供养国君、保障国家、社会运转的必需品。发展生产并确保粮食安全是统治阶级最关心、最重视的核心利益问题，也是国家治理的重点工作之一。对于土地资源不丰富的齐国，如何发展农业呢？

## 一、注重土地的技术性研究

土地是发展农业最基础的物质资源，一直备受关注。《尚书·禹贡》是我国最早的地理著作，记载了古代政治地理、九州划分、山川方位、河流脉络和土壤性质等，其中土壤部分反映了我国古代对土壤的深刻认识及与土壤质量相匹配的税费制度。九州水利工程完工，大山被开凿治理，大泽不会决堤四溢，洪水问题被较好地解决，人们可以居住在四方土地上，国内的贡道也都畅通无阻。“庶土交正，底慎财赋，咸则三壤成赋。”(《尚书》87）九州四海的域内土地也都被充分正确地考察，并根据各地区的土地质量，谨慎地规定了不同的税赋标准。百姓根据土质优劣的三种标准缴纳相应的赋税。可知当时的人们就知道“三壤成赋”，即土地分为三个等级，根据不同等级缴纳相应的赋税。

《管子·地员》讲土地时，先讲地下水源，抓住农业土壤的根本并对土地及种植作物进行分类汇总。“九州之土，为九十物。每州(土）有常，而物有次。”(《管子》806）认为天下九州的土壤分为九十种，每种

土壤都有固定的特性，也有其品质等级次序。

“群土之长，是唯五粟。”所有的土壤中，最上等的是种五粟的土地。

“粟土之次曰五沃。”(《管子》808）粟土之下是五种沃土。

“沃土之次曰五位。”(《管子》810）沃土之下为五种位土。

“位土之次曰五蘟。”(《管子》812）位土之下是五种蘟土。

“蘟土之次曰五壤。”蘟土之下是五种壤土。

“壤土之次曰五浮。”壤土之下是五种浮土。

“凡上土三十物，种十二物。”上等土壤共三十种，可种植十二种谷物。

“中土曰五忢。”(《管子》813）中土首先有五种忢土。

“忢土之次曰五纑。”忢土之下是五种纑土。

“纑土之次曰五壏。”(《管子》814）纑土之下是五种壏土。

“壏土之次曰五剽。”壏土之下是五种剽土。

“剽土之次曰五沙。”剽土之下是五种沙土。

“沙土之次曰五塥。”沙土之下是五种塥土。

“凡中土三十种，种十二物。”中等土壤共三十种，可种植十二种谷物。

“下土曰五犹。”(《管子》815）下等土壤有五种犹土。

“犹土之次曰五弞(红)。”犹土之下是五种红土。

“弞土之次曰五殖。”红土之下是五种殖土。

“五殖之次曰五觳。”殖土之下是五种觳土。

“觳土之次曰五凫。”觳土之下是五种凫土。

“凫土之次曰五桀。”(《管子》816）凫土之下是五种海边盐碱地的桀土。

“凡下土三十物，其种十二物。”下等土壤共有三十种，可种植十二种农作物。

“凡土物九十，其种三十六。”总之，上、中、下三种土壤总共有九十个种类，可以根据不同的土壤特点，种植三十六种不同的农作物。这样清晰而多层次的土壤分类，不仅远超《尚书·禹贡》中记载的“三壤成赋”，而且其细致和专业程度也远超后来《吕氏春秋》中的《任地》和《辨土》诸篇。

关于如何管理土地边界及作物，管仲认为：“请立赀于民，有田倍之内，毋有其外，外皆为赀壤。”(《管子》962）国君要与民众确立罚缴财物赎罪的制度办法，有田的人要在田界内耕种，不可越界，种植界外的土壤会受到惩罚，要缴纳罚款。“行田畴，田中有木者，谓之谷贼。”同时，要检查保护好农田，巡行各地农田，庄稼地里种植的树木就是粮食之害，农田应杜绝种树，防止耕地“非粮化”，以确保粮食安全。

## 二、全民参与发展农业生产

一是男女都必须辛勤劳动。天子于春至日开展“祭星”活动时要求：“十日之内，室无处女，路无行人。”(《管子》1113）在春天播种耕作的关键十日内，房屋里没有闲居的年轻女子，路上没有闲散的行人，所有人都必须从事农业劳动。“上农挟五，中农挟四，下农挟三。上女衣五，中女衣四，下女衣三。农有常业，女有常事。”(《管子》

1021）上等农民种地可以养活五口人，中等农民可以养活四口人，下等农民可以养活三口人。上等妇女可以制作出五个人的衣物，中等妇女可以制作出四个人的衣物，下等妇女可以制作出三个人的衣物。农民有日常的耕种作业，女人也有日常纺织事务。为什么要求所有人都必须忙碌工作呢？“一农不耕，民有为之饥者。一女不织，民有为之寒者。”（《管子》1021）在当时生产力不发达的情况下，一个农民不耕地劳作，百姓中就会有人因此挨饿；一个女人不纺织做衣服，百姓中就会有人因此而忍受寒冷。所以，男人女人每天都必须忙于自己的工作，国家的衣食温饱问题才能解决。

二是奖励努力耕作的人以形成带动作用。“君终岁行邑里，其人力同而宫室美者，良萌也，力作者也，脯二束、酒一石以赐之。”（《管子》1020）上级官员常年在城邑巡视检查，发现劳动力与大家一样，但是房屋比大家好的一定是良民，是努力耕作的人，应当用两束干肉、一石酒赏赐他。

三是妥善安排其他劳动力。周天子在“祭星”时的“天子之春令”中要求：“苟不树艺者，谓之贼。下作（诅）之地，上作之天，谓之不服之民。处里为下陈，处师为下通，谓之役夫。三不树而主使之。”（《管子》1113）不从事农业耕作的人就称他为贼人。下抱怨土地、上怨恨天时的人，被称作不服从管理驱使的人。在农村乡里的末等人、在军队排在后列的人，就被称为役夫。这三种不肯勤勉耕作的人就让他们为主管服劳役。“力足荡游不作，老者谯之，当壮者遣之边戍。民之无本者，贷之圃强。故百事皆举，无留力失时之民。此皆国策之数也。”（《管子》

1020）身强力壮却终日游荡、无所作为、混日子的人，老年人应该责备他们，年轻力壮的就要被遣送到边关为国戍边。没有基本生产资料的农民，应该将土地租给他们正常耕作。这样一来，百事昌盛，国家没有留着力气不用的人，没有游手好闲的人，这些都是治理国家的好方法。

## 三、国家要擅长管理财富和民众

管仲认为："河埳诸侯常不胜山诸侯之国者，豫戒者也。"（《管子》1059）靠近大河且土地肥沃的诸侯国，农业产量大，如不加以管理，则不能实际拥有土地生产出来的财富。而地处山地的诸侯国，虽然土地生产量少，但如果有意识地管理、储藏粮食蔬菜，最终拥有好土地的国家反倒不如山地国家富裕，其根本的原因就是好土地的国家没有做好计划预备、不会管理经营。

管仲认为："泉雨五尺，其君必辱。食称之国必亡，待五谷者众也。"（《管子》1061）雨量丰沛、粮食丰收，这样的国君必定不会受到重视。粮食产量与人口数量相匹配的国家必定会灭亡，为什么呢？因为依赖粮食自给自足的人太多了，人们只会盯着粮食生产，填饱肚子，而不关注其他行业，也不在乎、不尊重君主。"故树木之胜霜露者，不受令于天。家足其所者，不从圣人。"所以说，能抵抗风霜雪雨、自然灾害的大树，不会受制于天；家庭富足能满足其需求的人，不会再崇拜跟随圣主。因为，人如果自身足够强大，能独立生存发展，自然就会减少对外部因素的依赖。而春秋时期各国的君主恰恰需要的是民众的归附，所以他们一方面需要解决民众的温饱问题，以吸引更多民众依附自己；

另一方面不能让民众彻底衣食无忧而摆脱君主和诸侯国。如何才能达到这样的执政效果呢？“故夺然后予，高然后下，喜然后怒，天下可举。”管仲建议，君主要具备一种能力，既能夺民财，又能给予民财；既能让民众感觉自身地位很高，又能把民众踩在脚下；既能让民众感觉欢喜，又能让民众感觉愤怒，君主如果能做到这几点，就能彻底掌握民众、治理国家。

## 四、运用轻重之术富国富民

要善于利用轻重之术获取财利。“故狄诸侯十钟而不得剸戟，程诸侯五釜而得剸戟。十倍而不足，或五分而有余者，通于轻重高下之术。”管仲认为，狄国拥有十钟的粮食收入也不能供应军需，而程地的诸侯国只有半钟粮食的收成却能足够供应军需，有的国家十钟不够，有的却是半钟足用，区别就是能否精通运用轻重之术。

一是采用“轻重之术”积累财富。什么是轻重之术呢？轻重之术得以开展的条件和保障是什么呢？轻重之术就是君主以权力政令为基础，发号施令调整政策，影响物资的供求关系，从而利用价格差异获利。因此，轻重之术起码包含三种因素：粮食、货币、政令。“五谷者，民之司命也。刀币者，沟渎也。号令者，徐疾也。令重于宝，社稷重于亲戚。”（《管子》1016）粮食是民众维系生命的物品；货币是物资流通的渠道和媒介；号令是国家控制经济增长缓急的手段，号令比钱财更重要，就如同国家社稷比亲戚重要一样。“故五谷粟米者，民之司命也。黄金刀布者，民之通货也。先王善制其通货，以御其司命，故民力可尽也。”（《管子》

1059）“民以食为天”，粮食是主宰百姓生命的必需品，黄金、刀布是粮食等货物流通交易的中介货币。圣明的先王善于通过控制流通交易的货币掌握主宰生命的必需品——粮食，这样民众的力量就充分被君主利用了。因此，一方面，轻重之术得以实施，必须同时具备三个条件；另一方面，只有抓住货币才能掌握粮食这个生命必需品。“轻重无数。物发而应之，闻声而乘之。”（《管子》1027）管仲说，没有固定的方法和招数，但是货物一动相应的措施就要跟上，听到消息就要及时利用。轻重之术运行的特点是什么呢？轻重之术必须以国家强制性权力为基础。“夫富能夺，贫能予，乃可以为天下。”（《管子》1014）只有具备强权，才能剥夺富人的财富，施给穷人财富，但是运用轻重之术会更隐秘。“夫天下者，使之不使，用之不用。故善为天下者，毋曰使之，使不得不使；毋曰用之，使不得不用也。”（《管子》1014）所以，善于用轻重之术治理天下的君主，不需要说出驱使的命令，就可以使百姓不得不被国家驱使；不需要下达征用的命令，就可以使百姓不得不被征用。主要是轻重之术利用价格变化，应和了趋利避害的人性，所以人随人性而动。

桓公问，轻重之术有固定的方法吗？其中商人扮演什么样的角色，国君应该怎样对待商人呢？无论是“万金之贾”“千金之贾”，还是“百金之贾”，“非君之所赖也，君之所与”（《管子》1042）。管仲认为，无论大小商人都不是君主能依赖的人，而是君主需要面对甚至管控的人。为什么商人不能依赖而要管控呢？“今君之籍取以正，万物之贾轻去其分，皆入于商贾，此中一国而二君二王也”，原因是如今国君按照常规征收赋税，万物的价格就会下降一半，而这些钱都流入了商人囊中，这就是一国出现两王的问题。“故贾人乘其弊，以守民之时。”(《管子》1043）所以，商人利用这种制度的弊端，等待民众为缴纳税费而低价抛售物品的时候大量买入，这样实质上商人为了追求利益不仅与国争财，威胁到君主的地位，而且会导致民众更加贫穷。所以，管仲认为国家在实施轻重之术时，要管控商人，而不是依赖商人。例如，不法商人囤积物资、哄抬物价、扰乱市场、鱼肉百姓，甚至与国家唱对台戏，国家就应该对其进行管控而不是信任依赖之。

二是利用轻重之术和惠民政策实现“来天下之财，致天下之民”。“故为国不能来天下之财，致天下之民，则国不可成。”(《管子》1027）管仲认为治理国家必须能赚取天下的财富、招引天下的民众，否则国家难以生存。如何才能来天下之财呢？管仲举伊尹利用夏桀喜欢女乐便通过纺织品而赚取夏桀粮食的做法，指出应用轻重之术，达到“故伊尹得其粟而夺之流”(《管子》1028)。夺取粮食、操纵市场流通，这就是赚取了天下财富。最终要达到一个目标：“善者乡因其轻重，守其委庐，故事至而不妄，然后可以立为天下王。”(《管子》1043）善于治理的国君擅长根据轻重之术掌控国家的财产储备，有事故时也不会慌乱，这样的国君就可以成为天下的王。

三是与民分利，调动民众开发“山铁之利”的积极性。衡这个官员建议桓公，给民众配备生产工具，然后命令民众砍伐山木烧炭，然后鼓动风炉用烧制的木炭炼铁，收入都归国有，如此国家就不用再征收赋税了。管仲认为，不可行。“今发徒隶而作之，则逃亡而不守。发民，则下疾怨上。边竟有兵，则怀宿怨而不战。未见山铁之利而内败矣。”(《管子》1058）如果发送囚徒奴隶去做这些事情，他们就会逃亡而不受控制。发动民众去做这些事情，民众就会怨恨君主。如果边境有战事，民众就会因为心中有长久的怨恨而不愿意为国作战。这样还没见到烧山林冶炼铁的收益，国家内部君民关系破裂了。所以，用强制命令让民众以服劳役的形式烧炭冶铁是不可行的。那怎么办才能收到好的效果呢？管仲建议道：“故善者不如与民量其重，计其赢，民得其十（七），君得其三。有杂之以轻重，守之以高下。若此，则民疾作而为上虏矣。”真正善于治理国家的君主会直接与民众共同估量铁的产量，计算其盈利，负责开采冶炼等具体生产的民众从盈利中获取七成，君主获取三成，然后君主运用轻重权变之术加以整合，用价格高低控制大局。如果真能这样，民众就会主动努力劳作而被国君真正虏获驱使。管仲提出这样的观点建议，一是发现了仅利用强权逼迫民众开山炼铁，民众会反抗；二是如果国君与民分财，满足民众追求物质利益的本能需求，民众就会全身心投入生产；三是君主虽然在盈利中只占三成，但通过轻重之术，最终可获利更多。这种思想是商品经济发达、等价交换思想深入人心、政治进步、思想解放的标志，其目的是为统治阶级服务，但客观上也维护了民众的利益。

四是善用“缪数”，达到预期治理效果。什么是“缪数”呢？就是采取曲线治理的方法，即为了达到一个执政目标，必须以另一个事情为缘由来开展工作。

案例有三：第一个是运用“缪数”树立反面典型，让“功臣之家”拿出积财消费以再分配。桓公认为，应该解决“大夫多并其财而不出，腐朽五谷而不散”(《管子》1087)。大多数有钱的大夫之家都把财物藏在家中不消费，即使自家的粮食吃不完、腐坏了，也不拿出来分发给民众，应该解决这种不利于全国经济发展的问题。管仲建议：“请以令召城阳大夫而请之。”请国君下令召见城阳大夫并向他问罪。“城阳大夫嬖宠被絺纮，鹅鹜含余秣，齐钟鼓之声，吹笙篪，同姓不入，伯叔父母远近兄弟皆寒而不得衣，饥而不得食。”城阳大夫的爱宠都身穿华贵的衣服，家中饲养的鹅鸭都有剩粥吃，每天享受钟鼓之声、吹着笙篪之乐，生活极度奢靡；但是不接纳同姓族人，叔伯父母兄弟都没有衣裳御寒，忍饥受饿没有粮食吃。“子欲尽忠于寡人，能乎？故子毋复见寡人。”从城阳大夫自己过奢华的私生活而不与亲人分享，能看出他是不仁不孝之人，进而得出他是不忠之臣，因此必须对他进行处理——“灭其位，杜其门而不出。”革除他的职位，禁闭他不让其出门。对城阳大夫的处理符合社会价值观且逻辑清晰，齐国将形成振动效应。

第二个是利用“缪数”之策配合“式璧聘之”，用言辞威胁“称贷之家”，以达到免除贫民借贷的本息，从而分其故资做社会公益事业。这一政策运用得最典型的就是“峥丘之谋”。桓公认识到，在国家进行峥丘之战时，民众多有借贷，以背负债务和利息的方式供给了军需、满足了国君的要求、支持了国君。现在想回报民众同时恢复农业生产，运用什么样的治理方法才能让民众得到实惠呢？管仲建议，只有采用“缪数”才可以。如何具体推行呢？首先，派人“表称贷之家，皆垩白其门而高其闾”(《管子》1088)。标榜放贷者的家庭，用白色粉刷其家大门，并加高他们巷子的大门。其次，派八名使者带着玉璧慰问放贷者，说清这是送给他们购盐买菜的。放贷者不明白自己为什么能得到国君如此厚爱和关心，心灵震动。使者便传达君令：“寡人闻之，《诗》曰‘恺悌君子，民之父母’也。寡人有峥丘之战。吾闻子假贷吾贫萌，使有以给寡人之急，度寡人之求。使吾萌春有以剚耜，夏有以绝芸，而给上事，子之力也。是以式璧而聘子，以给盐菜之用。故子中民之父母也。”桓公对放贷者提前进行标榜，并附加这段命令，对放贷者造成了至少三方面的震慑。其一，国家战争期间，民众没钱缴纳赋税，放贷者借机放贷给民众，有发国难财之嫌。其二，你们放贷吃利息，剥削穷苦百姓，我反话正说。但点明了利害——正是你们的放贷才使民众能够缴纳赋税，对国家有功，对民众有恩，就如同百姓父母。其三，你们放贷盘剥百姓，百姓无力投资开展农业劳动，如果因此影响了农业生产、国家之大事，后果你们看着办。于是，放贷者折毁借券、削除契约，发放囤积的粮食、散出积攒的财物，救济贫弱病困的百姓，因此国内民众丰衣足食。

第三个是利用“缪数”之策配合“式璧聘之”，树立正面典型，百姓名利双收，达到让民众储备粮食的目的。齐桓公发现本国粮食售价低，担心粮食会流向价格较高的诸侯国，所以想让百姓自己贮藏粮食，问管仲是否有办法落实到位。管仲说：“今者夷吾过市，有新成囷京者二家，君请式璧而聘之。”(《管子》1092）经过集市的时候，管仲看到有两家新建起来的粮仓，请国君用玉璧慰问这两家。桓公答应。“行令半岁，万民闻之，舍其作业，而为囷京以藏菽粟五谷者过半。”施行命令半年后，民众听说了这件事，便放下手头工作，开始建造粮仓，贮存粮食的人超过半数。为什么会出现这样的结果呢？管仲解释道：“成囷京者二家，君式璧而聘之，名显于国中，国中莫不闻。是民上则无功显名于百姓也，功立而名成，下则实其囷京，上以给上为君，一举而名实俱在也，民何为也？”新建粮仓的这两家人，受到君主玉璧慰问，声名在全国彰显，国中没有不知道的。宏观上看，这两家人没有功绩却名显百姓、功成名就；具体上看，自己储备充实的粮食，可以为国君作出贡献并获得国君的赞誉，一举两得、名利双收，百姓怎么会不效仿呢？

五是任命经济学专家进行经济调控以防止出现过大的贫富差距。国家发展农业生产、铸钱立币，但是时间一长就会出现“谷有所藏”“币有所并”而贫富差距过大的现象。为什么要调节，怎么调节呢？桓公问：“今欲调高下，分并财，散积聚。不然，则世且并兼而无止，蓄余藏羡而不息，贫贱鳏寡独老不与得焉。散之有道，分之有数乎？”(《管子》1047）如今想调整物价的高低，以求分散被兼并的钱财，让囤积的财物流通起来。如果不这样做，就会不停地发生兼并之事，囤积货物、储藏财力就会永不停息。长此以往，富者更富、穷者更穷，贫贱、鳏寡、独户和老人等弱势群体会更多，且无以为生。管仲认为，必须依靠轻重权变的专家来解决，于是请来了专家癸乙。癸乙曰：“有余富无余乘者，责之卿诸侯；足其所，不赂其游者，责之令大夫。”专家的建议是，对于有富余财力却没有富余车马的富豪，就让卿大夫或诸侯对其加以斥责。自己家里富足，却不把钱财拿出接济没有官职的人，就让大夫对其加以斥责。经过斥责之后，让富豪消费购物，富豪消费之后，货币就流通了，货物和商品就流动起来了，价格就会下跌，整个经济就恢复正常了。桓公又问：“四郊之民贫，商贾之民富，寡人欲杀商贾之民，以益四郊之民，为之奈何？”(《管子》1089）四方郊野的农民贫困，商贾却富有，想减少商贾的收益来增益四方郊野农民的收入，如何才能做到呢？管仲建议：“请以令决瓁洛之水，通之杭庄之间。”请桓公下令疏通瓁洛的水道，引向康庄畅通的河道。桓公答应去做。“行令未能一岁，而郊之民殷然益富，商贾之民廓然益贫。”明令施行不到一年，郊野之民生活殷实，越发富足，而商贾开始变得贫穷。以上可见，桓公和管仲治国已经意识到，必须通过轻重之术或者进行基础设施建设改变当地的经济发展条件，降低农民与商人之间的贫富差距，保护农业和农民利益。如果任由人与人之间、行业之间贫富差距拉大，将会给社会的整体发展造成很大危害。

六是善于利用权力命令制造新需求以解决经济问题。一方面，利用周天子的权力创造新需求，以解决经济问题。“阴里之谋”，即石壁谋，这得以实现是建立在强权基础上的。“请以令使天下诸侯朝先王之庙，观于周室者，不得不以彤弓石壁。不以彤弓石壁者，不得入朝。”(《管子》1075）天子答应之后，下令于天下，天下诸侯才载着黄金珠玉等到齐国购买石壁，石壁流通到天下，天下财物流入齐国。“青茅之谋”，即青茅谋，利用天子的权力先控制住青茅，然后号令天下诸侯：“诸从天子封于太山、禅于梁父者，必抱青茅一束以为禅籍。不如令者不得从。”(《管子》1077）天下诸侯争相从天子控制的区域购买青茅，天下的财富都流向周朝，解决了天子供奉不足的问题。另一方面，利用齐国的政治强权创造新需求，以解决“假贷贫萌”，即贫民的借贷问题。“寡人多务，令衡籍吾国之富商蓄贾称贷家，以利吾贫萌，农夫不失其本事。反此有道乎？”(《管子》1077—1078）管仲认为：“唯反之以号令为可耳。”桓公想让税官向富豪商贾和放贷的人征收赋税以接济贫民，保证贫民不放弃农业，这种反向有利于小民的事情有办法吗？管仲认为，只有通过强制性的号令才能实现。于是，派四人到四方调查放贷和老百姓借贷负债的情况，查明情况汇报总结后，发现老百姓负担着高额利息，相当于同时承担供养五个君主的赋税。那如何解决百姓借贷付息的负担呢？“请以令贺献者，皆以鐻枝兰鼓，则必坐长什倍其本矣。君之栈台之职，亦坐长什倍。”(《管子》1079）首先，下令让进贡的人都要用织有鐻枝兰鼓花纹的美锦，巨大的需求就会使美锦的价格高出成本价十倍，国家囤积的美锦就涨价了，这样织布的贫民就先获利了。其次，召集放贷人并设宴款待，告诉他们：“今寡人有鐻枝兰鼓，其贾中纯万泉也，愿以为吾贫萌决其子息之数，使无券契之责。”即，我有美锦，一纯价格为泉币万钱，我愿意用美锦来偿还贫民的贷款和利息，让他们没有债务负担。放贷人忌惮于齐国君主的权力，许诺马上免除借贷债务，君主进一步表示感谢并且要求他们必须收下美锦，放贷人只能收下并千恩万谢。“所出栈台之职未能三千纯也，而决四方子息之数，使无券契之责。”最后，国家仅拿出三千纯的美锦，就偿还了四方贷款和利息，百姓没有了债务负担，认识到了君主的恩典，就会努力耕种、发展农业。放贷富商也拿到了价格已经炒得很高的美锦，实际上也没有亏损。皆大欢喜，三方共赢。这些经济活动能得以实现，说明了三方面的问题。其一，周天子和周朝对各诸侯国有一定的权力和号召力。周天子能够号令天下诸侯参加朝拜先王之庙和封禅等重大政治仪式，并拥有人员参与决定权。其二，周天子和周朝愿意听从齐国的建议和意见。这说明齐桓公争霸已经初具成效，齐国在周王室有一定的影响力。其三，权力在经济活动中要有一定的边界。齐国利用周天子的权力为周朝解决了供奉不足的问题，并为齐国积累了财富，化解免除了贫民无力偿还借贷的问题，其出发点和落脚点都是公共事务，以及国家长久发展。但是，如果君主的权力用于征税，目的是个人享受，就会产生公权私用的问题。因此，在任何时代，国家强制性政权在发展经济时候都应该坚守一定的边界。

七是根据区位优势坚持开放发展，加强服务，改善营商环境。“夫齐衢处之本，通达所出也，游子胜商之所道。人求本者，食吾本粟，因吾本币，骐骥黄金然后出。令有徐疾，物有轻重，然后天下之宝壹为我用。善者用非有，使非人。”（《管子》1005）管仲认为，齐国是一个处于交通枢纽位置的国家，四通八达，游客货商多经此地。相聚在齐国赚钱的人就会吃齐国的粮食、用齐国的货币，同时，良马黄金也就输入了齐国。只要齐国的政策号令缓急有节，物价轻重适当，那么天下的宝物都会为我所用。只要有开放发展的胸怀，又懂得政令和轻重之术，就可以利用非本国的财物和臣民，为本国经济社会发展服务。同时，政府要为各国商人提供便利和优惠服务，改善营商环境。“请以令，为诸侯之商贾立客舍，一乘者有食，三乘者有蒭菽，五乘者有伍养，天下之商贾归齐若流水。”（《管子》1071）管仲建议君主下令，为从各诸侯国来的商人设立客舍，给带一车货的商人提供饮食，给带三车货的商人提供牲口饲料，给带五车货的商人提供仆役，这样的营商环境和服务就会让天下的商贾如同流水一样地涌入齐国。

## 五、合理税收使国家富强

现代政治学原理表明，国家只有财税收入充足才能将国家意志转化为现实，财税汲取能力是国家能力的重要组成部分。管仲的财税观点主要包括以下六个方面。

一是根据土地质量的不同等级征收不同数量的农业税费。管仲认为，发展农业首先要了解全国各地的水、土区别和粮食生产情况。“有山处之国，有氾下多水之国，有山地分之国，有水泆之国，有漏壤之国。”(《管子》994）国家的地形地势有山区、低洼多水地区、山陵平原各占一半的地区、常年溢水为害地区、土壤漏失水分地区，这五种地区粮食产量不同。在了解地形地势不同而造成粮食产量差异之后，要进一步了解由于土壤质量不同而导致的粮食产量不同，从而确定赋税征收标准。“有莞蒲之壤，有竹箭檀柘之壤，有氾下渐泽之壤，有水潦鱼鳖之壤。今四壤之数，君皆善官而守之，则籍于财物，不籍于人。亩十鼓之壤，君不以轨守，则民且守之。”(《管子》954）即，有生产莞蒲的湿地，有生长竹箭檀柘的山地，有低下潮湿的洼地，有鱼鳖生长的水塘地。这四种品质良好的土地，君主如果加以严格管理和控制，就会有很高的财税收入，就可以从财物上征税以满足财政需求，而不需要向民众征收直接税。至于亩产十鼓的土地，君主如果不纳入统计控制掌管，富民和商人就会控制生产。“故相壤定籍而民不移，振贫补不足，下乐上。”(《管子》926）根据土地的好坏等级确定征收的赋税，百姓就会安定生活而不迁移；通过赈济贫困的方式补助收入不足的百姓，百姓就会拥戴君主。因此，要根据土地的等级征收相应的农业赋税。

二是提倡国家占有公共资源，征收资源税。管仲不赞同直接向民众征收财产税等。桓公问，如何征收税费才能治理好国家呢？管子回答说："唯官山海为可耳。"（《管子》933）管仲认为，只有把山、海等自然资源收归国有，国家专营山海资源并进行征税，才是治理国家的可行办法。"官山海"即"正盐策"，是征收盐税的政策。因为食盐的特殊性，"恶食无盐则肿，守圉之本，其用盐独重"（《管子》1003）。如果人不吃盐，就会吃不进饭，长期不吃盐身体会浮肿，所以盐是保证个人健康和国家安全的根本性战略物资，要慎重对待。每人每天都必须食用盐，人口众多的国家会消费很多食盐。"今夫给之盐策，则百倍归于上，人无以避此者，数也。"（《管子》934）如果对盐征税，必将是一大笔收入，且没人能逃避盐税，这才是征税理财的办法。

桓公曰："然则国无山海不王乎？"（《管子》936）没有山、海等资源的国家不能征收资源税，就不能成就王业了吗？"因人之山海假之。名有海之国雠盐于吾国，釜十五，吾受而官出之以百。我未与其本事也，受人之事，以重相推。此人用之数也。"（《管子》936—937）管仲认为，如果本国没有资源，可以依靠他国山海资源，命令有山海资源的国家把盐卖给我国，我国以每釜十五钱的价格买进，而以每釜一百钱的专卖价格卖给民众，之间的差价就是国家的征税。我国虽然不参与他国的制造行业，但是可以购买别国的产品，加价并推算盈利，这就是利用他国理财征税的办法。这其实就是发展国际贸易，征收进出口税。

总之，"官天财"即管理经营国家占有的自然资源，利用轻重之术获取财富，达到“不籍而赡国”(《管子》958)，不向民众直接征税也能满足国家财政需要。

三是鼓励对民众生产生活所必需的商品征收赋税。妇女需要针和剪刀才能开展女工；农民需要犁铧、锄头才能开展耕种；修造车辆的人需要斧子、锯子等铁制工具才能工作。既然这样，就抬高针、剪刀、犁铧、锄头、斧子、锯子等铁制工具的售价，高出原价的部分其实就是税费。“然则举臂胜事，无不服籍者。”(《管子》936)这样只要人们从事劳动，就必须负担这些赋税。

四是“籍于鬼神”，利用民众的信仰祭祀开展新的征税。“王者乘势，圣人乘幼，与物皆宜。”(《管子》1036)管仲认为，真正的王者要顺势而为，而圣人则是谋划精微，处理任何事情都会比较得宜。如何谋划、乘势而为才能“籍于鬼神”呢？“昔尧之五吏、五官无所食，君请立五厉之祭，祭尧之五吏，春献兰，秋敛落，原鱼以为脯，鲵以为殽。若此，则泽鱼之正伯倍异日，则无屋粟邦布之籍。此之谓设之以祈祥，推之以礼义也。然则自足，何求于民也？”现在的人对于尧时代的五吏、五官都不再祭祀了，君主要给过去那些有功劳却没有得到祭祀的鬼神设立专门的五厉之祭，春天祭献兰花，秋天扫墓，用原鱼作为献祭的肉干、用大鲵作为祭神的佳肴，这样仅水中的鱼就会产生很大的销量，征收的税金也比平常高出百倍，不用征收其他税费国家财政就富足了，同时，还能设立鬼神祭祀推行礼仪教化。这就是“智者役使鬼神，而愚者信之”(《管子》1085)。智慧的君主会驾驭利用鬼神，而一般的愚人只会听信。可以看出，“籍于鬼神”的最终目的还是创造祭祀用的商品的大量需求，民众大量购买祭品就缴纳了很多赋税，而且这种信仰的形式是民众乐于接受的。

五是“籍于号令”，利用国家的强制性权力征取赋税。桓公抱怨，因为贵族、荒地等原因，赋税难征。“寡人不得籍斗升。则是寡人之国，五分而不能操其二，是有万乘之号，而无千乘之用也。”(《管子》1067）如果长期不能征到赋税，齐国虽然说是君主的国度，但是，君主实际控制的收入却不到五分之二，这样的情况怎么能让天子平衡天下、给各诸侯国确定秩序呢？管仲建议，只能“籍于号令”。“请以令发师置屯籍农，十钟之家不行，百钟之家不行，千钟之家不行。行者不能百之一、千之十，而困窌之数皆见于上矣。”(《管子》1068）请下令征发兵役，并登记确定各家各户粮食储藏的数量，有钱人家不服兵役，应该服兵役却不服兵役的就要按比例征缴粮食。君主掌握了粮食数量，然后政府以官价收购粮食，且各家各户不能隐藏、增减各自存储粮食的总量。这样国家所积蓄收藏的粮食都被君主控制了，国家就会天下无敌、边境无患。

六是制定征收的赋税政策必须符合人性。桓公想向“台雉”“树木”“六畜”“人”直接征税。管仲认为，如果直接征收“台雉”，即对房屋等建筑征税，民众为了避税就会“毁成”，即拆毁房屋建筑；直接征收“树木”，民众就会“伐生”；直接征收“六畜”，民众就会“杀生”；直接征收“人”，民众就会“隐情”，即收闭情欲，减少生育，人口将会减少，最终引起民众反对，对国家稳定和长远发展不利。例如，对田亩征税，民众就不耕种，实际上会破坏农耕而影响农业生产发展；若以家户为单位征税，穷人家户小、富人家户大，对贫户与富户征收同样的税，实质上偏袒了富豪之家。管仲认识到了人趋利避害的本性，税收政策会导致民众为减少缴纳税费而采取相应的对策，最终不利于国家的整体发展。

那什么是人性，怎样做才能符合人性呢？“夫民者亲信而死利，海内皆然。民予则喜，夺则怒，民情皆然。先王知其然，故见予之形，不见夺之理。故民爱可洽于上也。”（《管子》939）民众总是亲近信任的人，而死于谋求钱财，所谓人为财死，四海之内都是如此。对于民众来说，给予他利益就喜悦，夺取他的利益就愤怒，人之常情，都是如此。正因如此，古代先王圣君了解人性，所以才会展现给予民众利益的一面，而隐藏夺取民众利益的实情。民众因不了解情况而可以和君主关系融洽。“租籍者，所以强求也；租税者，所虑而请也。王霸之君去其所以强求，废（发）其所虑而请，故天下乐从也。”（《管子》939—940）而现在，对房屋、树木等征收直接税，是强制的夺取；通过调控商品价格征收所得税，是经过谋划的收取，民众是不了解实情的。因此，真正想成就王霸之业的君主会因为了解人性，放弃强制征税，而开发经过谋划的可征收的商品税，老百姓不了解实情，认为君主没有强夺，所以都乐于服从。总之，管仲认为财税制度非常重要。“故租籍，君之所宜得也。正籍者，君之所强求也。亡君废弃所宜得，而敛其所强求，故下怨上而令不行。”（《管子》1059）常规的赋税是君主所应当征取的，额外的赋税就是君主强行征收的，亡国之君恰恰废弃了应当征取的赋税而强行敛取额外的赋税，最终导致民众怨恨君主，政令不能施行。

## 六、关注国际粮价防止受损

“强本节用”并不能保证国家安全。桓公问：“强本节用，可以为存乎？”(《管子》1062）加强农业生产，节约财政用度，可以保证国家长治久安地生存发展吗？管仲认为：“可以为益愈，而未足以为存也。”“强本节用”可以让经济发展得更好，但是不足以让国家久安长存。过去的纪氏之国虽然做到了五谷丰登，但是最终因粮食外流天下而身死国亡。

根据当时天下的政策环境，管仲认为，想实现民富国强，不能仅关注本国的农业生产，还要关注天下各诸侯国的粮食价格，防止因国际粮价变化而导致本国的劳动产品、物质财富流失到其他国家。“夫本富而财物众，不能守则税（挩）于天下。五谷兴丰，巨钱而天下贵则税于天下，然则吾民常为天下虏矣。”(《管子》1004）经过发展的齐国，民众富裕、粮食财物众多，如果不善于管理并守好财富，财物就会流散到其他国家。如果齐国粮食增产丰收、粮食价格却低，而天下其他国家则粮贵价格高，粮食就会流向价格高的国家，我国民众就相当于被其他国家“俘虏奴役”了，为其他国家种了粮食。那应该如何防止这种情况呢？“夫善用本者，若以身（舟）济于大海，观风之所起。天下高则高，天下下则下。天高我下，则财利税于天下矣。”善于治理国家，会用轻重之术的人就像乘船出海要观察风向一样保持敏锐的警觉，关注天下粮食的价格变化，如果其他国家粮食价格升高，则齐国粮食价格也升高；其他国家粮食价格降低，齐国也降低。如果其他国家粮食价格高，而齐国粮食价格低，粮食就会涌向价格高的国家，齐国的财利就会被他国掠取。“故善为国者，天下下我高，天下轻我重，天下多我寡，然后可以朝天下。”(《管子》1062）善于治理国家的君主，能够在其他国家粮食价格低的时候，调高本国粮食的价格；天下粮价低的时候，抬高本国的粮价，天下商品多余的时候，本国供不应求，天下的货币、粮食、商品都掌握在本国手中，这样才可以使天下臣服朝拜。所以，即便是当今，每个国家为了本国的利益，也会十分谨慎地关注国际粮价的变化。

## 第四节 齐国的人口政策缘由和影响

人口是一个集体、社会、国家、民族存在发展的基础，生育问题不仅是个人家庭的私事，更是关系着国家长治久安、民族长盛不衰的大事。因此，人口问题是“国之大者”。管仲在治国理政的实践中非常注重人口数量和人口增长问题。

### 一、齐国高度重视人口问题

一是君主本身要注重生育以延续政权。“定宗庙，育男女，官四分，则可以立威行德，制法仪，出号令。”(《管子》152）国君安定宗庙、繁育儿女、做好内部建设之后，按四季分设官职、各司其职，最后就可以逐步确立权威、制定法度、颁行号令。可以看出，国君一旦定宗庙、得到政权之后，生育下一代就成为最重要的事情了，这足以说明人口繁育在政治活动中的重要性。

二是大量的人口是争霸的基础和重点。“地大国富，人众兵强，此霸王之本也，然而与危亡为邻矣。”（《管子》274）管仲认为土地辽阔、国家富足、人口众多、兵力强盛，是称王争霸的根本；但同时这些优势很可能成为危险。管仲认为，争夺天下首先要争取人民支持，能够得到天下大多数民众拥护的人，就能够成就王业；能够得到半数民众拥护的人，能成就霸业。圣明的君主谦卑有礼，吸引天下贤人帮助他成就王业，分土地利禄招引天下民众，使他们甘心归附臣属。

三是留住本国人，吸引外来人，扩大本国人口规模。“国多财，则远者来；地辟举，则民留处。”（《管子》2）国家富裕、财力充足，远方的人就会主动投奔而来；荒地大量开发、耕地充分种植，本国的民众自然安心长留。如何才能做到“国多财”呢？“不务天时，则财不生；不务地利，则仓廪不盈。”不重视遵循天时地利，就不能增加生产积累财富，粮仓不会充实、储备不会丰盈。因此，只有重视农业生产，国富民强，才能留住本国居民，吸引其他诸侯国的人前来投奔，形成良性循环。官员要注重调查研究，弄清楚人数、动向和分工等。“外人之来从而未有田宅者几何家？国子弟之游于外者几何人？”“外人来游，在大夫之家者几何人？”（《管子》449）通过调查研究，弄明白外出人口和流入人口的数量和具体情况，这足以说明齐国对人口问题的重视。

四是在历法中规定男女婚嫁事宜以确保人口数量。“十二，始卯，合男女。十二，中卯，十二，下卯，三卯同事。”（《管子》135）十二天，适合男婚女嫁，准许青年男女相会或婚配，举行婚事。“间男女之畜，修乡闾之什伍，量委积之多寡，定府官之计数。”而且，检查乡民生活，检查男女的生养状况，修治乡间人员编制加强训练，计算物资储备情况，核实政府官员名额数量。这些政策措施再次说明了齐国高度重视人口问题。

## 二、齐国人口政策受周朝影响

西周末年，周宣王不重视农业生产，反而派军队北伐南征，虽然暂时取得了一些胜利，但这些胜利不但没有缓和国内的社会矛盾，反而暴露出周朝作为天下共主对各地的统治力量更加虚弱。“虢文公谏宣王不籍千亩”(《国语》16)，“王不听。三十九年，战于千亩，王师败绩于姜氏之戎”(《国语》23)。公元前789年，宣王伐姜氏之戎，却大败于千亩(今山西介休县南)，他调去的“南国之师”全军覆没。“宣王既丧南国之师，乃料民于大原。”(《国语》26)“料民”即登记核查人口，目的是对民众征派赋税和力役，再次扩充军队，发动征讨战争。通过仲山父针对这次“料民”而劝谏宣王的态度和观点可以看出当时对于人口管理的观点。仲山父谏宣王有三点。其一，“民不可料也”。人口不能随意清查，只要做好天子的本职工作，人口数量自然就能够掌握。古代先王不“料民”，而是通过司民、司商、司徒、司寇、牧、工、场、廪等官员严格分工、尽职尽责地工作，就可以达到“是则少多、死生、出入、往来者皆可知也”；还可以通过“审之以事”，即抓好籍田、狩猎、除草、收获等具体工作，从而达到“是皆习民数者也，又何料焉”。这些都是获知人数的方法，何必要专门清查人口呢？其二，揭露宣王执意“料民”背后深层次的原因。“宣王即位，不籍千亩”(《国语》16)，宣王在位甚至连天子亲自耕田典礼以表示重视农业的传统仪式都不愿意举行。“不谓其少而大料之，是示少而恶事也。”(《国语》26)作为天子，管理官员、使官员严格分工、各尽其责，认真籍田、狩猎、除草、收获等，这些天子应该做的管理工作做得少，反而舍本求末，要大规模地核查人口，这是以人口少为借口，而为自己不主动治国理政、厌恶政事找托词。“治民恶事，无以赋令”，治理民众却厌恶政事，不发布政令，急功近利，执迷于发动征伐战争。其三，说明“治民恶事，无以赋令”和“无故而料民”的灾难性后果。“临政示少，诸侯避之。”“且无故而料民，天之所恶也，害于政而妨于后嗣。”宣王无事而大规模清查人口，令天下百姓讨厌，对政治有害，且妨害后嗣王室。周天子作为天下共主，却在临政期间向天下展示自己直接下辖的民众人口稀少，暴露自己的无能，最终导致诸侯逃避周王室的管辖而争霸称雄，天下将会大乱。宣王目光短浅，最终还是不愿意发展农业，不做好治国理政的基础性工作，而是急功近利，清查人口、征收赋税、征集兵役、发动战争，最终到宣王之子幽王时，西周就灭亡了。

仲山父的劝谏表明，西周末年人们已经认识到民众的力量和所辖人口众多的重要性，以及人口数量少可能会带来的灾难性后果。这些关于人口的重要论述对齐国的人口政策有一定的影响。

## 三、齐国人口政策对后世的影响

齐国的人口政策对后世产生了重大影响。春秋末年，孔子认为，人口众多是国家治理的前提与基础。

子适卫，冉有仆。子曰：“庶矣哉！”冉有曰：“既庶矣，又何加焉？”曰：“富之。”曰：“既富矣，又何加焉？”曰：“教之。”(《论语》154)

在治国理政实践中，首先要“庶”，即人口众多；再到“富”，即物质生活富裕；最后是“教”，即通过教育、教化不断提升人民的精神境界和文化层次。孔子深刻认识到人口问题在治国理政中的基础性地位。另外，孔子还提倡君主不用稼穑，只要施行仁政，就会达到“夫如是，则四方之民襁负其子而至矣，焉用稼”(《论语》152)。通过仁政会招来人口，达到巩固统治的目的。

墨子反对君王过度追求奢华享受，君主和士大夫应该节制自己的欲望。在《墨子·辞过》中，墨子从宫室、城郭、衣服、饮食、舟船和蓄私五个方面主张君主应该使用有度、有所节制。“虽上世至圣，必蓄私不以伤行，故民无怨；宫无拘女，故天下无寡夫。内无拘女，外无寡夫，故天下之民众。”[①]上古圣王懂得节制，蓄私而不伤害自己的德行，民无怨恨。宫中没有过多被滞留的宫女，所以天下男人都能娶到妻子，天下人口繁衍得就多。“当今之君，其蓄私也，大国拘女累千，小国累百，是以天下之男多寡无妻，女多拘无夫，男女失时，故民少。”(《墨子》41)与之相反，现在的君主蓄私无度，影响到天下男女的婚配和婚嫁时机，导致人口减少。所以，“君实欲民之众而恶其寡，当蓄私不可不节”。

墨子倡导节俭，没有益处的事情不做，省下的支出可以使宫室、铠甲、兵器、车船等国家财利倍增。这并不是难事，最困难的是要人口数量倍增。如何才能使人口数量增加呢？一方面，“此不惟使民蚤处家，而可以倍与”(《墨子》183)，使民早成家，人口可以倍增。墨子认

① 方勇译注：《墨子》，中华书局2015年版，第41页。后续相关引用仅做括注。

为，圣明的先王制定的法则规定："丈夫年二十，毋敢不处家；女子年十五，毋敢不事人。"男女到了一定年龄必须成家生子。"圣王既没，于民次也。其欲蚤处家者，有所二十年处家；其欲晚处家者，有所四十年处家。以其蚤与其晚相践，后圣王之法十年。若纯三年而字，子生可以二三年矣。"而圣王之后，人民对于男婚女嫁的年龄恣意妄为、随心所欲，早婚晚婚没有规定，与过去相比甚至要晚十年，而这十年也许少生了两三个小孩。另一方面，改变"今天下为政者，其所以寡人之道多"（《墨子》184）的现状。墨子认为"寡人之道"有两个原因。其一，为政者赋敛太重，基本民生得不到保障，导致民众死亡率过高。"其使民劳，其籍敛厚，民财不足，冻饿死者不可胜数也。""与居处不安、饮食不时、作疾病死者。"其二，君主兴师攻伐，战争时间过多过长而影响男婚女嫁。"且大人惟毋兴师以攻伐邻国，久者终年，速者数月，男女久不相见，此所以寡人之道也。"君主兴师攻伐，使男人参军数月不能回家团聚。"有与侵就偄橐、攻城野战死者，不可胜数。"而且，因为战争被俘虏、战死的人多得数不清。

由此可见，墨子认为：其一，民众优于民寡。君主想让国家人口众多，而不愿人口太少。其二，君主可以蓄私，但是数量不能过多，不能伤害自己的德行，更不能影响天下男女婚配。错过男女婚嫁的时机，最终会影响天下人口的生育繁衍。其三，应该向先王学习，民众到了法定年龄就结婚生子。其四，注意改变君主"寡人之道多"的现状，减少赋敛，注重改善民生，减少战争。只有这样才能保证人口数量，才能实现天下之大利。

到战国时期，诸侯争霸，兼并战争更加激烈，诸侯国之间展开了包括抢夺人口在内的更残酷的竞争。公元前362年，梁惠王“卑礼厚币，以招贤者”，孟子来到梁国。梁惠王问孟子：“寡人之于国也，尽心焉耳矣。河内凶，则移其民于河东，移其粟于河内。河东凶亦然。察邻国之政，无如寡人之用心者，邻国之民不加少，寡人之民不加多，何也？”(《孟子》5）从这段文字看出：第一，梁惠王希望本国民众数量多。第二，梁惠王认为自己治理国家已经尽心尽力，起码比邻国用心，但邻国的人口数量不减少，本国的人口数量不增加。为什么呢？第三，梁惠王认为他能迁移民众，能移粟赈灾，这样就已经做得很好了。而孟子初见梁惠王，就劝梁惠王重视仁义，何必言利呢？劝谏梁惠王“无罪岁”，不要抱怨归罪于年成不好，而要施仁政，天下百姓就会归顺于他，国家人口就会增多。

《汉书·惠帝纪》记载，汉惠帝即位第六年，命令“女子年十五以上至三十不嫁，五算”。汉朝规定每人每年要缴纳一百二十钱即一算的人头税，而女子十五岁至三十岁还不嫁，每年就要缴纳五算，即晚婚晚育要多缴纳税费。惠帝运用税收手段敦促百姓早婚多育，以增加国家人口。《晋书·武帝纪》记载，司马炎在泰始九年冬十月诏令：“制女年十七父母不嫁者，使长吏配之。”《宋书·周朗列传》记载，为增加人口，周朗提出：“女子十五不嫁，家人坐之。”唐代《令有司劝勉庶人婚聘及时诏》规定：“若贫窭之徒，将迎匮乏者，仰於其亲近，及乡里富有之家，褒多益寡，使得资送以济。”要求富人帮助穷人家成亲。与受罚相对，对于生育之家，也有物质奖励。北宋仁宗颁布“胎养令”，规定对于没有经济来源的怀孕妇女，可以进行钱、米资助。鼓励早婚，主要是出于增加劳动人口、提高社会生产、保障社会供给、维护巩固统治的需要。古代人的平均寿命远低于现在，因此“多子多福，早婚早育”的观念对维持繁衍有着重要意义，人口生育政策始终是关系千家万户和国家长远的大事。

清朝时，洪亮吉（1746—1809年）于1793年在其专著《意言》第六篇《治平篇》中指出，历经康熙、雍正、乾隆三朝百余年，社会安定，人口急剧增加。“然言其户口，则视三十年以前增五倍焉，视六十年以前增十倍焉，视百年、百数十年以前不啻增二十倍焉。”清朝初期，政治社会稳定，人口剧增。洪亮吉指出，空地、空屋最多“增三倍五倍而止矣，而户口则增至十倍二十倍”，这就必然造成“田与屋之数常处其不足，而户与口之数常处其有余”。这有理有据地说明了一个无可辩驳的道理：若不控制人口，人们则将面临生活资料严重不足的威胁。因为人口增加过快，生活资料会逐渐缺乏，社会就会发生动乱。

洪亮吉的《治平篇》比英国经济学家马尔萨斯的《人口论》还早五年发表，是世界上最早的关于人口论的专著。在二百多年前，作者就敏锐地提出“治平”中潜伏着严重的人口问题，这充分显示了他关心政治与国家命运的思想感情，显示了他的远见卓识，也表现了他在封建社会敢于否定“多子有福”这一传统观念的勇气。但由于历史条件的限制，洪亮吉无法看清封建剥削制度是阻碍生产力的发展、造成人民贫困的根本原因；同时，历史实践中也没有哪个王朝是因为人口众多而灭亡的；相反，恰恰是因为人口众多，形成了衣食住行等市场需求，促进了国家经济的快速发展。

# 第五章
# “尊王攘夷”要善用谋攻、商战和军战

贯彻实施“尊王攘夷”的战略目标，在诸侯争霸过程中胜出，只有善用谋攻、巧用商战、谨慎发动军事战争，才能彻底征服天下诸侯，取得全面胜利。

## 第一节 “尊王攘夷”要善用谋攻

《管子》记载了谋攻敌国取得功绩的方法有五种，即：

而谋有功者五：一曰视其所爱以分其威。一人两心，其内必衰也。臣不用，其国可危。二曰视其阴所憎，厚其货赂，得情可深。身内情外，其国可知。三曰听其淫乐，以广（旷）其心。遗以竽瑟美人，以塞其内；遗以谄臣文马，以蔽其外。外内蔽塞，可以成败。四曰必深亲之，如典之同生。阴内辩士使图其计，内勇士使高其气。内人他国使倍（背）其约，绝其使，拂其意，是必士斗。两国相敌，必承其弊。五曰深察其谋，谨其忠臣，揆其所使，令内不信，使有离意。离气（饩）不能令，必内自贼。忠臣已死，故政可夺。此五者，谋功之道也。

第一种是针对敌国君主身边的宠臣。探明敌国君主所宠爱的大臣，想办法削弱其权威，使其对君主怀有二心，敌国的力量必然衰退。大臣不为君主效力，敌国就处于危亡的边缘。第二种是针对敌国君主身边的不得志臣子。探明君主私下憎恨的大臣，用重金贿赂他，这样就能深入了解敌国的情况。大臣身在国内，却向外泄露情报，这样就可以掌握敌国的情势。第三种是针对敌国君主的生活情志，投其所好，让君主沉淫于声色、荒废心志。给他赠送乐队美女，从宫内私生活上蒙蔽他；培养谄媚的侍臣和华丽的宝马，从外部蒙蔽他。内外交蔽，让其玩物丧志不理朝政，就可以促使他失败。第四种是煽动情绪破坏敌国的同盟，表面上要与敌国交好，好像与他是同族姓一样，暗中派辩士帮敌国出谋划策，又派勇士投奔他国以助长其气焰，使其骄傲轻敌，派人到别国，唆使别国与之背弃盟约，断绝使者往来，让他们反目成仇。这样就必然发生争斗，两国相争，必然会出现损失，我方就有机可乘。第五种是深察敌国谋略的得失，结交其忠臣，离间其下属，使其内部互不信任，人心涣散、离心离德。君臣之间离心离德就无法发号施令，最终必将自相残杀。忠臣被杀害后，就可以夺取敌国的政权了。这就是用谋攻敌国的五种办法。

管仲举例说明：“女华者，桀之所爱也，汤事之以千金。曲逆者，桀之所善也，汤事之以千金。内则有女华之阴，外则有曲逆之阳，阴阳之议合，而得成其天子，此汤之阴谋也。”(《管子》1029）商汤战胜夏桀，就是通过向桀身边的美女和大臣行贿，得到了受贿之人的相助，内外配合，汤就战胜桀成为天子。这足以说明，在争霸斗争中，谋攻在战胜敌国时发挥着重要作用。

## 第二节 “尊王攘夷”要巧用商战

管仲认为，利用轻重之术发动经济战争、金融战争也可以征服他国。“请战衡、战准、战流、战权、战势。此所谓五战而至于兵者也。”（《管子》1030）利用经济政策，发动经济平衡之战、平准之战、流通之战、权变之战、权势之战。这五种经济战可以达到出兵作战的实际效果。根据《管子》记载的典型商战，如“下鲁梁”“服莱莒”“买鹿于楚”“买狐白皮服代”“买衡山之械器”，可以得出以下三个结论。

一是轻重之术具有先进性和独特性。管仲的轻重之术在所有商战中的操作手法和过程大致相同：高价大量购入目标国的特产，通过炒作使其涨价；目标国因有利可图，扩大生产同时放弃农业；齐国闭关不再购买前期炒作的特产，同时上涨齐国的粮食价格；目标国因为缺少粮食不得不高价购买齐国粮食，同时民众归附齐国；目标国经济陷入困局最终臣服。管仲具有系统思维，能利用趋利避害的人性引导目标国的经济发展，能利用供求关系操纵粮食价格，最终获利，达到兵不血刃战胜其他国家的战略目的，具有先进性。

二是轻重之术建立在理想化基础上。商战中，所有目标国都会因为有利可图而扩大生产，同时放弃本国农业吗？没有一个智者能看透轻重之术背后的陷阱吗？所有目标国在缺少粮食时，都必须向齐国购买吗？齐国闭关，其他诸侯国必须服从容忍吗？很明显，这一切都是建立在理想化的基础之上。

三是不能简单认定轻重之术是设想。不能因为没有见到各诸侯有“经济制服他国”的商战记录，而只有“武力征战相兼并”的记载，就否定商战存在的可能性，毕竟不是所有发生过的重大事件都一定会被载入史册的。而且商战的规模、影响力相较武力征伐低很多，毕竟相比军事上的惨败，统治阶级更容易宽容、接受商战中的经济损失。也就是说，在统治阶级眼中，相对于军事战争，商战也许就不算重大的历史事件。

## 第三节 “尊王攘夷”要慎用军战

战争的不确定性、残酷性和灾难性的后果是任何理性的组织和负责人都必须慎重对待的，因此都不会轻易挑起并发动战争。国家之间的战争是典型的零和博弈，是维护国家根本利益的最后手段。

### 一、明确军事斗争的重要意义

“明一者皇，察道者帝，通德者王，谋得兵胜者霸。故夫兵，虽非备道至德也，然而所以辅王成霸。”(《管子》309）明悉万物根本、通晓万事规律的人，可以成就皇业；体察处世规律、掌握治国之道的人，可以成就帝业；精通修德敬业、推行德治、以德治国的人，可以成就王业；能够谋划成功、用兵必胜的人，可以成就霸业。所以说，军事斗争虽然称不上什么完备的道、至上的德，却可以辅佐君王成就霸业。而齐桓公和管仲治理齐国，最大的目标就是在诸侯争霸中取得胜利。所以，齐国想要成就霸业，就必须“谋得兵胜”，最终必须靠军事斗争取得全面胜利。

## 二、掌握军事斗争的基础理论

军事斗争的残酷性倒逼军事理论的发展进步。《管子》记载，齐国的军事斗争理论涵盖了物质保障、技术方法、全民皆兵、制胜逻辑等，系统已经非常完备。

一是军事斗争的物质保障。国家的粮食和制造兵器的矿产资源储备是决定战争胜败的重要资源保障。“出铜之山四百六十七山，出铁之山三千六百九山，此之所以分壤树谷也，戈矛之所发，刀币之所起也。”（《管子》997）管仲认为，齐国有广阔的山川陆地等自然资源、产铁的矿山、产铜的矿山，这些自然资源可以用来种植粮食、开发制造兵器、铸造钱币等。并指出：“封禅之王，七十二家，得失之数，皆在此内。是谓国用。”自古以来，有七十二代封禅的圣君，这些君王的得失成败规律都体现在如何利用国家自然资源上。历代圣明君王发现矿山之后都封禁起来不准百姓开采使用，因为掌握了这些矿产金属，打造出先进的战争武器，就有可能取胜。“故天下之君顿戟壹怒，伏尸满野。此见戈之本也。”（《管子》999）国君一怒，制造兵器，发动战争就会伏尸遍野，大获全胜。

二是治军强军要熟练掌握“七法”。“七法”是“则、象、法、化、决塞、心术、计数。”（《管子》98）即：寻求规律，尊重法则；查明现象，了解情况；掌握标准，制定规范；施行教化，进行训练；收放结合，善于权衡；洞察心计，把握思想；精于计算，擅长筹划。

什么是则呢？“根天地之气，寒暑之和，水土之性，人民、鸟兽、草木之生，物虽不甚多，皆均有焉，而未尝变也，谓之则。”根源于天地万物的元气，寒来暑往周而复始的变换，水土滋养生育的属性，人类、鸟兽、草木的繁衍生长，具体事物虽然很多，却又都拥有一种共同属性，而且还具有一定的稳定性，这就叫作“则”，即规律。“不明于则，而欲出号令，犹立朝夕于运均之上，檐竿而欲定其末。”（《管子》99）如果不明白规律，而想要立法定制，就好比把测时的标竿插在转动着的陶轮上，摇动竹竿而妄想稳定它的末端一样。

什么是象呢？“义也、名也、时也、似也、类也、比也、状也，谓之象。”（《管子》98）事物的外形、名称、年代、相似、类属、依次、状态等，叫作“象”，即形象。“不明于象，而欲论材审用，犹绝长以为短，续短以为长。”（《管子》99）不了解形象，而想量才用人，就好比把长材短用、短材长用一样。

什么是法呢？“尺寸也、绳墨也、规矩也、衡石也、斗斛也、角量也，谓之法。”（《管子》98）尺寸、绳墨、规矩、衡石、斗斛、角量等，叫作“法”，即规范。“不明于法，而欲治民一众，犹左书而右息之。”（《管子》99）不了解事物的规范，而想治理人民、统一群众，就好比用左手写字，而右手去阻挡一样。

什么是化呢？“渐也、顺也、靡也、久也、服也、习也，谓之化。”（《管子》98）渐进、驯服、磨炼、熏陶、适应、习惯等，叫作“化”，即教化。“不明于化，而欲变俗易教，犹朝揉轮而夕欲乘车。”（《管子》

99）不明白教化而想移风易俗，就好比早上刚制造车轮，晚上就要乘车一样。

“予夺也、险易也、利害也、难易也、开闭也、杀生也，谓之决塞。”（《管子》98）予与夺、险与易、利与害、难与易、开与闭、死与生等，叫作“决塞”。“不明于决塞，而欲驱众移民，犹使水逆流。”（《管子》100）不了解决塞之术而想驱使和调遣人民，就好比使水倒流一样。

“实也、诚也、厚也、施也、度也、恕也，谓之心术。”（《管子》98）老实、忠诚、宽厚、施舍、度量、容让等，叫作“心术”。“不明于心术，而欲行令于人，犹倍招而必拘之。”（《管子》100）不了解心术而想对人们发号施令，就好比背着靶子射箭，而希望一定能命中一样。

“刚柔也、轻重也、大小也、实虚也、远近也、多少也，谓之计数。”（《管子》98）刚柔、轻重、大小、虚实、远近、多少等，叫作“计数”。“不明于计数，而欲举大事，犹无舟楫而欲经于水险也。”（《管子》100）不了解计数而想举办大事，就好比没有舟楫想渡过水险一样。

“故曰：错仪画制，不知则不可；论材审用，不知象不可；和民一众，不知法不可；变俗易教，不知化不可；驱众移民，不知决塞不可；布令必行，不知心术不可；举事必成，不知计数不可。”所以说，立法定制，不了解规律不行；量才用人，不了解形象不行；治理人民统一群众，不了解规范不行；移风易俗，不了解教化不行；驱使和调遣人民，不了解决塞不行；发布命令保证必行，不了解心术不行；举办大事保证必成，不了解计数不行。所以说“七法”非常重要，作为军事指挥必须全面掌握。

三是治军强军要运用“三官”“五教”“九章”。“三官不缪，五教不乱，九章著明，则危危而无害，穷穷而无难。故能致远以数，纵强以制。”(《管子》313）只要能做到“三官”不错、“五教”不乱、“九章”著明，那么即使处于极度危险的境地也没有祸害，就算处于极度困乏的情况也不会遭遇危难。因此就能有办法对付远方的敌人，能够追踪强敌并加以克制。

“三官：一曰鼓，鼓所以任也，所以起也，所以进也；二曰金，金所以坐也，所以退也，所以免也；三曰旗，旗所以立兵也，所以利兵也，所以偃兵也。此之谓三官。有三令，而兵法治也。”(《管子》313）所谓“三官”，一是鼓，用来鼓动士气、发动进攻，以乘胜追击进攻；二是金，用来命令坐守、指挥退兵、宣布休战；三是旗，用来指挥军队排兵布阵、指挥兵卒战斗、指挥停止战役。有了这三方面的军令，军纪兵法就能发挥治军的作用了。

“五教：一曰教其目以形色之旗，二曰教其身以号令之数，三曰教其足以进退之度，四曰教其手以长短之利，五曰教其心以赏罚之诚。五教各习，而士负以勇矣。”(《管子》313）所谓“五教”，一是教导士兵识别不同颜色的旗帜代表不同指令；二是教导士兵身体要跟随不同号令行动；三是教导士兵脚步要跟着号令进退有度；四是教导士兵手要根据指令变换使用长短兵器；五是教导士兵心里要牢记奖惩的军纪。这五项教导内容都能熟练掌握，士兵就能据此奋勇作战、所向无敌。

“九章：一曰举日章，则昼行；二曰举月章，则夜行；三曰举龙章，则行水；四曰举虎章，则行林；五曰举鸟章，则行陂；六曰举蛇章，则行泽；七曰举鹊章，则行陆；八曰举狼章，则行山；九曰举韕章，则载食而驾。九章既定，而动静不过。”(《管子》313）所谓“九章”，一是举有太阳的日章旗，指示是白天行军；二是举有月亮的月章旗，指示是夜间行军；三是举绘有龙图案的龙章旗，指示取水道行军；四是举有虎图案的虎章旗，指示是在密林中行军；五是举有鸟图案的鸟章旗，指示是在丘陵坡地行军；六是举有蛇图案的蛇章旗，指示是在沼泽中行军；七是举有鹊鸟图案的鹊章旗，指示是在陆地行军；八是举有狼图案的狼章旗，指示是在山中行军；九是举白色的韕章旗，指示是带上军粮驾车而行。这九种旗帜是既定的，并能通过教导让士兵牢记形成指挥与执行的约定。军队严格执行旗令，动静步调就会高度一致，从而不会出现举止越轨，不会出现过错过失。

运用“三官”“五教”“九章”在战争中能达得什么样的效果呢？“三官、五教、九章，始乎无端，卒乎无穷。始乎无端者，道也；卒乎无穷者，德也。道不可量，德不可数也。故不可量，则众强不能图；不可数，则伪诈不敢向。两者备施，则动静有功。”(《管子》315）“三官”即鼓、金、旗三种发号施令的器具；“五教”即根据不同令旗令具对士兵进行培训教导，确保士兵熟练掌握命令并服从；“九章”即九种不同图案、不同命令的令旗。指挥军队作战的将帅根据战争的进展情况，综合使用这些命令和器具进行指挥，因为综合利用所以变化无穷，不见开端、不见结尾。因为不断变化，也就无法估计测算，这样敌人一旦有行动，战场一旦有变化，“三官”“九章”也就随之变化，士兵也就随之行动，所以敌军无法使诈、无法接近或抗击我军，而我军发兵收兵指挥得当、动静有序。在这样有序的指挥下，“径乎不知，发乎不意。径乎不知，故莫之能御也；发乎不意，故莫之能应也。故全胜而无害。因便而教，准利而行。教无常，行无常，两者备施，动乃有功”(《管子》315)。我军行动，敌人无法预知，发兵进军出其不意，敌人无法预知就无法防御，所以我军能夺取全胜而不被伤害。趁着便利而指挥军队，本着有利的原则而指挥行动，指挥军队不断变化，军事行动不拘于常规而随时变化，指挥和行军都能做好，就能确保军队一旦出动就取得战果、立下战功。

“定一至，行二要，纵三权，施四教，发五机，设六行，论七数，守八应，审九器，章十号，故能全胜大胜。”(《管子》318)治军应该坚定“一至”，破大胜强；推行实施“二要”，即教无常，行无常；总揽治理“三权”，即金、鼓、旗“三官”之权；掌握“四机”，即敌情、敌将、敌政、敌士；熟悉发挥“五机”，即教士兵目、耳、足、手、心；灵活筹划“六行”，即六种行军作战之法——风雨之行、飞鸟之举、雷电之战、水旱之功、金城之守、一体之治；认真讲求“七数”，即则、象、法、化、决塞、心术、计数七项治军原则；坚持保守“八应”，即聚财、论工、制器、选士、政教、服习、遍知天下、审御机数八项治军的具体方法；审慎“九器”，即“九章”——日、月、龙、虎、鸟、蛇、鹊、狼及韡章；严谨辨明“十号”，即十种号令。这样军队就能获得全面而重大的胜利。

四是军事斗争必须治民优先。“众伤，则百姓不安其居，百姓不安其居，则轻民处而重民散；轻民处、重民散，则地不辟；地不辟，则六畜不育；六畜不育则国贫而用不足；国贫而用不足，则兵弱而士不厉；兵弱而士不厉，则战不胜而守不固；战不胜而守不固，则国不安矣。”（《管子》101）民众被伤害，就不得安居；不得安居，就会造成为盗者留而务农者离散的局面；为盗者留、务农者散，则土地不得开辟；土地不开辟，则六畜不能繁育；六畜不育，则国贫而财不足；国贫而财不足，则兵弱而士气不振；兵弱而士气不振，则战不能胜、守不能固；战不胜而守不固，则国家无法安定。由此可见，如果国内民众治理出现问题，将最终影响军事斗争的胜利。“不能治其民，而能强其兵者，未之有也；能治其民矣，而不明于为兵之数，犹之不可。不能强其兵，而能必胜敌国者，未之有也；能强其兵，而不明于胜敌国之理，犹之不胜也。兵不必胜敌国，而能正天下者，未之有也；兵必胜敌国矣，而不明正天下之分，犹之不可。”（《管子》96）不能管理好民众，反而能使国家军队强大的，这样的事情从未有过；即使能够管理好民众，但不懂得治军方法，仍然做不到军事强大。也就是说，治民是强兵的基础，强兵离不开治民，但是仅仅会治民仍然不能做到强军。

五是要全民皆兵且要能做到兵民和谐一致。强兵制胜匡天下，必须作内政、寓军令，实现全民皆兵。管仲认为，“足兵甲”是争霸的必备条件，但不能只是“正卒伍，修甲兵”搞军备竞赛。“君若正卒伍，修甲兵，则大国亦将正卒伍，修甲兵，则难以速得志矣。君有攻伐之器，小国诸侯有守御之备，则难以速得志矣。”（《国语》248）如果齐国“正卒伍，修甲兵”有“攻伐之器”，那么其他大的诸侯国也会相应地行动，并有防御之备，如此就会陷入军备竞赛而难以在竞争中快速胜出。为了防止各诸侯国之间形成军备竞赛，管仲劝桓公要把内政与军事结合，秘密备战才能取得战争的胜利：“公欲速得意于天下诸侯，则事有所隐，而政有所寓。”(《管子》380）具体怎么办呢？“作内政而寓军令焉。为高子之里，为国子之里，为公里，三分齐国，以为三军。择其贤民，使为里君。乡有行伍，卒长则其制令，且以田猎，因以赏罚，则百姓通于军事矣。”管仲认为，治理内政，要把军事命令寄藏在里面。在国内，建设高子管治的里、建设国子管治的里、建设桓公管治的里，这样就把齐国分成三份，分别用来建设三军。选择其中贤明的人，让其做里君负责具体事务。每个乡里有军队的编制，卒长负责制度和号令。同时，用田猎进行军事训练，并根据战果成绩进行赏罚，这样百姓民众都懂得军事了。通过“作内政以寓军令”实现全民皆兵。“是故卒伍政定于里，军旅政定于郊。内教既成，令不得迁徙。故卒伍之人，人与人相保，家与家相爱，少相居，长相游，祭祀相福，死丧相恤，祸福相忧，居处相乐，行作相和，哭泣相哀。是故夜战其声相闻，足以无乱。昼战其目相见，足以相识。欢欣足以相死。是故以守则固，以战则胜。君有此教士三万人，以横行于天下，诛无道，以定周室，天下大国之君莫之能圉也。”(《管子》381—382）这样卒伍就在里中整顿，军旅就在郊外整顿。国内的教令完成后，军令就固定不变动。所以，卒伍即军队中所有的人，相互保护，各家与各家也相互关爱，年少时一起居住，长大后在一起游玩，祭祀时一起祈福，有死丧事情相互体恤给予温暖，共担祸福、共享快乐，相互合作、相互悲伤，成为有难同当有福共享的利益共同体。因此，他们夜里作战听到彼此的声音而不会慌乱，白天看到彼此也能认识对方，双方令人欢欣的友情能让彼此用生命来捍卫。军队内部成员有了这样的情谊和关系之后，用他们来防守就会很坚固，用来作战就会取得胜利。桓公如果有这样规范训练后的三万士兵，就可以称霸天下，讨伐失去道义的诸侯国，安定周朝。到时候，天下就没有大国能与齐国抗衡了。“畜之以道，则民和；养之以德，则民合。和合故能谐，谐故能辑，谐辑以悉，莫之能伤。”（《管子》318）以道畜养民众，民众就会和谐；以德政治民、养民，则民众团结一致。能做到以上，民众就会和合，民众和合行动起来就协调，行动协调就能保持平和安定。如果全军上下行动协调，那谁也不能伤害我们。

六是明确军事取胜的八个条件逻辑。“为兵之数，存乎聚财，而财无敌；存乎论工，而工无敌。存乎制器，而器无敌；存乎选士，而士无敌；存乎政教，而政教无敌；存乎服习，而服习无敌；存乎遍知天下，而遍知天下无敌；存乎明于机数，而明于机数无敌。故兵未出境，而无敌者八。”（《管子》106）治军强军的方法：注重积聚财富，从而使财富的数量无可抗衡、天下无敌；注重军工技术人才，从而使军工技术工艺无可抗衡、天下无敌；注重制造武器装备，从而使兵器军备无可抗衡、天下无敌；注重军队的管理和政治教育，从而使军队的管理与政治教育无可抗衡、天下无敌；注重军事训练，从而使军事训练无可抗衡、天下无敌；注重调查各国军事情况，掌握各国情报信息，从而使情报工作无可抗衡、天下无敌；注重把握作战时机和运用策略，从而使出兵决策等无可抗衡、天下无敌。经过长期的准备，达到军队还没有出境作战，但这八方面的军事准备都已经天下无敌。“是故器成卒选，则士知胜矣。遍知天下，审御机数，则独行而无敌矣。”（《管子》109）所以说，武器制作精良，士兵经过选拔，战士对这样的军队获取胜利也充满信心。掌握了各国军事情报，善于把握战机，精心运用策略，这样的军队便所向无敌。总之，“器成教施”是军事胜利的前提条件。“利适，器之至也；用适，教之尽也。不能致器者，不能利适；不能尽教者，不能用敌。不能用敌者穷，不能致器者困。”（《管子》321）器物精致的表现是锋利无不适；教化民众彻底有效的表现是无事不可驱使，即所有事民众都愿意去做。不能使武器装备最精锐，便不能随意使用；不能彻底教化民众，便不能很好地驱使其打仗。不能制服敌人就会危险，不能使武器装备最精良就会陷入困窘。“器成教施，追亡逐遁若飘风，击刺若雷电。”（《管子》316）所以，军人作战的器械装备完好，教导实施训练有素，追逐逃兵遁卒就像风一样迅速，击杀敌人就像雷电一样猛烈。“器成教施，散之无方，聚之不可计。教器备利，进退若雷电，而无所疑匮。一气专定，则傍通而不疑；厉士利械，则涉难而不匮。进无所疑，退无所匮，敌乃为用。”（《管子》317）“器成教施”，分兵而战，莫测所向，举兵合战不能测度。“教器备利”，训练充分、武器装备良好的条件下，进攻退兵都会像闪电一样所向披靡，行动没有任何迟疑和滞碍。能做到专心一意、集中攻击，则四面出击都能毫不迟疑；能做到士兵斗志昂扬、强兵利器，就算遭遇艰难也不会崩溃，而是斗志不竭。进军没有迟疑障碍，退后撤军士气不会衰而匮乏，敌国军队就可以战胜而为我所用。

同时，军队能百战百胜需要知己知彼。首先，要“知己”，计定于内。“若夫曲制时举，不失天时；毋圹地利，其数多少，其要必出于计数。故凡攻伐之为道也，计必先定于内，然後兵出乎境。计未定于内，而兵出乎境，是则战之自胜，攻之自毁也。”(《管子》111）关于部队作战的时机，应该不失天时、不废地利。军事上胜算有多少，在国内就已经谋划确定。所以，凡是攻战的原则，都要求计划必须先定于国内，然后举兵出境。计划没有事前于国内确定而举兵出境，这样就会战之自败、攻之自毁。其次，要“知彼”，全方位了解敌人的情况。“故不明于敌人之政，不能加也；不明于敌人之情，不可约也；不明于敌人之将，不先军也；不明于敌人之士，不先陈也。”所以，事前不明确了解敌人的政治，不能进行战争；不明确了解敌人的军情，不能约定战争；不明确了解敌人的将领，不采取军事行动；不明确了解敌方的士兵，不先排兵布阵。如果做不到知己知彼，就会犹豫不决，甚至会出现灾难性的后果。“是故，张军而不能战，围邑而不能攻，得地而不能实，三者见一焉，则可破毁也。”(《管子》113）因此，摆开阵势还没有确定打仗，包围城邑还不能确定攻取，得了土地还不能确定据守，三种情况只要有一种，就是要被毁灭的。最后，只有真正做到“知己知彼”，才能“百战不殆”，确保百战百胜。“必明其一，必明其将，必明其政，必明其士。四者备，则以治击乱，以成击败。”(《管子》150）两军交战，军中必须上下一心、步调一致、号令统一，才能出战；出战前，必须掌握敌方军情、了解敌方将帅的谋略、了解敌方的政局和形势、了解对方士兵的作战素质，才能克敌制胜。这四个方面都能充分了解掌握后，就能做到以必胜之军击败必败之军。“是故，以众击寡，以治击乱，以富击贫，以能击不能，以教卒练士击驱众白徒。故十战十胜，百战百胜。”(《管子》111）只有保证以众击寡、以治击乱、以富击贫、以能用兵的将帅击不能用兵的将帅、以经过训练的士卒打击临时征集的乌合之众，才可以十战十胜、百战百胜。

七是军事斗争的最高目标是追求不战或一战而胜。“数战则士罢，数胜则君骄，夫以骄君使罢民，则国安得无危？故至善不战，其次一之。破大胜强，一之至也。”(《管子》320）频繁发动战争则士兵疲惫不堪，多次获胜则君主会骄傲自大，如果这样，以骄傲自大的君主驱使疲惫不堪的士兵作战，国家怎么能没有危险呢？所以，最理想的用兵方法，一是不战而胜，二是一战而成必胜的定局；但攻破大国、战胜强敌，不可能不战而胜，最好是一战而成定局。为什么能够不战而胜或一战而胜呢？“乱之不以变，乘之不以诡，胜之不以诈，一之实也。”不用权变阴谋打乱敌人，不使用诡计就能占据上风，不使用欺诈就能战胜敌人，这是因为国家具备一战而成定局的资本和实力。“近则用实，远则施号；力不可量，强不可度，气不可极，德不可测，一之原也。”对待邻近的敌人就以实力征讨，对待远方的敌国就采用号令威慑：力量不可计算，强盛不可揣度，士气高昂永不枯竭，德威广被无法估量，这是一战而成必胜定局的根本原因。“众若时雨，寡若飘风，一之终也。”兵力众多时，进攻就像时雨一样密集紧促；兵力少时，就像风一样迅疾难料，这是一战必成定局最完美的表现和结果。

## 三、不断提升君主的军事素质

君主担负着最高决策的重任，是国家的最高领导，也是军队的最高统帅。因此，君主要不断提高自身的军事素质才能确保战争胜利、政权安全。

一是君主要明确并规避战争中的风险。“今代之用兵者不然，不知兵权者也。故举兵之日而境内贫，战不必胜，胜则多死，得地而国败。此四者，用兵之祸者也。四祸其国而无不危矣。”(《管子》309）当今的用兵之人不懂得用兵是需要权衡利弊得失的，不知道用兵的权谋思想——在不知道用兵之道的情况下就发动战争而使国内贫穷，打仗却没有必胜把握，虽然打了胜仗却牺牲太多将士，攻占夺取了土地却导致国家最终失败。这四种情况都是用兵打仗对国家可能造成的祸患和危害。如何才能防止“四祸其国”呢？其一，防止战不必胜。“法度审，则有守也。”(《管子》311）“战而必胜者，法度审也。”(《管子》310）战而必胜是因为军纪法度严明、军队有章可循。其二，防止举兵国贫。“计数得，则有明也。”(《管子》311）筹算得当，用兵就胸有成竹、有据可循，战况明确。“举兵之日而境内不贫者，计数得也。”(《管子》310）发动战争而国家不贫穷，那是因为筹算得当。其三，防止胜而多死。“胜而不死者，教器备利，而敌不敢校也。”“教器备利，则有制也”，战胜敌人取得胜利且没有造成太大的伤亡，那是因为训练有素、准备充足、武器精良且锋利无比，有战胜敌军的能力和武器。其四，防止得地而败。“得地而国不败者，因其民也。因其民，则号制有发也。”

攻占了土地而本国不损伤，那是因为能治理、使用好攻占土地上的民众，能够利用好当地的原有民众，就能向这些民众发号施令了。“治众有数，胜敌有理。察数而知理，审器而识胜，明理而胜敌。定宗庙，遂男女，官四分，则可以定威德；制法仪，出号令，然后可以一众治民。”（《管子》311）治军有法度，战胜敌人就有缘由；考察治军的法度就知道胜敌的缘由；考察武器的精良状况就知道可以战胜敌人；掌握制胜的原理就会战胜敌人。能够做到安定宗庙、繁育儿女后代、使士农工商四民都安居乐业，就可以树立权威、推行德政；能够制定仪法、发布号令，就可以统一百姓，治理好民众。

二是君主要确保各项工作都责任到人。“万乘之国，兵不可以无主；土地博大，野不可以无吏；百姓殷众，官不可以无长；操民之命，朝不可以无政。”（《管子》28）拥有万辆兵车的大国，军队不能没有统帅；领土广阔，田野不能没有官吏；人口众多，官府不能没有长官；掌握民众的命运，朝廷不能没有政令。“故事无备，兵无主，则不蚤知；野不辟，地无吏，则无蓄积；官无常，下怨上，而器械不功；朝无政，则赏罚不明；赏罚不明，则民幸生。故蚤知敌人如独行；有蓄积，则久而不匮；器械功，则伐而不费；赏罚明，则人不幸；人不幸，则勇士劝之。”（《管子》113）所以，战事没有准备，部队又没有主事的统帅，就不可能预先掌握敌情；荒地没有开发，农业又没有专管的官吏，国家就不可能积蓄粮草；官府没有常规，工匠抱怨上级，武器就不会精良；朝廷没有政令，赏罚不够分明，民众就会侥幸偷生。因此，先知敌情，才能所向无敌；积蓄粮草，才能久战而不贫困；武器精良，打仗时才能顺利；

赏罚严明，人们才不会侥幸偷生；而人们都不侥幸偷生，勇士也就努力了。“故兵也者，审于地图，谋于日官，量蓄积，齐勇士，遍知天下，审御机数，兵主之事也。”所以，用兵这件事情，一定要详审地理情况、掌握天时、计算军需储备、训练勇士，普遍掌握天下的情况，认真抓好战机和运用策略，这些都是统帅的本职。

三是君主必须具备精于筹划和计算的素质。“计缓急之事，则危危而无难；明于器械之利，则涉难而不变。察于先后之理，则兵出而不困。通于出入之度，则深入而不危。审于动静之务，则功得而无害也。著于取与之分，则得地而不执。慎于号令之官，则举事而有功。”（《管子》154）在战争中，能筹划处理好事情的轻重缓急，即使遇到极度危险的事情，也不至于陷入灾难境地；了解双方的军事装备，进入险境也不会有大的灾变；明察先后的道理，大兵出境也不会陷入困局；精通出入敌阵的法度，即使深入敌境也不会陷入绝境；懂得动静的法则，便会取得成功而避免危害。明确了当取与当予的关系和界限，即使占领了他国领土，也不会惶恐不安。慎重地对待发号施令，一旦有所行动，举事便能建功立业，达到预期成效。

四是君主必须舍得重赏三军将士。管仲认为，应该用轻重之术（“素赏之计”）对将士进行奖励，以解决军事斗争中将士的动力问题。管仲要求桓公把一年的赋税四万两千金全部用来一次性赏给军士，桓公答应了。管仲按照功劳大小，分别对“能陷阵破众者”“能得卒长者”“能得执将首者”“能外斩首者”相关人员做出重赏，并在桓公的配合下要求将领对手下将士及家属给予足够的尊重和照顾，最终全体将士都能义无反顾地为国立战功。桓公举兵攻打莱国，攻破莱军，兼并其土地，俘虏其将士。“故未列地而封，未出金而赏，破莱军，并其地，禽其君。”(《管子》1065）齐国没有给获胜的将士分封土地，实质也没有出资奖励，就攻破了莱国军队，兼并了土地，俘虏了国君。这些都是“素赏之计”的功劳。

# 第六章
# “尊王攘夷”的依据、实践及历史影响

管仲相齐争霸提出“尊王攘夷”的政治口号和战略思想，其依据是什么？齐国推动实施“尊王攘夷”取得什么样的成就？这一战略思想对后期诸侯争霸和华夏文明的发展产生什么样的影响呢？

## 第一节 “尊王攘夷”的科学依据

管仲提出“尊王攘夷”思想，离不开对时代发展进程的把握、对周朝确定的政治社会秩序的尊重，以及对郑国争霸的经验和教训的总结与吸取。

### 一、从历史发展进程看，周朝依然具有生命力

“大者，时也；小者，计也。王道非废也，而天下莫敢窥者，王者之正也。衡库者，天子之礼也。”(《管子》107）建功立业、匡正天下这样重要的大事首先必须符合天时，其次才是要有计谋和才智。王道没有废除，天下各国还不敢对王位存非分之想，因为王者行为基本正确。军事力量和武器装备还牢牢掌握在天子手中，这是天子备受尊重的依据和原因。总之，根据当时天下形势，周王室虽然势力衰微，但是仍然具有

一定的影响力，齐桓公和管仲所做的工作都是想恢复周王室原有的影响力，而不可能像战国时期各家所倡导的推翻周王室一统天下。“尊王”而不是“废王”，是由当时的“天时”即历史发展的客观进程决定的。

## 二、周朝确定的统治秩序决定了“尊王攘夷”

当时周朝确定的“至顺”“至政”的秩序和标准依然存在并发挥作用。“天子出令于天下，诸侯受令于天子，大夫受令于君，子受令于父母，下听其上，弟听其兄，此至顺矣。”(《管子》513）天子向各诸侯国发布命令，诸侯国君接受天子命令，大夫接受国君命令，儿子接受父母命令，下听上，弟听兄，这是最顺畅的秩序。“衡石一称，斗斛一量，丈尺一綧制，戈兵一度，书同名，车同轨，此至正也。”称重的衡石标准统一，容量的斗斛标准统一，长度的丈尺标准统一，武器的规格统一，书写文字相同，车辙的宽窄相同，这是最正的规范。“从顺独逆，从正独辟，此犹夜有求而得火也，奸伪之人，无所伏矣。此先王之所以一民心也。”大家都服从“至顺”的标准，叛逆就显露出来；都遵从“至正”的标准，偏邪的异类就显示出来，这就像黑夜中寻找东西时看见火光一样明显，“至顺”“至正”的标准确立后，奸逆小人和异类就都变得显而易见，这就是先王坚持统一民心的原因。

同时，根据这样的原则和秩序，形成“君据法而出令，有司奉命而行事，百姓顺上而成俗，著久而为常”(《管子》512)。君主据法而发号施令，官吏奉君命行事，百姓顺从君上，慢慢地成为风俗，日久天长成为常规。“上明下审，上下同德，代相序也。”(《管子》502）上面君主明智，下面臣子审慎，上下同心同德，循环往复形成默契，成为代代相传的固定秩序和风气。“是故主画之，相守之；相画之，官守之；官画之，民役之。”（《管子》505）君主谋划政策，宰相遵守执行；宰相做好决策，官吏遵照执行；官吏严格执行，黎民百姓服从命令，出劳役为上效力。“君明、相信、五官肃、士廉、农愚、商工愿，则上下体，而外内别也，民性因，而三族制也。”（《管子》502）最终君主明智，辅相诚信，官员端庄肃穆，士人廉直，农民愚朴，商人工匠忠厚勤俭。君臣上下紧密团结互为一体，朝廷内外分工明确井然有序，民众生活都有依靠，而农、商、工三类人都能遵循管理制度的治理效果。

并且所有人都能把善行善果归因于上，形成“天子有善，让德于天；诸侯有善，庆之于天子；大夫有善，纳之于君；民有善，本于父，庆之于长老”（《管子》513）。天子有了成就把公德谦让于上天；诸侯有了成就要进献于天子；大夫有了成绩要进献于本国国君；民众有所成绩就应该归功于父亲，并追溯归因于长辈的教诲。“此道法之所从来，是治本也。”这就是道和法所产生的根源，也是治国的根本。总之，周朝确定的政治社会秩序，决定了齐国争霸必须“尊王”，必须遵守长期形成的统治秩序和风俗常规。

## 三、管仲借鉴了郑国争霸失败的经验教训

春秋初期，周朝越来越衰败。周平王迁都洛邑后，王畿面积减小，诸侯对周天子的贡献减少，周天子控制诸侯的权力和直接拥有的军事力

量日益丧失，导致周天子经济上有求于诸侯，政治上也受诸侯摆布，但周天子“天下共主”的名义仍然具有一定的号召力。

一是郑国争霸的具体做法及过程。西周后期，周宣王封弟友于郑（今陕西华县），是为郑桓公。后来，桓公死于幽王之难，他的儿子武公灭了郐和东虢两个东方小国，建都新郑（今河南新郑）。武公的儿子庄公做了东周的卿士。在王室衰微、周天子没有能力维持统治秩序的情况下，庄公“以王命讨不庭”(《左传》78)，用天子的命令讨伐不来朝觐的诸侯，联合齐鲁，攻打宋卫，制服陈蔡，并打败北戎，稳定了东周的政局。同时，郑国也乘机独霸王室权力，与周天子矛盾尖锐。周平王时，王室与郑国互不信任，交换质子；后来周桓王上台，想剥夺郑伯的权力，郑伯不满意，派人收割了周王室在洛邑的庄稼。周、郑关系从“交质”发展到“交恶”，最终引发战争。公元前707年，桓王亲自率军讨伐郑国，结果王师惨败，桓王被箭射伤肩膀，天子威严扫地，郑国却地位显赫，成为春秋初期的霸主。

二是蛮夷乘机发展壮大威胁中原。中原动乱给了周边少数民族发展机会。占有西周旧地的西戎继续威胁东周；居住在北方的狄族，逐渐向内地发展，威胁中原的安全；居住在今河北、山东境内的山戎，与齐、燕发生战争；在江汉流域被周人斥为南蛮的荆楚，势力迅速壮大，力图向黄河流域推进并争夺土地。周朝内忧外患，各诸侯国受到蛮夷的威胁，把持周朝政权的霸主郑国却无力应对这种局势。

三是郑国争霸最终失败的原因分析。一方面，郑国实力不够强大。郑国是在西周末年分封的，独立成国时间较晚，经济积累少、实力不够强大；政局不稳，发生过争位斗争。郑国的经济、政治等各方面实力都不够强大，早期的成功仅仅是利用周王室无力管控各诸侯国的时机，把控了还有一定影响力的“王命”。另一方面，郑国在诸侯国间没有功绩，缺乏影响力和号召力，仅仅靠“王命”滥用王权，而且本身又与周天子交恶，所以无法团结更多、更大的诸侯国形成合力，一起行动。最终，面对四方蛮夷进攻，郑国无力应对，争霸失败。

管仲吸取了郑国争霸失败的经验教训，在齐国争霸之初，通过推行各项改革措施，大力发展壮大齐国的经济、政治、军事、外交等实力，确保国内政通人和、财物富足、军事强大；并提出“尊王攘夷”的口号，始终尊重周天子、周朝的地位，与邻国和各诸侯国交好，在周天子这个最大的公约数下，团结了一切可以团结的力量，为齐国赢得并构建了良好口碑和外部环境，确保争霸成功。

## 第二节 “尊王攘夷”的具体实践

管仲提出“尊王攘夷”的战略思想，并能在政治实践中贯彻执行，特别是在齐国成为强国、霸主之后，依然能做到“尊王”，并且能够团结带领各诸侯国抵抗蛮夷入侵，避免了中原政权和华夏文明遭受侵害。

### 一、“尊王”，齐国对周朝极度忠诚守礼

“尊王”就是尊重并维护周天子的领导权威和最高地位，维护周朝

的合法统治。通过管仲被任命为相的直接原因、管仲的执政理念及齐国争霸成功后对待周天子态度判断，齐国的“尊王”具有真实性、积极性和先进性。

桓公和管仲的政治初心是“加兵无道诸侯，以事周室”。管仲回到齐国初见桓公时，因表明要继续支持周朝才被任命为相。桓公在郊外迎接管仲并询问其政事，听到管仲说“加兵无道诸侯”的军事目的是“以事周室”，十分喜悦，特斋戒十天，准备立管仲为相，并十分确定地说：“子大夫受政，寡人胜任。子大夫不受政，寡人恐崩。”(《管子》404）由此可见，“以事周室”即“尊王”，是桓公和管仲两人共同的政治抱负和期望，所以才有了两人后续的政治合作。

管仲的仁义思想表明齐国争霸“不代王”。管仲认为，仁是从内心由衷地发出；义是外在行为的适宜表现。因为仁心，所以不利用天下谋求私利；因为行义，所以不利用天下猎取名声。因为仁心，所以依道辅君而不是取代天下自立为王；因为守义，所以到了七十岁就交还政权政务。这只有圣人才能做到，才能为天下王。

为何要施行仁义，如何施行仁义呢？“天子幼弱，诸侯亢强，聘享不上。公其弱强继绝，率诸侯以起周室之祀。”(《管子》1099）管仲认为，当时周天子作为天下共主，年幼羸弱，而诸侯国却十分高傲强大，聘礼贡品都不按规定缴纳。桓公应该削弱这些强权国家，使那些没有子嗣的诸侯国得以延续，率领天下诸侯，复兴周王室的统治。

管仲的军事目标是“诛无道，以定周室，天下大国之君莫之能圉也”。齐国应通过“作内政以寓军令”，实现全民皆兵，经过严格的教化训练，具备经过规范训练的三万士兵，如此就可以称霸天下，“诛无道，以定周室，天下大国之君莫之能圉也”。讨伐失去道义的诸侯国，安定周朝。到时候，天下的大国就没有谁能与齐国抗衡了。

齐国争霸成功之后依然坚守“尊王”的政治信仰。“隐武事，行文道，帅诸侯而朝天子。”(《国语》262—263）齐国在桓公和管仲的治理下，成为东方大国、春秋霸主，征服各无道诸侯国后，平息武力攻伐，推行文治教化，率领诸侯朝拜天子，对周王室很尊敬。公元前651年，桓公在宋国葵丘会盟诸侯，周天子派周王室太宰送祭肉给桓公并下令说：“余一人之命有事于文、武，使孔致胙。”(《国语》264）这句话的意思是，周天子祭祀文王、武王，派太宰孔前来赐祭肉。“且有后命曰：‘以尔自卑劳，实谓尔伯舅，无下拜。’”(《国语》264—265）并且传达王命说，桓公争霸诸侯，屈尊劳苦，实际上周天子应该称呼桓公为伯舅，所以，桓公在接受祭肉时不必下堂拜谢。桓公于是召见管仲商量如何应对，管仲对曰：“为君不君，为臣不臣，乱之本也”。君要像君，臣子要有臣子的样子，必要的礼仪秩序不能破坏，破坏礼仪秩序就是祸乱发生的根本原因。桓公认识到了事情的严重性，面带惊惧地称自己不敢接受天子给予的“尔无下拜”的特权和命令，“天威不违颜咫尺，小白余敢承天子之命曰‘尔无下拜’，恐陨越于下，以为天子羞”。这是说，天子之威就在眼前，他怎么敢承受天子“不必下堂拜谢”的命令呢？他怕从高处摔下来，让天子蒙羞。“遂下、拜、升、受命”，严格按照周礼下堂拜谢，升堂接受周天子的各种赏赐；“赏服大辂，龙旗九旒，渠门赤旂，诸侯称顺焉”，天子赏赐桓公乘坐大辂之车，垂有九条流苏的龙纹旗帜，还有渠门赤色大旗，但诸侯都称赞桓公的言行符合周礼，对周王和王室是尊重的。

## 二、“攘夷”，齐国捍卫中原政权和华夏文明

“攘夷”就是打击四方蛮夷的入侵，维护周政权的稳定、保障华夏族的安全和文明传承。为什么要“攘夷”？黄帝时期，为争夺中原，黄帝族打败炎帝部落，炎黄联盟占据中原开始创造华夏文明。华夏文明经过尧、舜、禹、夏、商、周的发展，逐步繁荣兴盛，而周边四方少数野蛮民族——东夷、西戎、南蛮、北狄，统称“四夷”，都臣服于周朝。《尚书·周书·武成》记载“华夏蛮貊，罔不率俾”，无论是中原地区的民族，还是边远地区的野蛮民族，都对周武王表示顺从。从炎黄部落开始到西周漫长的发展，特别是西周时形成以分封制为主体的大一统，经过几百年的发展，主要的文明要素，如冶金术、城市建造、文字系统和礼仪制度等取得了前所未有的成就，特别是文字文化、《周易》中的阴阳五行和八卦哲学思想，以及礼仪规范等达到兴盛。因此可以说，华夏文明是炎黄血统、礼仪文化和中华疆界的结合体，思想核心是神道设教、礼乐教化，以及推崇仁、义、礼、智、信等价值观，通过道德和礼仪的规范，以及文化的教化使人脱离蒙昧，走向自由全面发展。

与华夏文明形成巨大反差的是四方蛮夷。正如《汉书》云：“是以春秋内诸夏而外夷狄。夷狄之人，贪而好利，被发左衽，人面兽心。其与中国。殊章服。异习俗。食饮不同。言语不通。是以圣王禽兽畜之，不与约誓，不就攻伐，约之则费赂而见欺。攻之则师劳而致寇。得其

土。不可耕而食。得其民。不可抚而畜也。是以明王外而不内。疏而不戚。”由此可见，蛮夷落后凶残，侵略屠杀成性，是内诸夏、外蛮夷，“尊王攘夷”的根本原因。齐国提出“尊王攘夷”，站在了“历史正确的一边”。

管仲具体如何推行“攘夷”呢?

一方面，打击四方蛮夷，赢得邻国和各诸侯国的信任。首先，要亲邻国。“审吾疆埸，而反其侵地；正其封疆，无受其资；而重为之皮币，以骤聘眺于诸侯，以安四邻，而四邻之国亲我矣。”(《国语》257）审查与邻国的边界线，返还侵占的邻国土地，不接受邻国的资财，同时还要派人周游四方各国，大量舍弃财物，号召团结天下贤士，了解各国治理情况，通过反侵地、正封疆得到周边各国的拥护，“四邻大亲”，最后选择那些淫乱无序的诸侯国进行征讨。所以，“攘夷”的前提是反对侵占邻国土地，与邻国交好，让邻国亲附于我。

其次，帮助诸侯国征伐蛮夷，而不获取利益。狄人伐邢，管仲对桓公说：“戎狄豺狼，不可厌也。诸夏亲昵，不可弃也。宴安鸩毒，不可怀也。”(《左传》293）管仲认为，戎狄好像豺狼，难以得到满足；中原各国要互相亲近，不能背弃；安乐就像毒酒毒药，不能够恋怀。“简书，同恶相恤之谓也。请救邢以从简书。”盟约，就是同仇敌忾、忧患与共的意思，请求桓公遵从盟约出兵救援邢国。“狄人攻邢，桓公筑夷仪以封之，男女不淫，牛马选具。”(《国语》267）狄人攻陷邢国，桓公派人修了夷仪城，让邢国迁去建都，邢国男女不再受狄人淫掠，牛马都能得以保全。“狄人攻卫，卫人出庐于曹，桓公城楚丘以封之。其畜散而无育，桓公与之系马三百。”狄人攻陷卫国，桓公为卫国修建楚丘城以建都立国，卫国牲畜散亡、无法放养，齐桓公送给卫国三百匹驯服的马。“天下诸侯称仁焉。于是天下诸侯知桓公之非为己动也，是故诸侯归之。”邢国和卫国在桓公的帮助下，人民都能安居乐业，生产都能正常进行，天下诸侯见到桓公的所作所为，都称赞桓公仁义，都认识到桓公征伐不是为了齐国的利益，于是诸侯国都归服于桓公。

最后，轻币重礼，施惠于各诸侯国。诸侯国归服于齐国后，桓公进一步用利益笼络诸侯国，减少了诸侯国前来聘问的礼，反而增加了对他们的馈赠。“诸侯之使垂櫜而入，稛载而归。”(《国语》268）诸侯使者往往是空着口袋进入齐国，却满载而归。齐国利用鱼、盐的资源优势，“通齐国之鱼盐于东莱，使关市几而不征，以为诸侯利，诸侯称广焉”。将齐国的鱼、盐流通到东莱，而且在关口市场内只稽查而不征税，为诸侯国谋利，得到实惠的诸侯国都称赞桓公广施恩惠。桓公还对诸侯国广施忠信，“可为动者为之动，可为谋者为之谋，军谭、遂而不有也，诸侯称宽焉”。能够为其他诸侯国提供帮助就提供帮助，能为其他诸侯国出谋划策就为其谋划，率军灭谭、遂两个诸侯国而不私自占有其地，其他诸侯国称赞桓公为人宽厚。“故拘之以利，结之以信，示之以武，故天下小国诸侯既许桓公，莫之敢背，就其利而信其仁、畏其武。”齐国用利益笼络诸侯国，用诚信结盟诸侯国，用武力威慑诸侯国。在齐的综合手段之下，各国诸侯都不敢背叛桓公，接受给予的利益、相信桓公的仁义、畏惧桓公的威武，四方诸侯莫敢不服。又经过多次大会诸侯，最终“诸侯甲不解累，兵不解翳，弢无弓，服无矢”(《国语》261)。诸侯国不需要随时戒备、准备打仗，彼此间放弃军事争斗，管仲相齐“隐武事，行文道”，最终得以“帅诸侯而朝天子”。这为联合各诸侯国共同征讨蛮夷做好了准备。

另一方面，打击蛮夷，征伐淫乱蛮族，禁暴示权，以利结交。桓公继位数年之后，经过国内治理，巩固了内部统治，增强了军事实力，开始征服四方蛮夷。首先，直接征讨四方蛮夷。“东南多有淫乱者，莱、莒、徐夷、吴、越，一战帅服三十一国。”(《国语》261）征伐东南，桓公一战就征服了三十一国。“遂南征伐楚，济汝，逾方城，望汶山，使贡丝于周而反。荆州诸侯莫敢不来服。”南征伐楚，渡过汝水，越过方城山，直指汶山，迫使楚国向周王室进贡丝绸后才返回。荆楚一带的诸侯国都不敢不臣服。“遂北伐山戎，刜令支、斩孤竹而南归。海滨诸侯莫敢不来服。”(《国语》261）北伐山戎，进击令支国，打败孤竹国而后南归，海滨一带的诸侯国没有人敢不臣服。“西征攘白狄之地”，“西服流沙、西吴”。西征白狄，击退狄人，向西征服流沙和西吴。其次，筑城禁暴，彰显华夏中原的权威。“筑葵兹、晏、负夏、领釜丘，以御戎、狄之地，所以禁暴于诸侯也。”(《国语》268）在葵兹、晏、负夏、领釜丘等地修筑城池，抵御戎狄入侵，禁止戎狄等野蛮民族入侵，暴掠其他诸侯国。“筑五鹿、中牟、盖与、牡丘，以卫诸夏之地，所以示权于中国也。”(《国语》268）在五鹿、中牟、盖与、牡丘等地修筑工事，用来防卫诸夏土地，实现华夏权威，捍卫中华文明。最后，与四方蛮夷进行利益捆绑，实现政治上的团结。桓公曰：“四夷不服，恐其逆政游于天下而伤寡人。”(《管子》1052）桓公担心四方蛮夷不服从管理、不来朝拜，而施行悖逆的政治会影响到齐国，向管仲询问解决办法。管仲认为，四方蛮夷生产珍珠、象牙、兽皮、白璧、美玉等特产，但是“其涂远，其至厄，故先王度用于其重，因以珠玉为上币，黄金为中币，刀布为下币。故先王善高下中币，制下上之用，而天下足矣”（《管子》1056）。因为蛮夷住在边远地区，前来朝贡路途遥远，很难到达，先王审度他们特产的价值，把珠玉定为上等货币、黄金定为中等货币、刀布定为下等货币。先王善于通过调整中等货币来控制下等货币刀布和上等货币珠玉的使用，天下财用得到满足。把蛮夷盛产的珠玉、象牙、白璧等物品当成上等货币，使其与黄金和刀布一样具备了流通价值和使用价值，四方蛮夷因为生产的宝物深受欢迎，而将大量特产流入中原，他们有利可图，就愿意与中原各国进行贸易，并为了维护自身利益进而保证朝贡且与中原妥善处理关系。总之，管仲也是利用趋利避害的人性，达到政治团结的目的，并提出：“故物无主，事无接，远近无以相因，则四夷不得而朝矣。”（《管子》1052）如果财物没有管理者、事务没有办理者、远近各国没有发生利益交换关系，那么四夷不会臣服朝拜。所以，与四方蛮夷进行商品交换、产生利益关系，甚至与其同利，才会真正地征服他们，团结他们。

## 三、“尊王攘夷”的核心是成就霸王之业

成就霸王之业的总体情形是什么呢？“霸王之形：象天则地，化人易代，创制天下，等列诸侯，宾属四海，时匡天下。”（《管子》424）成就霸王之业，就是通过模仿上天并取法其运行的象，效法大地并取法其

运行的规则；掌握了这些象和规则之后就懂得了规律，运用这些规律思想对民众进行教化使人心得到净化；进而改朝换代，创立天下新的制度，重新对诸侯国进行分等、爵列排出新的等级次第，形成天下都能接受的秩序，从而使四海之内都能宾服归属，并能及时匡正天下各国。由此可知，成就霸王之业，提升国际威望，对于君主的水平、境界及在争霸称王过程中坚持的原则等有着非常高的要求。

一是成就霸王之业首先要明确争霸逻辑。通过桓公借用佚田的观点与管仲对话，可以看出管仲争霸的思路逻辑。首先，争霸必须立足本国实力。佚田劝谏桓公道：“善者用非其有，使非其人，何不因诸侯权以制天下？”（《管子》931）佚田认为，善于治理国家的人都能运用原本不属于本国的资财和人力，为什么不利用各诸侯国和盟友的势力掌控天下呢？佚田也想争霸，但不是立足自身实力，而是想凭借外部力量制衡天下。管仲认为这种思路逻辑不可行。“彼善为国者，壤辟举则民留处，仓廪实则知礼节。且无委致围，城肥致冲。”（《管子》931）管仲认为那些善于治国的人，开辟荒地、发展农业、民众自然就能留下居住生活，农业发展、粮食丰收、仓库充实，则具备了基本的物质生活条件，民众就逐渐变得易教化、懂礼节。况且，没有物质积蓄就会导致国家被围困，城防不坚固就会导致被攻击。“夫不定内，不可以持天下。”总之，国家内部不安定，就无法掌控天下。其次，争霸需要具备制胜条件和因素。如何才能具备呢？要积藏，要准备。“故视岁而藏，县时积岁，国有十年之蓄，富胜贫，勇胜怯，智胜愚，微胜不微，有义胜无义，练士胜欧众。”（《管子》931）依据每年的收成储备，积年累月，国家就会有十年的积蓄，然后就可以实现以富胜贫、以勇胜怯、以智胜愚、以精准掌握敌情胜不了解敌情、以有义胜无义、以训练有素的士卒战胜毫无训练的乌合之众。最后，争霸成功最终要依靠军事战争的胜利。做好所有的准备工作之后，就要发起军事战争。“凡十胜者尽有之，故发如风雨，动如雷霆，独出独入，莫之能禁止，不待权与。”（《管子》931）全部制胜的因素都具备后，再发动战争就会出现士兵如风雨般猛烈、行动如雷霆般震撼，在战场上驰骋纵横如入无人之地般不可阻挡，根本不需要等待其他诸侯国和盟友的帮助，就能大获全胜，掌控天下。

二是成就霸王之业的前提是治理好本国。争霸称王与国家的大小没有必然关系，而与国家治理程度有关。“千乘之国可得其守，诸侯可得而臣，天下可得而有也。万乘之国失其守，国非其国也。”（《管子》431）千乘之国如果管治得当，具备了应该遵守的条件原则，便可以使诸侯臣服，拥有天下。与之形成对比的是，尽管是万乘之国，如果丧失了应该遵守的条件原则，便管治不好，也就无法保有其国，更不可能使诸侯臣服，拥有天下。

“夫国大而政小者，国从其政；国小而政大者，国益大。大而不为者，复小；强而不理者，复弱；众而不理者，复寡；贵而无礼者，复贱；重而凌节者，复轻；富而骄肆者，复贫。”（《管子》431—432）国家大而政绩小，国家地位会随着政绩而变小；国家小而政绩大，国家地位会随着政绩而日益强大。国家强大而无所作为，国家会重新变小；国家强大而不治理，就会重新变弱；国家人口增多却不勤于管治，人口就会减少；国家地位尊贵而不讲究礼节，会重新变得卑贱；国家影响力重大而超越法度凌驾于礼节之上，会再次变得轻微；国家富裕了而任意骄奢放纵，也可能再次陷入贫困。总之，成就霸王之业，获取的国际威望与本国的大小没有必然关系，因为国家的大小强弱是不断变化的，需要持续地努力治理。

其一，防止因为国君政治、将领军事和农业缺陷导致的危险。“故观国者观君，观军者观将，观备者观野。其君如明而非明也，其将如贤而非贤也，其人如耕者而非耕也，三守既失，国非其国也。”(《管子》432）观察一个国家治理得如何，首先看其国君如何；观察一支军队如何，首先看其将领如何；考察一国的战备防御如何，首先看其农田耕种和农业发展如何。如果国君看似英明实则昏庸，军队将领看似贤能实则无能，农民看似辛勤耕种实际并不是真心发展农业，则君主政治、将领军事、农耕本业这三项应该遵守的原则条件都已经丧失，这个国家将不能保全。

其二，防止因为国土、国民、军队不能有效管治而造成的危险。“地大而不为，命曰土满；人众而不理，命曰人满；兵威而不止，命曰武满。三满而不止，国非其国也。”(《管子》432）土地面积广大却不努力耕种，叫作“土满”；人口众多却不管治，叫作“人满”；军队威严却不能令行禁止，叫作“武满”。如果“三满”为患，又无法制止，国家就不能保全。“地大而不耕，非其地也；卿贵而不臣，非其卿也；人众而不亲，非其人也。”因为，虽然有广大面积的土地却没有耕种收获，那就相当于不是自己的土地；卿相尊贵而不奉行臣道，就相当于失去了卿相；人口众多而民众不愿意亲附国君，也就不能算自己的民众了。

其三，防止因为不遵守因果关系、政治秩序等造成的危险。“夫无土而欲富者忧，无德而欲王者危，施薄而求厚者孤。夫上夹而下苴、国小而都大者弑。”(《管子》434)没有土地而又想求富的人必然忧虑；没有恩泽德政却妄想称王的人必然危险；施恩微薄、给予甚少而要求丰厚回报的人必然孤单没人搭理。上层位尊却权力小，相反底层权势过大；国都狭小没有气度，而都邑的规模却超级大，这就有篡权弑君的危险。因为这些都是“君卑臣尊，上小下大”，这是国家礼制规矩被破坏、政治秩序混乱无章、无法正常治理的现象，所以“尧舜之人，非生而理也；桀纣之人，非生而乱也。故理乱在上也”。尧舜时期的民众不是天生就服从管理；桀纣时期的民众也不是天生就混乱无序，安治和动乱的根源全在朝廷的上层和君主。所以，“主尊臣卑，上威下敬，令行人服，理之至也”。君主高贵而臣子谦卑，君上威严而臣下恭敬，政令畅通而民众服从，这才是治理的最高境界。

其四，防止因为国家治理、国际关系和守备险要不到位而造成的国家危险。“天下皆理己独乱，国非其国也；诸侯皆令(合)己独孤，国非其国也；邻国皆险己独易，国非其国也。此三者，亡国之征也。”(《管子》431)天下已经治理得很好而唯独自己国家动乱，诸侯都能相互合作而唯独自己国家孤立无援，邻国都有险要且可用于防守而唯独自己国家无险要守备，这三种情况就是亡国的征兆。

三是成就霸王之业要处理好国际关系。“霸王之形：德义胜之，智谋胜之，兵战胜之，地形胜之，动作胜之，故王之。”(《管子》435)在操作层面上看，成就霸王之业的形势是：在实行德政和推行道义方面处于优胜，在运用智谋方面处于优胜，在兴兵作战方面处于优胜，在利用地利形势方面处于优胜，在举事行动的执行力方面处于优胜；与其他国家相比，只有全方位占据优胜之势，才能称王天下。

其一，成就霸王之业首先要处理好与邻国的关系。一方面，“夫国之存也，邻国有焉；国之亡也，邻国有焉。邻国有事，邻国得焉；邻国有事，邻国亡焉”(《管子》424)。国家的生存发展与邻国有关系，国家的败亡也与邻国大有关系。邻国有事发生，邻国可以有所得；邻国有事发生，邻国也有可能会有所损失。“夫先王所以王者，资邻国之举不当也。举而不当，此邻国之所以得意也。”圣王往往就是依靠和利用了邻国的举措不当，才有机可乘成就王业。邻国的举措不恰当，是其对手趁机发展攻取的有利条件。所以说，“国修而邻国无道，霸王之资也”。只有本国政治修明、民富国强，而邻国却恰好危乱无道，这才是本国成就王业的时机和资本。真正成就霸王之业的君主不害怕天下有事，而恰恰能利用天下有事的机会成就自己。“天下有事，则圣王利也。国危，则圣人知矣。”天下有大事或变故发生，对圣王最有利，因为他可以抓住机会成就自己的霸王之业；国家面临生死存亡的时候，才能显示出圣人的智慧和先见之明。

另一方面，“夫兵攻所憎而利之，此邻国之所不亲也。权动所恶，而实寡归者，强。擅破一国，强在后世者，王。擅破一国，强在邻国者，亡”(《管子》443)。凡是出兵攻伐所憎恨的国家，而自己国家得利，这样邻国就不愿意亲附你，自己不要过度占有好处，就可以成为强盛之国。擅长于攻破一国，且能造就后世的强大，可以成就霸王之业。善于攻破一国，反而造就了邻国的强盛，本国实力削弱，那就要败亡了。

其二，成就霸王之业要根据不同国家采取不同措施。“大国小之，曲国正之，强国弱之，重国轻之。”（《管子》424）使过分强大的国家版图缩小，使朝政邪曲的国家风气纯正，使恃强暴戾的国家实力削弱，使权势地位过重的国家地位降低、作用减轻。

在匡正各国的过程中，对待暴君的基本态度是“暴王残之”。摧毁那些残暴虐民的国君，具体的方式是“僇其罪，卑其列，维其民，然后王之”。有的暴君就应该用杀戮惩处他的罪行，有的暴君就需要降低其爵列身份等级，维护其原有国的民众，然后用圣王之道治理其国家。

“夫王者有所独明，德共者不取也，道同者不王也。”（《管子》424）那些成就王业的人，总有其独见之明，即有其独到的见解，在推行王道时，仁德相同的国家，他不会攻取；道义相一致的国家，他不去征服它而称王。“夫争天下者，以威易危暴，王之常也。”历来争夺天下，用仁德势众之威力战胜并取代凶残危乱的暴君，这是追求王业的常道。争霸称王、成就伟业的具体策略是什么呢？“夫善用国者，因其大国之重，以其势小之；因强国之权，以其势弱之；因重国之形，以其势轻之。”（《管子》436）对于那些善于治国争霸的君主，会借助大国自身的权势威力，削减敌国；会借助强国自身的权威优势，削弱敌国；借助地位和影响力重大的国家优势，减轻敌国的影响力、压低其地位。

针对不同的国家势力和国际形势，提出不同的霸王之法和时机选择。“强国众，合强以攻弱，以图霸。强国少，合小以攻大，以图王。”

天下强国多的时候，就联合强国进攻弱国，以图谋雄霸一方。天下强国少时，就联合小国进攻强国，以谋求称王天下。“强国众，而言王势者，愚人之智也；强国少，而施霸道者，败事之谋也。”相反，如果天下强国众多，而谈论如何称王天下，那是愚笨之人的见识。这时候应该“缓称王”，保持壮大自己的势力。如果强国少，却仍然实施雄霸一方的谋略，就是败坏成就王业的计谋。这时候应该发挥自己的强国作用，迅速兼并其他小国而成就王业。“强国众，先举者危，后举者利。强国少，先举者王，后举者亡。战国众，后举可以霸；战国少，先举可以王。”强国如果很多，先举兵的国家就会危险，最后才兴兵举事的国家才有利。因为都是强国，谁先举兵就会成为众矢之的，一群强国围攻之，必然失败。相反，如果一直保存实力，等到强国之间相互攻伐，势力都被消耗后，出兵才能坐收渔利。如果强国少，先举兵的国家就有可能成就王业，最后起兵的国家必然遭受失败。因为先举兵的国家已经通过战争使国力大增，后起兵的国家必然受到攻击而亡国。同样的道理，参与交战的国家多时，最后兴兵举事的国家就可以雄霸一方；参与交战的国家少时，率先兴兵举事的国家就得以称王天下。“夫神圣，视天下之形，知动静之时；视先后之称，知祸福之门。”所以，神圣的君主都能洞察审视天下大势，知道行动和静待的时机，察知审视举事兴兵的先后顺序，熟知并能把握带领国家通向祸福的门径和办法。

## 四、“尊王攘夷”的最终目的是夺取天下之权

“夫欲用天下之权者，必先布德诸侯。”(《管子》426）想要掌握天下的大权，必须先向诸侯施予恩德，让诸侯获利。如何布德诸侯呢？“是故先王有所取，有所与，有所诎，有所信，然后能用天下之权。”因此，先王总是有所获取，就有所给予；有所屈曲，就有所伸展，只有这样做，才能掌握天下大权。“夫兵幸于权，权幸于地。故诸侯之得地利者，权从之；失地利者，权去之。”军队的胜负取决于权力的大小，权力的大小取决于从土地上得到利益财富的多少。所以，诸侯能够获取占有土地的利益和财富，权力就会紧随而来；如果失去地利，权力也就随之丧失。可以看出，能从占领的土地上获利是基础，之后才能获取“天下之权”，进而在军事上取得胜利。

一是夺取天下之权既要学习圣王的经验，但更要结合实际。首先，争夺天下之权应学习先王的经验做法。“夫王者之心方而不最列，不让贤贤，不齿第择众，是贪大物也。是以王之形大也。夫先王之争天下也以方心，其立之也以整齐，其理之也以平易。立政出令用人道，施爵禄用地道，举大事用天道。”(《管子》437）成就王业的君主用心方正，不会随意破坏等级位次，不会违背尊贤尚贤的原则，不会一味地论资排辈而是从众人中选拔人才，这是因为他心中想要的是干大事、谋王业。所以，成就王业的形势规模一定是宏大的。先代圣王争夺天下时，恪守方正之心，创立的事业万事统一、人心正而齐，治理天下平稳简易。圣王立政出令顺应民心、合乎人道，封爵授禄公平无私、合乎地道，兴举大

事顺应天时、合乎天道。“是故先王之伐也，伐逆不伐顺，伐险不伐易，伐过不伐及。”先王一旦开战讨伐，讨伐叛逆之国而不攻取顺从之国；讨伐局势险恶之国，而不讨伐政局平易之国；讨伐行事过头冒进之国，而不讨伐行事保守之国。“四封之内，以正使之；诸侯之会，以权致之。近而不服者，以地患之；远而不听者，以刑危之。一而伐之，武也；服而舍之，文也；文武具满，德也。”因此，在本国四境之内，施行公正不偏的政令来统治役使；主持各诸侯会盟，用权威和实力来召集；对于近处不服从的邻国，用侵削国土的手段增加其忧患；对于偏远而又不听从命令的国家，用强大的军事进攻加以威慑；一次讨伐就能征服，这是动用武力；对臣服顺从的国家就要赦免，这是使用文德；文韬武略，文治武功，兼而备之，是德政。

其次，争夺天下之权不能只靠过去经验，而要注重计谋权势等。“夫抟国不在敦古，理世不在善攻（故），霸王不在成曲（典）。”（《管子》442）统治国家、掌握政权不在于敦敬古道，治理当世、处理时政不在于精通旧制，成就霸王之业不在于固守拘泥经典做法。不靠过去的经验，那么靠什么呢？“夫举失而国危，刑过而权倒，谋易而祸反，计得而强信，功得而名从，权重而令行，固其数也。”如果君主决策和举措失误，国家就会面临危险；举事错过形势、坐失良机，就会因失败而导致君主的权势威力倾倒崩塌；谋事轻率会招致祸殃。计策得当、谋划适宜，其强势威力则可以发挥；功绩得以实现，威名声誉就会随之而来；国家权势地位重要，君命政令就容易推行，这些都是治理国家的根本道理和基本规律。

“夫争强之国，必先争谋、争刑、争权。令人主一喜一怒者，谋也；令国一轻一重者，刑也；令兵一进一退者，权也。故精于谋则人主之愿可得，而令可行也；精于刑则大国之地可夺，强国之兵可圉也；精于权则天下之兵可齐，诸侯之君可朝也。夫神圣视天下之刑，知世之所谋，知兵之所攻，知地之所归，知令之所加矣。”(《管子》443）凡是争夺强位的国家，必定首先要竞争谋略、形势、权力。能够让君主心中或喜或怒的，是谋略；能够使国家地位或轻或重的，是形势；能够使军队或进或退的，是权谋兵法。所以，精通于谋略，则君主的心愿能够实现达成，发出号令可以顺利被推行；精通于形势判断，则大国的领土可以夺取，强国的军队可以抵御；精通于权谋兵法，则天下所有军队都可以调配使用，可使各诸侯国前来朝见。所以，神圣英明的君主审察天下大势，根据形势掌握当世的谋略；把握用兵所攻取的对象，知道领土的归属，明白政令应施加的对象。

二是夺取天下之权不能先作难兴兵，而应先谋划。“自古以至今，未尝有能先作难，违时易形，以立功名者，无有。常先作难，违时易形，无不败者也。”(《管子》440）从古到今，从来就没有首先发难起事又违背天时去变更天下大势的人能够建立功德、留名于世。首先发难起事，违背天时，改变情势，没有不惨遭失败的。“夫欲臣伐君、正四海者，不可以兵独攻而取也，必先定谋虑，便地形，利权称，亲与国，视时而动，王者之术也。”凡是以臣子身份讨伐君主的，以匡正四海为名义发兵的，即以下犯上推翻现有统治的，就不可能只单纯依靠举兵进攻取胜，必定首先确定谋略，占取便利的地理形势，选择有利于自己出兵的名义，即做到师出有名，密切与盟国的关系，审视有利的时机后再行动，这才是成就王业的策略。“夫先王之伐也，举之必义，用之必暴，相形而知可，量力而知攻，攻得而知时。是故先王之伐也，必先战而后攻，先攻而后取地。故善攻者，料众以攻众，料食以攻食，料备以攻备。以众攻众，众存不攻；以食攻食，食存不攻；以备攻备，备存不攻。释实而攻虚，释坚而攻膬，释难而攻易。”（《管子》440—441）先代圣王发动征伐战争，对外必定打着合乎正义的旗号，实际上重用暴力，根据天下大势判断可否举事，衡量自己的实力后推知能否进攻，依据攻伐的结果探知下一步行动的时机。所以，先王的征伐，必定是先宣战后进攻，先进攻后夺取土地。所以，善于进攻的将帅，都会以料算好的人数克制敌军的人数、以料算好的粮草供给压制敌军的粮草供给、以料算好的武器装备进攻敌军的军备。如果敌军人数众多，与我军实力相当，则不可以进攻；如果敌军粮草有余，则不可以进攻；如果敌人军事装备有余，则不可以进攻。总之，双方实力旗鼓相当、不相上下时，就不能贸然发动进攻。应该放弃避开敌军防卫坚实的地方而进攻其空虚薄弱的地方，放弃避开敌人防守坚固的地方而攻击其防守脆弱的地方，避开放弃敌人难以攻破的地方而攻击其容易被摧毁的地方。

三是夺取天下之权要向圣人学习如何把握好时机。“君人者有道，霸王者有时。”（《管子》424）统治民众的人必须遵循正道；成就霸业、王业的人，必须把握合适的时机。“圣人能辅时，不能违时。知者善谋，不如当时。精时者，日少而功多。夫谋无主则困，事无备则废。是以圣王务具其备，而慎守其时。以备待时，以时兴事，时至而举兵。”（《管子》429）圣人总是能捕捉时机、利用时机，但不会违背时势机遇。智者善于谋划，但是再完美的谋划，一定程度上不如抓住好的时机。精通于抓住且运用时机，总是费力少而成效大。谋事无主则易陷于困境，举事无准备则易归于废败。所以，圣明君王务求做好充分准备，而且谨慎地坚守等待时机。充分地准备，耐心地等待，在适当的时机兴举大事。如果能做好准备并抓住时机就会达到如下成功："绝坚而攻国，破大而制地，大本而小标，埊近而攻远。以大牵小，以强使弱，以众致寡，德利百姓，威振天下，令行诸侯而不拂，近无不服，远无不听。夫明王为天下正，理也。案强助弱，圉暴止贪，存亡定危，继绝世，此天下之所载也，诸侯之所与也，百姓之所利也，是故天下王之。"摧毁坚如铁壁的防守而攻陷敌国，突破大国的围攻而控制敌境内的土地，壮大根本而减少细枝末节，亲善邻近的国家而攻伐远敌，借用大国牵制小国，借用强国役使弱国，以人数众多吸引招致少数人，德行恩泽利于百姓，声势威名震慑天下；政令在各诸侯国通行无阻，不会遭到拒绝反抗，紧邻国家无不服从，边远的国家无不听从命令。由英明的君王担当匡正天下的责任，自然是合乎情理的。打压抑制强国，帮扶资助弱国，抵御暴虐，阻止贪婪，保全亡国，安定危局，延续绝世之国，这些都是天下人所拥戴的、诸侯乐于亲附的、符合百姓利益的事情，因此就能得天下而成就王业。

四是争夺天下之权不能孤军奋战，要善于团结联盟。首先，在争夺天下之权时联手合作尤为重要。"夫轻重强弱之形，诸侯合则强，孤则弱。骥之材，而百马伐之，骥必罢矣。"（《管子》439）对于国家地位的轻重、军事力量的强弱等情况，诸侯各国联合起来就强大，被孤立就弱小。比如，有骐骥之才的千里马，用一百匹马轮流竞赛攻击，千里马也会疲惫不堪，最终失败。“强最一伐（代），而天下共之，国必弱矣。”即使是最强大的国家，天下各国都共同与之对立，强国也必定衰弱。其次，在争夺天下之权时联合依附都很重要。“强国得之也以收小，其失之也以恃强。小国得之也以制节，其失之也以离强。夫国小大有谋，强弱有形。服近而强远，王国之形也；合小以攻大，敌国之形也；以负海攻负海，中国之形也；折节事强以避罪，小国之形也。”（《管子》439）强国因容纳小国的存在而获得利益，又因自己恃强凌弱而失去优势。小国因折节侍强而得到受保护的好处，又因擅自脱离强国而失去其独立性。国家，无论大小，都有各自的谋略和打算；无论强弱，都有各自的形势。使邻近的国家折服，再以强兵威慑远敌，这是称王之国应该保持的形势和状态。联合小国攻击大国，这是势均力敌的国家应该有的状态和形势。借助沿海边远的蛮夷攻击其他蛮夷，这是中原国家应该坚持的状态和形势。卑身折节侍奉强国来规避惩罚，这是小国图存应该坚持的状态和面临的形势。

五是争夺天下之权要重视得人心，如此才能安定天下百姓。“夫争天下者，必先争人。”争夺天下，必须首先争取人心。懂得天下雄韬大略的人，能得到人心；只会精于盘算小计谋的人，很容易失去人心。能够得到大多数民众拥护的人，能够成就王业；能够得到半数民众拥护的人，能成就霸业。因而圣王重视谦卑有礼，放下身段礼贤下士，然后任用他们辅佐自己成就王业，均分地利食禄招引天下之众，使他们甘心臣属，所以尽管尊贵为天子、富足拥有天下财富，兴兵讨伐，世人也不会认为是他格外贪婪，原因是他顺乎天下大道，得民心。取“天下之权”后，要安定天下百姓。“以天下之财，利天下之人；以明威之振，合天下之权；以遂德之行，结诸侯之亲；以奸佞之罪，刑天下之心；因天下之威，以广明王之伐；攻逆乱之国，赏有功之劳；封贤圣之德，明一人之行，而百姓定矣。”（《管子》426）用天下的财富，为天下人谋取利益；用强大而明显的威严和震慑力，聚合集中天下的最高权力；用广施恩德的行动，联结诸侯国并争取他们的亲附支持；严惩奸佞罪行，规范塑造天下人的思想；借助天下的军威权势，推广弘扬明王圣主的功绩；攻克叛逆混乱的国家，赏赐有功劳的能臣；树立圣贤的德行威望，显示天子的德行。这样，百姓就安定了。

“夫先王取天下也术；术乎大德哉，物利之谓也。”由此可知，先代圣王取得天下，有道，有术。“术”是什么呢？就是要遵循合乎大德，以物利民，满足民众的物质利益。

## 第三节 “尊王攘夷”的历史影响

贯彻执行“尊王攘夷”的战略思想，不仅使齐国成为强国，实现了争霸的政治目标，而且这一思想深刻影响了后期其他诸侯国的争霸，并对华夏文明的发展产生了深远影响。

### 一、“尊王攘夷”直接影响后期争霸

齐国争霸为后期晋文公争霸做出表率。晋文公（公元前636—公元

前628年在位）执掌大权后，重用人才，推行改革，发展农业和商业，扩充军队，平息内乱，创造了争霸条件。晋文公平定了太叔带的叛乱，恢复了周襄王的地位，获得了周王室八邑的土地赏赐，赢得了“尊王”美名；积极“攘夷”，南向与楚争霸，城濮之战大获全胜，中原小国摆脱楚国而归附晋国。晋文公大会诸侯于践土，周襄王正式册封晋文公为霸主，随后晋文公又召集齐、秦、宋、鲁、郑、陈、蔡等国会盟，周襄王也被召赴会，晋国没有像齐国一样真正做到“尊王”。

中原霸主以“攘夷”为口号，在周王室衰落无力的情况下打击了周边蛮夷对中原地区的侵扰，捍卫了华夏族和华夏文明，在斗争中，也出现了民族大迁徙、大交流，华夏族与少数民族犬牙交错、杂居共处，打破了列国分界，密切了华夏族与其他少数民族在经济、政治、文化等方面的联系，促进了民族融合，最终形成南方的楚国，东方的齐国，北方的晋国、燕国，西方的秦国这些主要的融合中心，扩大了华夏文明的中原疆土。这种集中的发展趋势，为秦始皇统一全国、建立中央政权奠定了基础。

## 二、“尊王攘夷”的思想演变

“尊王攘夷”的目的是安百姓、合诸侯、匡天下，实现中原大一统，捍卫华夏文明。随着历史发展，“尊王攘夷”逐步发展成“忠君爱国，反抗侵略”的思想，并对中国历史发展产生了深远影响。

战国时期，中原政权更加衰微，四夷不断入侵，对华夏文明产生了重大冲击。战国中期，秦、赵、燕三国经常受到匈奴、东湖、林胡、楼烦等游牧民族的侵扰，为了抗击蛮夷入侵，三国都在北境修筑了长城。

秦始皇结束了中原混战，统一六国，废除分封制，建立以郡县制为主要形式、更高层次的大一统秦朝（公元前221—公元前206年）。为解除匈奴族对秦的威胁，秦始皇派军队北征匈奴，设置郡县，迁移人口，垦田生产，开拓荒地，守卫边疆。秦朝把过去秦、赵、燕三国的长城连接起来，修筑了万里长城，以抵御匈奴的骚扰入侵。在南方，秦征服越族，统一岭南，成为当时世界上最大的国家。

秦汉之时，匈奴族建立了强大的奴隶制军事政权，拥有骑兵三十万，重新占领了河套地区，控制了中国北部、东北部和西北部的广大地区，并经常侵扰西汉北方地区。汉高祖刘邦亲率大军迎战，被围困于白登山（今山西大同东南）七天七夜，后靠行贿才得以脱险。野蛮民族严重威胁着中原政权。西汉无力与匈奴作战，只能与匈奴“和亲”，每年送去大量财物，与匈奴约为兄弟，以缓和匈奴的侵扰；但和亲政策并不能真正阻挡匈奴的掠夺侵略。文景时期，匈奴屡次侵略中原腹地，前锋已到雍（今陕西凤翔）、甘泉（今陕西淳化县）和云中、上郡（今陕西榆林），华夏族不断遭受侵略威胁，陷入恐慌。

汉武帝时，加强中央集权，实现了政治经济、思想文化大一统，开始反击匈奴，最终取得了决定性胜利，制止了匈奴残暴的入侵掠夺，保护了封建经济和华夏文明，并使北部边境地区得到开发，为汉朝与西域的外交提供了便利。中原疆土也不断扩充，汉朝统治中原四百余年，这一时期的华夏文明已经远远领先四夷，中原疆土空前扩大。华夏族征服并吸收了周边的巴蜀、荆楚、百越等各部落，西汉统治者为了消除华夷之别，“华夏族”逐渐被“汉民族”取代，“华夏文明”也逐渐成为强大的“汉文明”并深入人心，大一统意识根深蒂固。

东汉末年，社会进入分裂状态，先后经历了三国时期、西晋和东晋十六国时期，各少数民族在北方地区建立了局部政权，进行残暴统治，给中原人民带来极大灾难，社会生产受到严重破坏。虽然这些政权的寿命都不长，却开创了少数民族入主中原的先例，给汉文明带来了沉痛灾难。同时，少数民族也在不同程度被汉化，这加速了民族融合的步伐，为中原人民的物质生活和精神文明增添了新元素和新内容。汉族也在与周边各族人民的长期融合中不断吸收新的成分发展壮大。

北朝末年，北方突厥势力强大，建立了汗国，对中原政权构成巨大威胁。隋文帝杨坚分化瓦解了塞北突厥，解除了后顾之忧，完成了南北统一，结束了自东晋十六国以来二百七十多年的分裂割据局面，并建立了统一的中央集权国家，推动了民族融合和经济文化发展。政治上的大一统需要以思想上的大一统为基础，王通提出以儒为主，佛道入儒，“三教归一”。隋朝末年，东突厥再次强大。615年，隋炀帝北巡被东突厥围困于雁门，野蛮民族再一次对中原政权产生威胁。

唐朝建立后，东突厥不断侵扰，两度率军进犯关中，逼近唐都长安。唐太宗积极防御，迎敌攻打直至东突厥灭亡。西突厥在隋末唐初势力日盛，霸有西域，隔绝了唐朝与西域的联系，唐朝灭了东突厥后，开始和西突厥争夺西域。657年，西突厥汗国灭亡，唐朝控制了西域地区，先后设置了安西都护府和北庭都护府，汉文化与西域文化进一步交融丰富。这不仅保障了“丝绸之路”的畅通，也促进了中西使节的交往和经济文化的交流。唐朝末年，大一统被破坏，各地藩镇割据，中原地区先后出现了五个朝代——历时五十四年（907—960年），更换了八姓十四帝，先后或同时并存十个割据政权，史称“五代十国”。各封建割据政权为争权夺地长期混战，给人民带来了无穷无尽的灾难。

唐末，契丹族逐步发展，辽太宗耶律德光继位后，入侵华北和中原地区。华北和中原地区的人民组织义军，袭击辽军，收复失地，迫使辽太宗撤离开封，退出中原和华北，粉碎了其称帝中原的企图。

北宋建立后，结束了五代十国的割据局面，加强了中央集权，并进行改革，削减了州郡长官的权力，收回兵权、财权甚至赏罚权，加强了中央对地方的控制。但北宋并没有实现真正的统一，北边契丹族建立了辽政权，西北党项族建立了西夏政权，还有云南、西藏等地方政权，这些少数民族，特别是北边的契丹族政权，对中原政权和文化产生了威胁。979年，宋太宗进军幽州而十五日不能攻下，宋军大败，宋太宗负伤乘驴车仓皇逃归。之后，辽国骑兵不断南下侵扰，给北宋政府带来巨大的军事压力。1004年，辽军大举南下，北宋朝廷惊慌失措，宋真宗虽亲征，但是他急于议和，于次年便与辽国签订了屈辱的“澶渊之盟”，合约规定：宋、辽为兄弟之国，两国以白沟河为界，宋岁输辽白银绢，称为“岁币”。

1115年，女真族阿骨打称帝，定国号“大金”，而辽国已衰败。1120年，宋、金签订“海上之盟”商定：双方夹击辽国，灭辽后燕云诸州归宋，宋原来给辽国的银和绢如数给予金。辽国灭亡后，金军屡次南侵，烧杀掳掠，中原地区的经济、文化遭到严重摧残。北宋皇帝软弱无能，无心抗战，统治阶级分化为抗战派和投降派，两派在和战问题上展开了激烈的内部斗争。1126—1127年，北宋首都沦陷，东京（今开封）城中公私积蓄为之一空，徽、钦二帝和朝官等三千多人被金军掠走。北宋灭亡，史称“靖康之变”或“靖康之难”。这次事件在中华文明史上空前绝后，又称“靖康之耻”。

金军撤离开封前，册立原北宋宰相——投降派张邦昌为“大楚”皇帝，让他替金人统治黄河以南的地区，金人开始在中原地区扶持政治势力，建立伪政权。金军撤退后，张邦昌退位。1127年，赵构即位为宋高宗，后定都杭州，史称“南宋”。1129年，金军南下，高宗一路南逃，金军一路追杀，烧杀掳掠，文明遭受摧毁，人民惨遭浩劫。后金军遭遇韩世忠水师等义军的坚决抵抗，认识到灭南宋的时机尚未成熟，要在政治和军事上再做长远打算。1130年，金军立南宋叛臣刘豫为“大齐”皇帝，统治河南、陕西地区，建都大名府，以此作为金国屏障和南侵帮凶。1133年，伪齐政权在金国支持下攻占襄阳府，严重威胁南宋长江中下游地区的安全。南宋派岳飞收复襄阳，岳飞打败了刘豫军队，却奉命停止前进。金军认为刘豫软弱，已失去价值，便废掉伪齐，诱降和谈，高宗惧怕金军，不顾众臣反对，与金和谈并达成议和条件。随后，金军又撕毁和约，对南宋开展全面进攻。韩世忠、岳飞等将领奋力抵抗，取得了一定的胜利，但高宗担心大将久握兵权造成尾大不掉的局势，命令各路军队班师回朝，对武将明升暗降，解除兵权，最后更以谋反罪下狱。1141年，南宋与金“绍兴和议”，宋向金称臣，世代谨守臣节，并缴纳岁贡。1153年，完颜亮建都燕京。为了灭南宋、统一中原，1161年，完颜亮迁都开封，举兵南下，宋军不战而溃。1162年，孝宗即位，他急于收复中原故土，用人不当而北伐失败，主和派得势，宋、金签订“隆兴和议”，南宋不再向金称臣，世为“叔侄之国”。1208年，宁宗时，宋军在军事上再次大败，宋、金签订“嘉定和议”，宋为金“伯侄之国”，并增加岁币，付金犒军银三百万两。

1224年，宁宗死，右相史弥远矫诏立理宗，并擅权十年。1227年，蒙古灭西夏，与宋联盟灭金国。1233年，理宗亲政，提高理学家的地位，确立了理学在中国封建社会后期思想上的正统地位，信奉理学成为做官入仕的必要途径。南宋后期，贾似道擅权，虽有文天祥等奋力抗元斗争，但最终崖山之战，元军灭南宋。

蒙古族的远祖是战国时期居住在蒙古高原东部的东胡人，唐代称其为鞑靼，后经过铁木真、成吉思汗等的多年发展，建立了蒙古国，先后灭西夏、金。1260年，忽必烈即皇帝位。1271年，忽必烈建国号“大元”，改变了中原各朝代沿用数千年以发祥地为国号的旧传统，开创了以吉祥字词为国号的新时代。蒙古族建立“元”这一全国性政权，生产方式、统治方式和思想观念均不同于汉地。元朝经历了“旧俗”与“汉法”的争论和选择过程，也有儒家政治人物提出“以夷变夏”的主张，要求中原汉人接受“夷”蒙古族，从理论上、心理上为汉族士人和蒙古族统治者的互动结盟奠定了基础。元朝统治者为了巩固维护蒙古贵族的特权，对各民族进行分化，在全国范围内实行“四等人制”：一等是蒙古人，二等是色目人，三等是汉人，四等是南人。在政府机关中，蒙古人任正职，汉人、南人充当副职；儒生的社会地位几乎降到最低，有“九儒十丐”之讥。从蒙古到元朝，统治阶级内部矛盾、皇位之争、权臣派系之争极为激烈，统治集团骄奢淫逸，各个政治集团经常发生火拼。同时，民族歧视和民族压迫政策导致农民起义不断发生，最终发生全国规模的大起义。

1367年，朱元璋正式即皇帝位，次年改元洪武，定国号为“明”，以应天府为京师。明朝建立后，立即消灭割据势力，完成大一统目标，提出“驱逐胡虏，恢复中华，立纲陈纪，救济斯民”的口号，对当时汉人有极大的号召力，同时又向蒙古人、色目人保证“有能知礼仪愿为臣民者，与中夏之人抚养无异”，以此团结普通蒙古人和色目人，对分化瓦解蒙古、色目各族贵族阶级起到了很大作用。1368年，徐达率军入大都，推翻了元朝在全国范围的政权。朱元璋死后，燕王朱棣起兵推翻建文帝，夺取帝位，改元永乐，迁都北京，加强了对北方地区的控制。明朝初年，国家统一，经济社会繁荣，明朝对外关系发达——郑和下西洋，华侨对南洋地区的开发，中日友好往来和东南沿海人民的抗倭斗争，万历年间援朝之役，西方早期殖民者对中国沿海地区的侵扰，西方传教士来华，中西方文化碰撞，明朝与外部国家民族的交往超过以前任何一个朝代。

满族是散居于我国黑龙江和松花江流域的古老的少数民族，自辽、宋到明末称为女真。女真各部的社会经济发展不平衡。努尔哈赤，姓爱新觉罗，深受汉文化影响，统一建州女真，由于其“忠于大明”“保塞有功”，明廷先后对他进行加封。1616年（万历四十四年），努尔哈赤即位称汗，国号“大金”，史称“后金”。努尔哈赤创立了八旗制度，统一女真各部后，势力强盛，开始向内地掠夺扩张，后迁都沈阳，改称“盛京”。1636年，皇太极在沈阳称帝，改国号为“大清”，改族名为“满洲”，满族历史进入新时期。1644年，多尔衮率军南下直入北京，福临即皇帝位，定都燕京。清朝前期，严明军纪，争取民众，笼络汉族官绅，扩大政治基础，减赋免税，巩固社会基础，同时也强行剃发，开展精神层面的征服；加强思想文化的控制，大力提倡程朱理学，积极进行思想诱导，对不利于统治的言论进行钳制。“文字狱”是清朝文化专制和民族统治的产物，目的是要在思想文化领域树立封建君主和满族贵族统治的绝对权威。“文字狱”给中国文化和社会进步带来了消极影响。清政府平定三藩之乱，收复台湾，平定准噶尔部叛乱，迎接图尔巴特蒙古重返祖国，对西藏等地加强管理，反对分裂，维护统一。同时，清政府也加强了中西的经济文化交流，抵抗沙俄侵略，抵抗英国等其他国家的殖民者侵略。中华民族面临着前所未有的困难和挑战。

通过以上分析，可以看出“尊王攘夷”逐步演变为“忠君爱国，反抗侵略”的思想，在中华民族发展史上一直被重视，在抵御外族入侵的过程中起到了凝聚人心、团结一致、一致对外的作用。

## 三、华夏文明经历的重大节点及启示

从炎黄联盟占据中原，开启华夏文明，经过夏、商、周、秦、汉及后续王朝不断的发展壮大，在整个历史进程中，华夏文明经历了七个重大历史节点，由此也给后世带来了思考和启示。

一是“太康失国”，东方蛮夷后羿拥兵占据夏都，拒绝太康返国，攻占夏朝政权。中原政权、华夏文明第一次被蛮夷侵略打败。

二是西部犬戎攻占镐京，杀死周幽王，宗周被摧毁，西周灭亡。周平王东迁，建立东周，开启春秋战国时代。齐国提出“尊王攘夷”的战略口号，争霸匡正天下，开启中原政权、华夏文明打击蛮夷的历史新篇章。

三是公元前201年，冒顿单于发兵攻打马邑，次年攻打晋阳（今山西太原），汉高祖刘邦亲率三十万大军迎战，被匈奴围困于平成白登山（今山西大同东南）七天七夜，后靠向单于阏氏行贿，才得以脱险。蛮夷对中原政权产生巨大威胁。

四是汉朝之后的三国两晋南北朝时期、唐朝之后的五代十国时期，北方蛮夷入侵中原，建立了局部政权，并与中原政权对立。自汉、唐之后，华夏文明、中原政权在与周边少数民族的军事斗争中，逐步失去了绝对优势。

五是自宋朝开始，华夏文明、中原政权在与周边少数民族的斗争中，逐步沦为被动挨打，甚至不得不向少数民族俯首称臣，每年朝贡，成为少数民族政权的“叔侄之国”“伯侄之国”。少数民族开始扶持建立代理政权，控制中原。

六是蒙古族推翻南宋，建立了华夏文明史上第一个全国性少数民族政权——元朝，并统治全国近一个世纪。

七是清朝继元朝之后，推翻明朝建立了第二个全国性少数民族政权，统治中国二百六十多年，成为中国最后一个封建王朝。

从历史发展来看，可以得出四点结论和启示。其一，华夏文明和中原政权始终都在遭受野蛮民族的侵略，管仲提出“尊王攘夷”以承上启下，具有非常重大的现实意义和历史影响。其二，在华夏文明和中原政权发展强盛的同时，四方蛮夷的势力也在不断发展壮大。由一开始的绝对落后、被征伐；到建立局部政权与中原政权分庭抗礼、形成对峙；再到完全战胜中原政权，建立全国统一政权，并长期统治。其三，汉、唐、宋之后，华夏文明代表的中原政权在与蛮夷斗争中逐步失去优势，不得不接受蛮夷的统治，接纳蛮夷文明。其四，蒙古族、女真族、满族等少数民族虽然在武力上征服了中原政权，建立了全国性少数民族政权，在统治前期对华夏文明造成了巨大破坏，但是这些草原游牧民族的文化最终都融合了汉文化，被华夏文明和汉文化同化，华夏文明始终是中国先进的文明。

为什么从汉朝之后出现“南北朝并立”，唐朝之后出现“五代十国”，四方蛮夷在争斗中获胜并能建立与中原政权对立的局部政权呢？为什么从宋朝开始，蒙古族建立元朝，明朝之后，满族建立清朝，少数民族能够彻底征服中原政权，建立全国性政权并长期统治呢？

这是一个非常复杂、庞大且难以回答的问题。仅从文化角度看，汉武帝“罢黜百家，独尊儒术”，使儒家成为国家唯一指定的官方学说、思想，并以国家强权为后盾在全国推广，这是中原政权被蛮夷战胜、征服的重要原因之一。从儒家文化的性质看，儒家是孔子在继承西周初年周公学说的基础上发展而成的，儒家主张“正名”，提倡“礼制”，捍卫上下尊卑、长幼有序的统治秩序，目的是巩固宗法社会的等级制度，求得社会等级分明、政治秩序稳定，所以儒家学说是被动守成的学说，缺乏能动性、进攻性和革命性。儒家学说本身的特点和短板，注定了其在政治大一统之后，在维护政治稳定、保证社会秩序、管控统治民众等方面发挥重要作用。例如，西周初年，社会的稳定发展就是周公学说起到了作用；汉武帝大一统后，政治的长期稳定就是儒家学说发挥了作用。但是，当儒家学说被统治者和民众深刻理解并内化为世界观和人生观之后，整个社会就会缺乏主动性、进攻性和革命性，缺乏求发展、求变化、求创新的激情和动力，特别是当外部敌对势力发动侵略时，儒家学说就会失灵，儒家学说的信奉者会因为懦弱而任人宰割。特别是儒家学说发展到后期，形成宋明理学，儒家学说被僵化，失去基本人性和思想活力，人和思想都被束缚，文化成为压迫民众的桎梏。所以，当蒙古族入侵、满族入侵，直至清末西方国家入侵之时，中原汉人因为思想僵化愚钝而放弃抵抗。和平年代下，儒家思想被统治阶级推广，受民众欢迎；相反，每逢乱世，兵家、法家被统治阶级和造反者采纳。

民国时期，新文化运动，号召民主、科学，呼吁自由、平等，打破了儒家独霸的局面。马克思主义传入中国，并与中华文化相结合，近代中国人的思想信仰才彻底得以解放，逐步确立了在马克思主义指导下的进取精神、斗争精神和革命精神。

## 四、中华文明概念的提出具有划时代意义

鸦片战争后，内忧外患，梁启超创造性地提出“中华民族”这一概念，并指出：“中华民族自始本非一族，实由多民族混合而成。”也就是说，“中华民族”是指中国境内的所有民族，汉、满、蒙、回、藏等为一家，是多元混合的。这一概念具有划时代意义，使国人放下“华夷之争”，统一把目光看向版图之外的其他民族对中国版图和文化的入侵。国人眼中的“夷”变成以西方国家为主的其他敌对民族。

今天，中华民族是一个由五十六个民族组成的平等、团结、互助、和谐的多元一体大家庭。中华文明不仅包含古代的华夏文明、少数民族文明，还包括在工业和现代化生产背景下，各民族共同创造的一切现代文明。中华民族和中华文明形成后，国内不存在文明与野蛮、先进与落后的敌对性争斗。我们捍卫中华文明、维护国家利益，必须坚持以习近平文化思想为指导，坚持文化自信，坚持“两创”，坚持“两个结合”，努力在实践中创造新文化、新文明。在这个伟大实践过程中，我们仍然可以学习、借鉴管仲相齐争霸提出的“尊王攘夷”的政治智慧。

# 第七章
# 管仲相齐争霸政治智慧的近现代价值

管仲相齐争霸成功为齐国的后续发展打下了坚实基础。尽管桓公死后齐国由于王位继承问题陷入内乱，甚至出现了“田氏代齐”的重大政变，但是，到战国时期，田齐第五代国君齐威王重用邹忌为相，制定法律、收流民、开荒地，齐国在战国中后期又一次成为东方诸侯霸主，形成秦、齐对峙局面。秦始皇先后灭掉韩、赵、燕、魏、楚五国，直到公元前221年，田氏齐国经历七代之后，被秦灭国，诸侯混战结束。楚汉时期，齐国田氏族人田儋自封齐王，田齐又经历七代。公元前203年，汉高祖刘邦封韩信为齐王，之后刘氏齐国又经历七代，直至汉武帝元封元年（公元前110年），怀王刘闳去世，因为没有子嗣继承，封国被撤销。汉元封五年（公元前106年），汉武帝将全国划分为十三州，设刺史，察问郡县，青州刺史部治所设在齐国国都临淄。

管仲相齐争霸的政治智慧不仅深刻影响了齐国的历史发展，而且对近现代中国的发展也产生了一定的正面影响。1840年鸦片战争爆发，以儒家思想为治国理论、以农业经济为主体的清朝面对当时先进的资本主义工业文明的冲击，节节败退。正如李鸿章所说，中国经历了“三千余年来一大变局”，遇到了“数千年来未有之强敌”。这是清朝与之前数代王朝相比最大的区别。自认为“天朝上国”的清政府被“番邦属国”

的西方国家打败，签订了一系列不平等条约。西方列强不仅对中国进行了经济、政治、军事的侵略，而且取得了在中国传教的特权，对中国进行文化思想的侵略和渗透。

辛酉政变后，清政府中具有改革意识的洋务派，提出“自强求富”，创办新式军队、新式学堂、工业企业，翻译外国书籍并派遣留学生向西方学习。洋务运动主张“中学为体，西学为用”，“师夷长技以制夷”，虽然一定程度上推动了中国近代经济文化的发展，但由于其根本目的是应对统治危机的自上而下的经济技术改革，清朝的统治阶级仍然坚持“中学为体”，拒绝进行政治体制改革。中日甲午海战，北洋水师全军覆没，宣告经营三十多年的洋务运动彻底失败。“中学为体，西学为用”的思想和改革不能解决中国的问题。

甲午战争后，帝国主义开始瓜分中国，掀起在中国抢夺租借地、划分势力范围的狂潮，中华民族再次陷入异族入侵、亡国灭种的危机。中国急需先进的治国理论和政治制度实现富国强兵，打败侵略国。

先进的知识分子开始重新审视中国，并把中国落后归因于以儒家为主的传统文化和以封建帝制为主的社会制度，开始重新研究中华优秀传统文化，试图从中寻求突破。尊孔读经“无用之学”受到冲击，而在春秋争霸中指导齐国全面胜出的“经世致用”的管仲之学备受关注。

## 第一节　梁启超研究管仲政治智慧以求补益时局

梁启超（1873—1929年），中国近代著名的政治活动家、启蒙思想家，参与过“公车上书”“戊戌变法”，失败后在日本创办《清议报》《新民丛报》，辛亥革命后回国，先后任北洋军阀政府司法、财政总长，晚年在清华大学任教。梁启超认为管仲是“中国之最大政治家，而亦学术思想界一巨子”，对管仲及《管子》给予高度评价。根据当时中国被列强侵略瓜分、主权受到严重的损害、国家民族存亡危机的情况，他结合时代需求，充分挖掘《管子》中蕴含的关于国家主权、法制与君主权力、官僚政治制度、爱国主义、富民强国等思想智慧，以求对时局有所补益。

## 一、管仲的国家主权思想

梁启超认为，欧美在治理国家时坚持国家思想、法治精神、地方制度、经济竞争、帝国主义五方面内容，使得国家强盛，雄于天下。两千多年前，春秋时期管仲的治术就体现了这五个方面的思想萌芽，只是汉朝统治阶级“罢黜百家，独尊儒术”，“浅学俗儒”，盲目遵循孔孟之道，遂“误治，术、误学理，使先民之良法美意不获宣于后，而吾国遂涣散积弱以极今日”[①]。梁启超认为，因为后世统治者没有把管仲的治世良法发扬光大，才是近代中国积贫积弱的根本原因。

梁启超认为，土地、人民、主权三要素具备，国家才能形成。三者之中，主权尤为重要，没有主权，即使有土地、人民，也不过是一个社会，不能称之为国家。“主权之表示于外者谓之法”，因此，“苟名之

① 梁启超：《管子传》，《饮冰室合集》，中华书局 1988 年版，第 1 页。后续相关内容仅括注书名与页码。

曰国家者，皆舍法治精神无以维持之”(《管子传》12、13)，即有国就有法，无法则无国。“主权之强弱与国家之强弱成比例”(《管子传》19)，即国家强权的执行力范围广、强度大，国家就变得强大，反之亦然。并认为这样的观点在《管子》中早有体现。即《管子》中的这段话：

凡大国之君尊，小国之君卑。大国之君所以尊者，何也？曰：为之用者众也。小国之君所以卑者，何也？曰：为之用者寡也。然则为之用者众则尊，为之用者寡则卑，则人主安能不欲民之众为己用也？使民之众为己用，奈何？曰：法立令行，则民之用者众矣；法不立，令不行，则民之用者寡矣。

管仲认为，法律完善，政令畅通，君主役使的民众多了，国家就强大，国君的地位就高贵。因此，法制对国君的地位和国家强权有着重要的影响。封建社会的统治者，特别是清末的统治者只是把“民之用者众”用在生活享受和满足私欲上，耗费了大量的人力、物力、财力用于奢靡的生活享受，而非强国图存上。梁启超从管仲的思想中看到了明朝败给清朝、中国败给日本的原因。

另外，梁启超认为：“泰西学者言政术，一为放任，一为干涉。主放任者，以国民主义为其基础，一切听民自为谋；主干涉者，以国家主义为其基础，民之幸福赖国家代谋之。”[①]通过与西学类比，梁启超认为：“道家全主放任，儒、墨倾于放任，法家纯主干涉”，“历观数千年

① 转引自耿振东：《〈管子〉学史》，商务印书馆 2018 年版，第 804 页。后续相关引用仅做括注。

来，其有政绩可传法于后者，则未有舍干涉而能为功者也”(《〈管子〉学史》804)。并大胆预测：“今后大势之所趋，则干涉论必占最后之全胜。”虽然管仲不懂马克思主义，但是他的思想在当时具有一定的先进性。梁启超对管仲的国家主权思想的研究和对未来的预测，可以说符合当时中国的历史现实，对我国发展具有现实意义。

## 二、管仲的法制与君主权力

梁启超研究《管子》是想通过对管仲的法制思想的解析，提升其所倡导的君主立宪制的影响力，即应该限制皇帝的权力。“故法者，天下之至道也，圣君之实用也。”(《管子》698)法是天下最高的道，君主掌握法。但是，“君臣上下贵贱皆从法，此谓为大治”(《管子》699)，君臣上下都遵法守法，君主并非绝对的自由。“是故明君知民之必以上为心也，故置法以自治，立仪以自正也。故上不行，则民不从；彼民不服法死制，则国必乱矣。是以有道之君，行法修制，先民服也。”(《管子》301)管仲认为法是天下的最高准则，是圣明君主的法宝，所有人都服从法律才是大治，真正的君主一定会以身作则，服从法律，为民树立榜样。清末，世界民主进程加快，而中国依然皇权过度集中，导致中国面临巨大的政治危机。因此，梁启超主张以君主立宪制代替君主专制，他深入挖掘管仲的法治思想就是要扩大其宪政宣传、启蒙大众树立法制意识，这对中国社会的发展进步具有积极的促进作用。

## 三、管仲的官僚政治制度

管仲认为，在政治官僚制度中，君主地位最高，负责形而上的思想道德谋划等，委任相和大臣负责具体事务的规划推动，民众只是服从执行。

为人君者，修官上之道，而不言其中；为人臣者，比官中之事，而不言其外。(《管子》498)

是故道德出于君，制令传于相，事业程于官，百姓之力也，胥令而动者也。(《管子》504)

是故君人也者，无贵如其言；人臣也者，无爱如其力。言下力上，而臣主之道毕矣。是故主画之，相守之；相画之，官守之；官画之，民役之；则又有符节、印玺、典法、策籍以相揆也。(《管子》505)

是故有道之君者执本，相执要，大夫执法以牧其群臣，群臣尽智竭力以役其上。(《管子》529)

管仲倡导的官僚制度是通过“选贤论材而待之以法”，达到“朝有经臣，国有经俗，民有经产”的治理效果。梁启超根据《小匡》《立政》，将齐国以相为统领的官僚体系与西方立宪制国家的官僚体系做对比，认为管仲作为一国之相，相当于立宪国家的内阁总理，并得出结论：“官僚政治虽最易酿成政治的腐败，但只要有严密的法制以维持，有圣君贤相以综核明实，则整齐一国之政为效至捷。中国政治家若要改良官僚政治，则当以管子为模范。”(《〈管子〉学史》810）可以看出，梁启超首先盛赞管仲取得的伟大成就，然后分析管仲时期的官僚制度与君主立宪制具有相通性和相似性，再指出只要君圣相贤，并有法制做保障，在中国实施君主立宪的政治和官僚制度，一定能取得巨大成功。

## 四、管仲的爱国主义精神

梁启超认为，君与国“本为二物”，先有国后有君，国重君轻，如果忠君与爱国不可兼得，则爱国优先于忠君。一个把自己的生死奉献给国家而不是国君的人，才是真正的爱国者。齐僖公任命管仲和召忽辅佐公子纠，公子纠死，召忽为纠以死殉职以表忠诚，管仲却想着为社稷宗庙延续而选择舍纠向生。梁启超认为：“管子非好为不忠于纠也。彼其审之极熟，知以纠与齐国较，纠极小而齐国极大，纠极轻而国极重也。”（《〈管子〉学史》803）因为管仲奉齐僖公之命傅公子纠的时候就认识到，他和召忽、鲍叔牙都是“持社稷宗庙者”，都应该“不让事，不广闲”。管仲从接受君命的那一刻起，就把自己与国家利益联系在一起。梁启超评价：“管子者，齐国之公人，非公子纠之私人也。”（《〈管子〉学史》803）因此，面对同僚召忽为纠而死的慷慨陈词，管仲不为所动，独立思考并坚持自己的原则，具有坚定的国家情怀和独立的思想人格。梁启超认为，中国有很多人在宗族国不得志时就会投奔他国，“为敌国伥以毒同类”，而管仲在所傅之人已死、自己将成为政敌公子小白的阶下囚的情况下，面对鲁国的威逼利诱，仍能放弃荣华富贵，坚定不移地冒着被杀的风险返回母邦齐国，舍死求生，希冀为齐国贡献才能和力量，这种行为实在是“千古国民之模范”（《管子传》7、8、9）。

## 五、管仲的富民强国思想

政治家管仲不仅要增加国家的财政收入，而且出台政策，促进国民经济整体发展。他坚持为政之本“首在富民”的理念，推出多项具体的经济政策解决导致人民贫困的各种矛盾。

一是产业发展。管仲重视农业生产，要求达到“尽地利，劝农事”，“本善而末事起，不侈，本事不得立”(《管子》601)。农业发展会带动工商业发展；不发展商业，不进行奢侈消费，农业也不能很好地发展。农业经济、工商经济互相促进、共同发展。发展农业时，国家“相地而衰征”，按照土地的不同品质分等级征收赋税。管仲认为，征收赋税仅根据土地数量，而不考虑土地的好坏程度、距离远近等因素，就会造成民众赋税负担不合理，从而引起一部分劳动者因赋税负担过重而破产逃亡，甚至进行反叛斗争。如果能做到“相地而衰征”，将会收到“使民不移”的效果，保证农民生产的积极性，使纳税者安心生产，从而保证农业生产顺利开展。

二是市场经济。“市者，货之准也。是故百货贱，则百利不得；百利不得，则百事治；百事治，则百用节矣。”(《管子》76)市场是体现货物价值的地方，即市场决定货物的价格。货物价格低廉，商业就不能获取超常的高额利润；得不到超常的高额利润，各项生产就会平稳健康地发展，各类物资都能适度满足，百业并兴，各种社会需求也就可以有效地调节。可见，管仲已经认识到价格波动和供求关系会影响行业发展等问题，并能克服市场经济所产生的弊端。“市者可以知治乱，可以知多寡，而不能为多寡，为之有道。”通过市场可以了解社会的治乱兴亡即治理效果，可以了解社会物资和财富的多少，但是，市场不能决定社会财富的多寡，其是由生产决定的。市场并不是万能的，是有规律可循的。“国富而鄙贫，莫尽如市。市也者，劝也。劝者，所以起。”（《管子》601）国都富裕、地方城邑贫困，都要依靠发展市场经济，市场经济对各行业都有鼓励刺激的作用，鼓励刺激的力量发挥出来后，国家整体经济就发展了。

三是调节分配。管仲强调国家操纵轻重之术和货币政策来调控物价，解决社会分配的问题。“梁氏分析《国蓄》《轻重乙》等相关文字，认为管子主张通过国家操纵货币的进退，即或由政府将货币发放到市场，或由政府将市场上的货币收回，以控制货币流通量的方式来操纵货物的价格。货币既由政府掌控，则人民的贫富亦可掌控，国家调剂分配的目的即可达到。”（《〈管子〉学史》808）“因为在货币一缓一急、物价一贵一贱时，豪强素封之家常能左右物价，使之随己意上下波动，以‘弋取殊利’。此种齐利，则当归国家，而不当归诸少数之私人。归诸国家，国家用以奖励民业，则其利均诸全国人民；归诸少数之私人，则一国财力所在，遂成偏枯。一方有余，而一方不足，所病肿而苦盭也。管子所以必以国家操此权者，盖为是也。”（《管子传》62）

四是税务导向。管仲作为齐国相，在理财取税时着眼于推动国民经济的整体发展，而后世桑弘羊、刘晏等财政官员只是想增加国家的财政收入使国库充盈。管仲认为，君主无休止地征税，民众无法供给，就会逃亡到山林中栖息；战士们回家看不到亲人，家族失散、夫妇不能婚配相会，民众在国内逃亡，将士逃遁在国外；如此不用打仗，国家就会从内部伤败。因此，财政税收政策的得失与一国兴亡有着密切关系。“夫以室庑籍，谓之毁成；以六畜籍，谓之止生；以田亩籍，谓之禁耕；以正人籍，谓之离情；以正户籍，谓之养赢。五者不可毕用，故王者遍行而不尽也。”(《管子》946）管仲对税收的认识是基于对人性的认知，他认为税收会妨碍国民生产，夺民所得、招民嫌怨，会导致民与君离心离德；他主张多予少取，多予不直接取，甚至多予不取，所以不能直接征收房屋、牲口、田亩和户籍税等。因此，梁启超认为管仲是“以不收租税为原则，以收租税为例外”，是“无税主义”(《管子传》65)。租税是国家的主要财政来源，如果不收租税“何以为国”？管仲认为“唯官山海为可耳”，国君把山林湖泊等自然资源收为国有并征税供民使用，因为“国无盐则肿”，而针、刀、铁质犁铧等生产生活用具都必须用铁，所以实行“盐铁专卖”以保障国家收入。因此，梁启超认为管仲的税收政策是服从服务于政治思想——“全国最大之商业，掌于政府而取其赢以代租税”，“测国民之纳税力”，“行累进税”，取民有度，取民有方(《管子传》67—69)。

五是反对奢侈。君主可以从八个方面考察一个国家，当一个国家是“侈国”，有“侈国之风”时，应该引以为戒。“国侈则用费，用费则民贫，民贫则奸智生，奸智生则邪巧作。”(《管子》240—241）为什么要反对奢侈呢?“故奸邪之所生，生于匮不足；匮不足之所生，生于侈；侈之所生，生于毋度。故曰，审度量，节衣服，俭财用，禁侈泰，为国之急也。”所以说，明确财用制度和消费标准，节约衣着服饰，俭省财政用度，禁止奢侈浪费，是治理国家的紧急要务。梁启超认为，管仲对国君建议，要想富国强兵成就霸业，必须提倡节俭，反对奢侈无度地挥霍。桓公和管仲还都认为，要争霸，相对于钱财，国家和国君的名声更重要。国君在个人享受方面不能奢侈，而在维护国家和国君名声的外交方面可以增加费用。梁启超认为管仲具有均节的消费观念，以及俭而不吝的适度消费、合理消费思想。

总之，梁启超作为中国近代史上的思想启蒙大师，他所作《管子传》是构建新史学，试图推翻清朝统治，在中国推行资产阶级君主立宪制的产物。《管子传》实现了传统文化研究中以思想义理为研究内容的全方位转型，从此《管子》学开始与现代学术接轨。

## 第二节 新文化运动和王毓瑚等对《管子》的研究

中华民国（1912—1949年）是从清朝灭亡至中华人民共和国建立期间中国的国家名称，简称“民国”。这三十八年在国体政体、政权组织、经济制度、军队编制、思想教育等方面与之前的封建王朝相比，发生了巨大变化，国内政权更迭、时局动荡、军阀林立、党派争斗、时分时合。外部西方列强侵略中国，在中国霸占势力范围，扶持军阀发动内战，而其间最大的危机是日寇发动侵华战争，中华民族面临生死存亡危机，中国内忧外患，形同东周末年的战国时期。当时的有志之士认为：“中国近代的民族危机与文化危机是一致的，相对而言，文化危机是更本质、更深刻的危机，文化救亡是民族救亡的根本。重振衰败的传统文化，出路在于寻回迷失的国粹，恢复中华文化的本来面目。”(《〈管子〉学史》798)“虽然‘中华民国’历史赓延的时间不长，但其迸发出的文化创造力却是空前的。在这三十多年里，人们思想观念转变幅度之大、对固有文化认识之深刻、批判之犀利，是之前任何一个朝代都无法比拟的。”

## 一、新文化运动对传统文化的影响

在西学东进、民主进程加快的历史背景下，国内却出现了尊孔复古，利用封建思想复辟帝制的文化动向，如张勋复辟、袁世凯称帝等。1915年，由陈独秀、李大钊、鲁迅、胡适、蔡元培、钱玄同等受过西方教育（当时称为新式教育）的知识分子发起了一次思想文化革新、文学革命运动，旨在“反传统、反孔教、反文言”，抵制中国政治的历史倒退。

胡适倡导整理国故运动，成为当时新文化发展的重要舆论导向。什么是整理国故呢？“整理就是从乱七八糟里面寻出一个条理脉络来；从无头无脑里面寻出一前因后果来；从胡说缪解里面寻出一个真意义来；从武断迷信里面寻出一个真价值来。”[①]这样做的一个好处就是，重新评估传统文化的价值，防止一些人根本不懂国粹为何物，却又高喊保存国粹；根本不懂传统文化是什么，却又高喊学习弘扬传统文化。具体应该如何整理国故呢？胡适给出了四步法：“一，对中国古代学术思想做分

① 胡适：《胡适文集》第1集，黄山书社1996年版，第527页。

门别类的工作；二，理顺中国学术思想的发生、发展与影响；三，用科学的、考证的方法把古人的思想弄明白；四，还传统文化以真面貌、真价值。”(《〈管子〉学史》794）整理国故的目的就是要用科学的方法、整理的功夫去除传统文化的神秘感，让人民真正理解传统文化的精神实质，并在此基础上重建中国文化。今天看来，胡适对传统文化的态度是理性科学的，整理国故的方法也是科学严肃的。整理国故同步孵化出了一种文化现象——疑古思潮。因此，对古籍进行甄别辨伪成为民国学者研究传统文化的一个特色。

陈独秀在新文化运动中提出“利刃断铁、快刀乱麻”的青年精神，号召科学和人权并重，文化学者和青年学生积极响应。各高校的国学研究机构纷纷成立，大学学科体制确立，取消经学科，分为文、理、法、商、医、农、工七科。出版业空前兴盛，书刊繁盛，从根本上改变了传统的学术传播及交流方式，对促进现代学术发展意义重大。

这一时期《管子》研究的最大特点是重视具体为政之术的分析，从政治意义上做治道研究，以弘扬光大《管子》中具有救时价值的政策，以求引发人民对社会问题的积极关注，主动参与现实政治，为拯救国家民族于危难之中建言献策。

## 二、王毓瑚对管仲争霸本质的研究

王毓瑚（1907—1980年）撰写的《管仲》一书对管仲争霸的时代背景、为政方针、政治目标等根本性问题进行了深入研究。王毓瑚认为，西周末年，周朝日渐衰落，而夷狄日益猖獗，不断侵扰中原各国。

幽王时，犬戎的进攻是执政三百五十多年的西周衰败的直接外因。平王迫于压力东迁，周朝权威尽失，各诸侯国乘机相互征伐，导致诸夏集团实力被损耗，不断被削弱。南方蛮族楚国日益强大，许多诸夏小国降服于楚国，“像这样的内部纷乱而外患又一天急迫一天，诸夏文化集团确实是岌岌可危”[①]。管仲看清楚了天下的局势，认识到要想延续诸夏文化就必须抵抗夷狄侵略，而抵抗夷狄侵略需要诸夏集团内部产生能停止内战且能团结各诸侯国的领袖。原先的天下共主周天子已失去威信，不能再实际担当这个领袖，因此齐国只有通过改革提升经济、政治、军事等实力，成为各诸侯国中具有绝对实力的强国，才能成为号令各诸侯国的实际领袖。所以，春秋时期霸主和霸政的出现是历史发展的需要和必然。“攘夷”是动机，“尊王”是手段；假借周王的名号来团结诸夏各国，凭借各国联合的力量去对抗夷狄侵略，这就是霸政的本质。“这种政治体制延续了差不多三百年之久，……而创立这个体制的人，就是……管仲。”(《管仲》11)

“攘外”必先“安内”，“安内”必先“强己”。管仲成为齐国相之后，在齐国招揽、选拔、重用天下人才，推行了经济、政治、军事各项改革政策，逐步使齐国成为强大的诸侯国。《左传》记载：“王使召伯廖赐齐侯命，且请伐卫，以其立子颓也。”周惠王赐命齐桓公，并请他进攻卫国，因为卫国拥立子颓为天子。另有记载“惠王十年，赐齐侯命”。《史记·周本纪第四》记载：“惠王十年，赐齐桓公为伯。”“伯”是首长意

---

① 王毓瑚：《管仲》，载潘公展、印维廉主编《中国历代明贤故事集》2，胜利出版社1945年版，第10页。后相关引用仅括注书名与页码。

思，“侯伯”就是诸侯领袖。可知，在桓公继位后的第十九年，齐国的功绩得到了周天子的认可，周天子正式赐命桓公为“侯伯”的称号，管仲争霸取得了预期的胜利。

## 三、支伟成对管仲救时价值的研究

支伟成（1899—1929年）首先从传统的学派分类和西方学术的学科分类角度对《管子》进行研究，让当时之人在西学东进、中国全面落后备受西方列强欺凌的情况下，“以见我国古代各种学说之无所不备，在前三四世纪即已发其端，苟益加研究，岂不蔚然大观哉”[①]。树立民族文化自信，挖掘《管子》中的政术救时政策，作为挽救时弊的政策参考。

支伟成认为，管仲相齐时，天子卑弱、诸侯争霸，南夷北狄交伐中国，桓公忧中国之患，苦夷狄之乱，齐国争霸提出“尊王攘夷”是为了驱夷救难、存亡继绝，捍卫华夏文明和利益。“方今中央卑弱，各省纷争，强邻环伺，觊觎中国，中国之不绝诚亦如线！忧时俊杰，意图挽救；嘉谋良策，纷出竞陈。以今视昔，亦多暗合。”（《〈管子〉通释》21）支伟成还认为，当时中国的情况与管仲时期极为相似，管仲在齐国的执政成效已被世人公认，那么今天学习研究《管子》之术，至少可以“爰撷厥旨，聊供参考”。

支伟成把《管子》中的思想与孙中山提出的近代资产阶级革命纲

① 支伟成：《〈管子〉通释》，载《民国丛书》第五编第12册，第20页。后续相关引用仅括注书名与页码。

领——“三民主义”一一对照、相互印证支撑，就是想在理论认识上实现以古鉴今、古为今用。民族主义是以维护本民族利益和尊严为出发点的一种政治思想，管仲提出“尊王攘夷”就是因为戎狄非我族类，其心必异，“内诸夏而外夷狄”，“伐离枝，斩孤竹”，维护中原政权和华夏文明的安全，就是民族主义。民生主义就是要保证人民的日常生活，管仲在执政过程中通过修道路开矿山、兴鱼盐产业、通工商便关市等一系列政策，处处关注民生、改善民生，让人民满意。民权主义则是，政府和领导能达到令行禁止的施政效果，必定是尊重了民权、顺应了民心，符合人民的利益。

管仲提出“尊王攘夷”，并通过“九合诸侯”不断用盟约规范各诸侯国的行为以达到“一匡天下”的效果，建立一种公共秩序。支伟成认为，当时世界各国应该共同建立一个“国际仲裁机关”，取得与管仲同样的治理效果。“齐桓首创会盟，即国际联盟之旨。凡与会者，悉遵盟约，则不平之事无由起，战争之惨不得见矣，谓非为永久和平之道乎？”(《〈管子〉通释》26）应该像管仲会盟诸侯一样，通过建立国际仲裁机构之类的国际组织，调解国际争端、维护国际秩序。这种类比的研究方式和思想认识对解决当时中国的社会问题确实具有先进性和前瞻性。

## 第三节　陈启天的“新战国”理论

西周初年，除了按规定对周天子敬献，贵族在自己封邑内享有政治统治权和经济垄断权，维持这种社会秩序依靠的是名分和礼制。春秋以降，“及至战国，名分和礼已无法维持正常的社会秩序，有无经济实力和军事实力成为衡量一个国家生存消亡的根本条件”(《〈管子〉学史》842)。鸦片战争爆发之后，清朝与西方列强之间的斗争及中华民国时期各军阀之间的争斗就是完全没有“国际秩序”，完全不讲“名分礼制”，是信奉丛林法则的欧洲列强对中国的侵略，是信奉弱肉强食的军阀之间的互相厮杀，各国、各军阀完全不受“礼制和名分”的束缚，各国、各军阀为了存活下来只能比拼“经济实力和军事实力”。陈启天（1893—1984年）在《中国法家概论》中说：“用一个旧名词来简单标明近代国家的国际关系，可以说是‘新战国’。”[①]国际形势越来越无序，中国自身越来越羸弱，国际地位越来越恶劣，中国变为“新战国时代”各国混战争夺的场所。

陈启天认为，法家在战国时代盛极一时，符合时代需要，被统治者采纳重用。秦国重用商鞅、李斯等法家代表人，通过全面改革，几代奋斗，最终秦灭六国，结束战国时代，建立了中国历史上第一个统一的封建国家。秦汉统一后，为缓和阶级矛盾、休养生息，严苛的法家思想被统治阶级掩藏起来，成为统治阶级少数人掌握的“治国利器”。近代中国已被迫走上了世界的“新战国时代”，滋长在封闭的大一统帝国之内规规矩矩的儒家思想，便不足以应付这个“新战国时代”的需要，于是法家遂有一种复兴的倾向。“法家思想产生于战国时代，今又遇一个世界的新战国时代，自然而然要重行倾向于法家思想。同时，新战国时代

① 陈启天：《中国法家概论》，中华书局1936年版，第110、111页。后续相关引用仅括注书名与页码。

列强最有力的思想如‘国家观念’‘法治观念’‘军国观念’‘国家经济观念’等等，也与旧日法家思想有几分相近之处，更容易联想到法家。”（《中国法家概论》115）陈启天认为，当时的中国面临的环境如同东周后期的战国时代，所以是“新战国时代”，而在战国时代法家思想因为适应时势需要而得到发展，并指导国家发展壮大最终取得胜利，因此，在“新战国时代”，必须光大法家思想才能不做亡国奴，才能实现救国存亡、民族复兴。

陈启天通过“新战国”表达的思考逻辑和类比方法，有一定的科学性，是实现传统文化“创造性转化、创新性发展”的萌芽。

## 第四节　根据当前国际环境创造性提出“新春秋”观点

鉴于陈启天用“新战国”一词标明晚清和中华民国期间整个世界的无序状态，我们试着用“新春秋”一词标明今天的国际秩序、国际竞争、发展趋势及应对之策。假设今天的世界各国是春秋时期的各诸侯国，一方面遵守国际秩序，另一方面积极发展经济、增强军事实力，防止被他国侵略；欧盟、东盟等各区域性国际组织定期召开会议，相当于春秋时期各诸侯国的定期会盟。今天的中国，就相当于管仲相齐时的东方大国——齐国，一方面“尊王”。这里的“王”是指谋求和平与发展的国际秩序。中国必须进一步全面改革开放，走中国特色社会主义道路，必须不断提升自身综合实力，提升国际影响力和话语权。要熟悉利用世界规则，积极维护以联合国为核心的国际体系、以国际法为基础的国际秩序、以联合国宪章宗旨和原则为基础的国际关系准则，积极推进中华民族伟大复兴，为人类谋进步，为世界谋大同，成为维护世界和平的重要力量。另一方面“攘夷”。就是要“同各国一道，坚守多边主义，反对单边主义”，坚定维护国际公平正义，倡导践行真正的多边主义，旗帜鲜明地反对一切霸权主义和强权政治，毫不动摇地反对任何单边主义、保护主义、霸凌行径。同时，展现负责任大国的担当，积极参与全球治理体系改革和建设，推动构建人类命运共同体，共同应对各种全球性挑战。中国奉行防御性的国防政策，中国的发展是世界和平力量的增长，无论发展到什么程度，中国都永远不称霸、永远不搞扩张。

总之，这种通过类比思维和推理逻辑提出的“新春秋”想法符合习近平总书记提出的“两创”中的“创造性转化”。春秋时期的诸侯争霸相当于当前国际竞争的缩影，学习管仲相齐争霸的政治智慧，有助于当下的我们解决好国际争端、处理好国际关系、维护好国家权益。

我们相信，在中华民族伟大复兴征程中，在以习近平同志为核心的党中央的坚强领导下，坚持“两个结合”，坚持“两创”，从中华优秀传统文化中吸取经验教训，从管仲相齐争霸的政治智慧中汲取有益成分，坚持理论创新，在具体实践中谨慎分析，大胆创新，持续推进，我们可以为中华民族伟大复兴贡献自己的力量。

# 参考文献

1.李山、轩新丽译注:《管子》,中华书局,2019年第2版。

2.朱绍侯、齐涛、王育济主编:《中国古代史》,福建人民出版社,2010年第5版。

3.耿振东:《〈管子〉学史》,商务印书馆,2018年第1版。

4.郭丹、程小青、李彬源译注:《左传》,中华书局,2022年版。

5.陈桐生译注:《国语》,中华书局,2013年版。

6.高华平、王齐洲、张三夕译注:《韩非子》,中华书局,2021年版。

7.杨天才译注:《周易》,中华书局,2011年版。

8.胡平生、张萌译注:《礼记》,中华书局,2017年版。

9.马恒君:《庄子正宗》,华夏出版社,2014年版。

10.傅佩荣:《傅佩荣译解论语》,东方出版社,2012年版。

11.傅佩荣:《傅佩荣译解孟子》,东方出版社,2013年版。

12.汤化译注:《晏子春秋》,中华书局,2011年版。

13.陈广忠译注:《淮南子》,中华书局,2012年版。

14.方勇、李波译注:《荀子》,中华书局,2020年版。

15.方勇译注:《墨子》,中华书局,2011年版。

16.蔡保兴:《管子治国思想研究》，中国社会科学出版社，2020年版。

17.陈书仪:《管子大传》，齐鲁书社，2008年版。

18.王修德编著:《齐国大事纪年》，齐鲁书社，2007年版。

19.钱穆:《先秦诸子系年》，人民文学出版社，2021年版。

20.高维昌:《周秦诸子概论》，商务印书馆，1930年版。

21.章学诚:《文史通义》，辽宁出版社，1998年版。

22.罗焌:《诸子学述》，商务印书馆，1935年版。

23.余嘉锡:《目录学发微　古书通例》，商务印书馆，2011年版。

24.支伟成:《〈管子〉通释》，《民国丛书》第5编第12册。

25.王毓瑚:《管仲》，潘公展、印维廉主编《中国历代明贤故事集》第2辑，胜利出版社，1945年版。

26.胡适:《新思潮的意义》，《胡适文集》第1集，黄山书社，1996年版。

27.梁启超:《饮冰室合集》专集之28《管子传》，中华书局，1988年版。

28.贺凯、冯惠云:《中美国际领导权的竞争和共享》，《战略决策研究》，2018年2期。

# 后　记

经过近三年的努力，《管仲相齐争霸的政治智慧研究》终于和大家见面了，在此我想就本书做三点说明。

一是本人所理解坚持的历史观。文字在抒情说理时有一定的能量，而在记录历史时又显得苍白无力，文字甚至图片、音视频记载的历史都远不如真实发生过的历史完整丰富。历史需要考古支撑，但不是所有的历史活动都会留下遗迹供后人考古发掘。因此，对于今天所能看到的微乎其微的文字记载要特别珍惜慎重。不能因为在现代文明和科技条件下，现代人无法完成或者很难完成，就认为古代也不可能完成甚至根本就不可能发生，更不能简单地就将其界定为神话传说、寓言故事。坚持“宁可信其有，不可信其无”，坚持不随意否定历史记录，坚持尽力还原历史真相，得出社会历史发展规律、经验教训和理论智慧，才是研究人类史、文化史和文明史负责任的态度。

二是本书为谁而著。几乎所有的先秦书籍都是为君王、为政治服务，而管仲相齐四十年，是一位标准的成功政治家，所以《管子》一书的内容，与其他著作相比更能反映当时具体的政治实践和理论智慧。在中华民族伟大复兴的历史征程中，党员领导干部应该率先学习研究传统文化，汲取其中蕴含的丰富的治国理政理论和智慧，开阔视野，了解国情，以古鉴今，创新理论，指导实践，完成工作。所以，我写作的出发点和落脚点就是为党员领导干部、高级管理人员，或者是想成为领导干部和管理人员的人写一本能快速读懂且容易吸取古代治国理政智慧的书。

三是本人创作坚持的两个原则。一方面，坚持实事求是的原则，首先读懂《管子》中记载的材料观点和论述等，并把散落在各章节中的相关主题的内容集中到一起，深刻理解，全面把握，尽可能地接近历史的真相和古人的本意，挖掘出其中蕴含的执政规律和政治智慧；另一方面，坚持理论创新原则，打破《管子》八十六篇的编辑范式，根据阅读管仲的思想和相关材料得出的观点，形成符合当前领导干部的实际需求、思考方式、思维习惯的理论逻辑框架，并用管仲的理论观点去夯实填充得出的理论框架，以求古代的执政规律和政治智慧能真正被当今的领导干部和管理人员查询阅读、理解应用并最终内化为读者自己的习惯和自觉。

总之，在人类从野蛮逐步走向文明的漫长的进化过程中，春秋战国时期，明君圣主和人民大众推动着社会进行了跌宕起伏的伟大政治、经济、外交、军事等实践，在这一历史时期，齐桓公和管仲带领齐国人民开展了鲜活的治国理政和社会实践并形成独具特色的政治智慧。感谢《管子》的成书和中国历代古圣先贤坚持不懈的校注。感谢广大读者能够看到、选择并阅读这本书，从中获取古人的智慧，了解我本人不太深邃的心智。

赵瑞志

2024年3月